本书系江苏省高校哲学社会科学重点研究基地"教师教育协同
创新研究中心"重大招标课题（编号：JSD2021001）成果

新时期教师教育政策的

多维研究

罗 刚·著

江苏大学出版社
JIANGSU UNIVERSITY PRESS

镇 江

图书在版编目(CIP)数据

新时期教师教育政策的多维研究 / 罗刚著. — 镇江：
江苏大学出版社，2023.11
ISBN 978-7-5684-2036-5

Ⅰ.①新… Ⅱ.①罗… Ⅲ.①教师教育－教育政策－
研究－中国 Ⅳ.①G659.2

中国国家版本馆 CIP 数据核字(2023)第 218503 号

新时期教师教育政策的多维研究

Xin Shiqi Jiaoshi Jiaoyu Zhengce De Duowei Yanjiu

著　　者/罗　刚
责任编辑/李　娜
出版发行/江苏大学出版社
地　　址/江苏省镇江市京口区学府路 301 号(邮编：212013)
电　　话/0511-84446464(传真)
网　　址/http://press.ujs.edu.cn
排　　版/镇江市江东印刷有限责任公司
印　　刷/南京玉河印刷厂
开　　本/710 mm×1 000 mm　1/16
印　　张/17.75
字　　数/326 千字
版　　次/2023 年 11 月第 1 版
印　　次/2023 年 11 月第 1 次印刷
书　　号/ISBN 978-7-5684-2036-5
定　　价/78.00 元

如有印装质量问题请与本社营销部联系(电话：0511-84440882)

目　录

对新时期教师教育政策的研究设计

"国将兴，必贵师而重傅""国将衰，必贱师而轻傅"。① 我国古代以荀子为代表的有识之士把教师看作国家兴衰的决定因素之一。"尊师重教"作为我国的优良传统，表现为"大学之礼，虽诏于天子，无北面，所以尊师也"②，"天子之太子，诸侯之世子，皆就师于外者，尊师重先生之道也"③。尊师重教的成语和典故也有很多，如宋代游酢、杨时立雪候教于程颐之门而成"程门立雪"；再如"春风化雨"语出《孟子·尽心上》中"有如时雨化之者"，用来比喻教师的教学过程与效果。

当今世界出于人才竞争的需要，许多国家都把义务教育作为基本国策和制度，高质量的义务教育离不开高水平的师资队伍，这也进一步彰显了教师教育的重要性。无论是美、英、德、法、新加坡等发达国家，还是印度、南非、巴西等发展中国家，它们都高度重视教师教育的改革和发展。

➢ 1983 年，美国高质量教育委员会的报告《国家处于危险中：教育改革势在必行》提出，美国中小学教育质量不高的状况已使这个国家处于危险中，产生这种状况的主要原因是中小学教师短缺、师资来源不足，且质量很低④。

➢ 1986 年，美国霍姆斯小组发表的报告《明日的教师》中指出，没有教师质量的大幅度提高，学生的成绩就不会有多大的提高，没有教师教育质量的提高，就没有教师质量的提高，也就谈不上教育质量的提高，因此

---

① 杨柳桥. 荀子诂译 [M]. 济南：齐鲁书社，1985：791.
② 礼记正义 [M]. 陈澔，注. 金晓东，校点. 上海：上海古籍出版社，2016：421.
③ 班固. 白虎通义 [M]. 北京：商务印书馆，1937：211.
④ 李其龙，陈永明. 教师教育课程的国际比较 [M]. 北京：教育科学出版社，2002：5-6.

"培养教师是建设这个国家中具有重大意义的一项任务"①。

➤ 新加坡前总理李光耀曾说，"新加坡迅速发展的重要因素是什么？我可以毫不迟疑地回答：那是因为新加坡拥有素质良好的人民"②。这其中，教育起着至关重要的作用，而教师教育是整个教育成败的关键③。

➤ 作为印度国家教师教育政策基准文件的《教师教育课程框架》指出，"教师应该在课堂内外起到领导者的作用，并作为社会变革的代言人主动采取行动以改造社会，并因而帮助实现国家发展的目标"，把教师、教师教育同国家发展密切地联系了起来④。

可以肯定地说，教师教育已成为当前世界各国教育改革和发展的焦点。改革开放以来，随着科教兴国战略深入人心，我国政府对教育和教师教育的重视达到了前所未有的程度。1993 年颁布的《中国教育改革和发展纲要》里指出，"振兴民族的希望在教育，振兴教育的希望在教师""师范教育是培养中小学师资的工作母机，各级政府要努力增加投入，大力办好师范教育"。教育部原部长袁贵仁认为，"历史和现实都证明了，教师和教师教育工作怎么重视都不为过，怎么支持都不为多"。⑤ 袁贵仁在 2005 年度教师教育工作会议上的讲话中指出："面对全面建设小康社会和办让人民满意教育的新形势和新任务，教师的作用显得更加突出，教师教育显得更加重要，进一步加强和改进教师教育工作显得更加紧迫。"强调要坚持教师教育优先发展的战略地位。2019 年 1 月 7 日，教育部举行新闻发布会介绍《国家中长期教育改革和发展规划纲要》向社会各界公开征求意见工作的情况，教师的培养问题是 8 个需要研究解决的重大问题之一，这表明了党和国家对教师教育的高度重视。由此可见，在外在形势和内在需求的推动下，教师教育成为新时期我国教育改革和发展的重要一环。

回顾我国教师教育的发展，源头大致要回溯到清末洋务运动时期。梁启超在 1896 年《变法通议·论师范》一文中主张自办师范教育。同年12 月，盛宣怀就在上海创办了南洋公学。为解决师资问题，南洋公学先设

① ［美］霍姆斯协会报告：明天的教师（1986）［J］. 范宁，编译. 外国教育资料，1988（5）：7.

② 胡续发，"无中生有"的经济强国［N］. 南国都市报，2019-09-24（6）.

③ 林燕平. 新加坡的"教师教育"［J］. 贵州大学学报（社会科学版），2001（5）：92.

④ 阿达瓦尔. 变化中的师范教育观念［M］//瞿葆奎. 教育学文集·印度、埃及、巴西教育改革. 北京：人民教育出版社，1991：372.

⑤ 续梅，苏婷. 以人为本建设高素质教师队伍［N］. 中国教育报，2005-04-06（1）.

师范院，招收 40 人，以"明体达用，勤学善诲"为宗旨，于 1897 年 4 月 8 日开学。我国教师教育于此开端，到现在已有一百多年的历史。我国的教师教育随着国家的兴衰在风雨中从无到有，一步步走向职前、入职和职后一体化、法治化的道路，其间成就与挫折并存，如新中国成立以来的多年里，有过初期的快速发展，也在一段时期内停滞不前。当前，我国教师教育又进入了一个黄金发展期。我国制定与实施的教师教育政策引领和决定着教师教育发展的步伐及走向。教育改革与发展的实践也表明，教师教育政策改革对教师教育改革和发展有巨大的推动作用。在教师教育发展的不同阶段和不同时期，政策因素总是左右着教师教育的发展。毛泽东说过，"政策和策略是党的生命"，同理，教师教育政策就是教师教育的生命，从这个视角看，教师教育的发展历程其实就是教师教育政策的历史。教师教育政策作为我国公共政策的一个组成部分，不仅为教师教育的发展指明了方向，而且推动着整个教育事业的发展。我国自 1996 年发布的《关于师范教育改革和发展的若干意见》中提出"以独立设置的各级各类师范院校为主体，非师范院校共同参与"，1999 年中共中央、国务院出台的《关于深化教育改革全面推进素质教育的决定》中提出"鼓励综合性高等学校和非师范类高等学校参与培养、培训中小学教师工作"以来，教师教育机构的组成与数量出现了巨大变化（表 1-1），教师教育政策的推动作用显而易见。

表 1-1　我国教师教育机构的组成与数量

单位：所

年份	高等师范本科院校	师范高等专科学校	中等师范学校	教育学院	综合性院校
1999 年	87	140	815	166	0
2008 年	97	42	192	58	376
2018 年	119	73	0	8	389

当前我国教师教育政策已越过新旧交替，进入着力提升的新时期。传统的教师教育政策是在计划经济体制背景下制定的，适应计划经济时代要求，有存在的必要性和合理性。但随着时代的发展，其弊端逐步暴露出来。我国各界人士认识到了这一点，并逐步加大了教师教育政策研究和改革的力度。20 世纪末至今，我国已出台一系列新型教师教育政策，概而言之，主要包括反对封闭追求开放的"教师教育开放化政策"、反对分离追求整合的"教师教育一体化政策"、反对低层次追求高层次的"教师教育卓越化政

策"等几方面。然而，任何改革都不可能一蹴而就，在教师教育着力提升的过程中仍然有许多需要解决的矛盾和冲突，这些矛盾和冲突是值得探讨的重要课题。

本书以新时期我国的教师教育政策为研究主题，笔者认为，该研究具有以下意义：

首先，有利于清晰认识我国新时期的教师教育政策。通过回顾我国教师教育政策的发展历程，考察教师教育政策变革的背景，探析教师教育新政策的理念与目标，以及各项政策出台的背景、缘由、内容、实施过程、实施成效及存在的问题等，可以清晰呈现新时期我国教师教育政策的来龙去脉及其现状概貌。

其次，有利于促进教师教育政策的科学化与合理化。新时期教师教育政策的价值取向确立不久，在政策的实施过程中还会面临诸多的困惑和疑问。系统而全面地把握新时期我国的教师教育政策，一方面有利于通过与传统教师教育政策进行比较，进而继承并融合传统教师教育政策中的合理部分；另一方面也有利于及时认识新时期教师教育政策在实践中暴露出来的不足，进而加以弥补和修正。通过继承和创新，教师教育政策可以以更加科学合理的姿态发挥其应有的功能。

最后，有利于推动教师教育提升路径的探讨。作为顶层设计的教师教育政策，无论是对教师教育办学体制、管理体制、财政体制等宏观层面的改革，还是对教师教育模式、教师教育的课程与教学等微观层面的改革，都具有明显的导向作用。可以说，其改革的成败直接关系到我国教师教育能否顺利完成转型，甚至关系到教师教育的科学发展。因此，研究新时期我国的教师教育政策并使其不断科学化、制度化，最终目的是引领我国教师教育顺利完成新模式、新机制的正常运转，为我国培养造就高素质、专业化中小学教师队伍奠定坚实基础。

第一节　新时期教师教育政策研究的文献梳理

一、核心概念界定

（一）新时期和转型期

当前，学术界对"新时期"概念的界定多种多样。它的不同界定主要有以下两种：① 时间维度的，比如我们现在进入的 21 世纪；② 社会或事物发展的新阶段，比如"伟大的历史转折时期""改革开放和社会主义现代化建设新时期""开辟建设有中国特色社会主义道路时期""探索新的社会主义建设道路并初步形成社会主义市场经济体制的时期"等。对"新时期"的不同表述说明理论界对这一概念的内涵有不同的理解。本书使用第二种界定："新时期"是我国教师教育政策的价值取向跟随社会的、教育的变革而经历转型之后的新阶段，是开放灵活的现代教师教育体系调整和发展的时期，时间跨度为 21 世纪初至今。和"新时期"概念紧密联系的是价值取向的转型和确立。

"转型"（Transformation）作为学术概念，起初用于生物学，是指生物物种间的变异。社会研究领域借用了这一生物学概念来描述社会结构具有进化意义的转换和性质改变，说明传统社会向现代社会的转换。我国学者范燕宁认为社会转型范畴来自西方社会学的现代化理论①。郑杭生教授曾提出，"所谓'社会转型'，是一个有特定含义的社会学术语，意指社会从传统型向现代型的转变，或者说由传统型向现代型社会转型的过程，说详细一点，就是从农业的、乡村的、封闭的半封闭的传统型社会，向工业的、城镇的、开放的现代型社会的转型"。"当我们说'社会转型'时，着重强调的是社会结构的转型。在这个意义上，'社会转型'和'社会现代化'是重合的，几乎是同义的。"② 郑杭生教授的定义代表了当前理论界的主流观点。但由于他是从社会学的视角界定社会转型的，因此，其"社会转型和社会现代化是重合的"，基于这一学科视角的概念界定，社会转型与现代化几乎同义，但它又不限于狭义的"社会"概念的现代化，可以扩展到广义的"社会"概念的现代化。它包括政治层面、经济层面、文化层面、观念层面、组织层面、社会狭义层面的现代化，也包括必不可少和非常重要的人的现代化或转型，即社会转型具有整体性和全方位性。从这个视角看，教师教育政策的转型，建立在把教师教育的改革与发展划分为旧时期和新时期的基础之上，强调的是教师教育从传统师范教育向新时期现代教师教育的过渡过程。教师教育的转型是全方位、整体性的转变，经历了传统因素和现代因素的此消彼长，教师教育政策的价值取向得到了确立，进入新

---

① 范燕宁. 当前中国社会转型问题研究综述 [J]. 哲学动态，1997（1）：18-20.

② 郑杭生. 中国特色社会学理论的探索：社会运行论、社会转型论、学科本土论 [M]. 北京：中国人民大学出版社，2005：202-203.

时期。

考察我国师范教育变革和教师教育体系建立的过程，从大概的轮廓上，其可以划分为三个阶段：

（1）独立的三级教师教育体系恢复发展时期（20世纪80年代—20世纪90年代）

转型的标志是1999年中共中央、国务院做出《关于深化教育改革全面推进素质教育的决定》，明确提出要调整师范学校的层次和布局，鼓励综合性高等学校和非师范类高等学校参与培养培训中小学教师。这一政策的出台，标志着我国教师教育新体系的创建。依据中共中央和国务院的决定，教育部提出《关于师范院校布局结构调整的几点意见》，明确了具体的工作目标："以师范院校为主体，其他高等学校积极参与，中小学教师来源多样化；师范教育层次结构重心逐步升高；职前职后教育贯通，继续教育走上法制化轨道，以现代教育技术和信息传播技术为依托，开放型的中小学教师继续教育网络初步建立。"这可以看作我国教师教育政策价值取向转型的重要标志。

（2）开放的现代教师教育体系初建时期（20世纪90年代末—21世纪初）

转型的标志是2002年教育部出台的《关于"十五"期间教师教育改革与发展的意见》，它更加强调要扎实稳妥地推进教师教育结构的战略性调整，完善健全教师教育体系，提出了通过布局结构调整和资源重组建立新的教师教育体系，提出了三个"有利于"、三个"不得"。要有利于加强教师教育；有利于提高中小学教师培养质量；有利于中小学教师队伍建设。强调在各地高等学校布局调整中，不得削弱教师教育；在教师教育结构调整中，不得削弱在职教师培训；在教师教育资源重组中不得流失优质教师教育资源。这就进一步明确了我国教师教育改革发展的基本框架和走向。

（3）开放灵活的现代教师教育体系调整发展时期（21世纪初至今）

确立的标志是2018年中共中央、国务院发布的《关于全面深化新时代教师队伍建设改革的意见》和同年教育部等五部门印发的《教师教育振兴行动计划（2018—2022年）》。这些政策的发布对我国教师教育体系的建立具有里程碑意义，标志着我国教师教育政策的价值取向进入新时期。经过近20年的实践探索，我国新的教师教育体系框架、格局逐步建立起来，尤其是党的十九大之后，新时代、新任务和新要求为开放灵活的教师教育体系注入了新的内涵和意义。

（二）教师教育

在国际上，教师教育概念的使用通常基于教师职前、任用、职后连续发展全过程层面的意义之上。教师教育的概念强调了教师培养中职后教育的重要性，即重心由职前教育转向了职后教育。

东北师范大学梁忠义教授在 1998 年首次提出教师教育的概念，拓宽了之前广泛使用的"师范教育"概念。梁忠义在其著作《教师教育》一书中解释了将"师范教育"改作"教师教育"的原因，"教师教育"概念包含教师培养和教师进修的职能，是职前与职后两个教育概念的综合概念。这个概念体现了终身教育思想，体现了教师教育的连续性。连续性正是当今教师教育的重要特征。师范教育通常是指职前教师培养，含义不及教师教育宽广①。

2001 年 5 月国务院颁布的《关于基础教育改革与发展的决定》第一次在政府文件中用"教师教育"的概念替换了"师范教育"的概念。这种概念的转换反映了深刻的历史内涵转变，体现了对教师教育未来发展趋势的把握。2002 年教育部颁布的《关于"十五"期间教师教育改革与发展的意见》则第一次对教师教育做出了清晰的解释，"教师教育是在终身教育思想指导下，按照教师专业发展的不同阶段，对教师的职前培养、入职教育和在职培训的统称"。

教师教育按培养对象可以分为大学教师教育、中小学教师教育、特殊学校教师教育等，本书重点分析中小学教师教育。本书提到的师范教育政策、教师教育政策，均指中小学教师的师范教育政策、教师教育政策。

（三）教师教育政策

从逻辑学的视角，政策、教育政策和教师教育政策三个概念是有层级的，三者的逻辑顺序应为政策、教育政策、教师教育政策。

综合考察教师教育政策的上位概念，我们可以看到，教育政策的内涵非常丰富，它不仅仅是一个系统，更表现为一个过程。为了更好地理解教育政策，还需要强调几个方面：

第一，教育政策的制定主体是国家权力机关、政党或者政治集团，教育政策体现制定主体的意志，具有合法性和权威性；

---

① 梁忠义，罗正华. 教师教育［M］. 长春：吉林教育出版社，1998：1.

第二，教育政策具有极强的目的性和时效性，是特定历史时期的产物；

第三，教育政策是由一系列的活动构成的，这些活动是为实现特定的目标而行动的；

第四，教育政策是有关教育行动的准则或者规范。教育政策总是要指向一定的目标群体。

虽然学界对教师教育政策的内涵没有清晰一致的界定，但可以确认，教师教育政策是我国教育政策的一个组成部分，是党和政府有关部门以教育基本法规为依据，为解决教师教育中具体的实际问题而制定的政策的总和。综合以上的考虑，本书将我国教师教育政策的内涵概括为由我国党和政府制定的，为中国教育事业服务的，关于教师标准、培养、培训和资格认定的行为准则、法律法规等的文本，以及这些文本制定、实施和评估的过程。

二、研究现状

研究现状的梳理和分析是研究得以开展的基础，通常以文献综述的形式来加以表述。文献综述是系统、全面、准确地对前期研究成果进行的概括和综述，对保证研究的价值性和前沿性具有重要作用。就文献来源而言，笔者主要通过国内各大图书馆、相关教育网站、全文电子期刊、学术搜索引擎等多种渠道来源进行搜集，在全面搜集的前提下筛选高质量、代表性强的文献进行综述。

（一）国外的教师教育政策研究

国外关于教师教育政策研究的成果较丰富。美国、英国等国均有学者做过关于教师教育政策的专题研究。如美国学者哈蒙的《有力的教师教育——来自杰出项目的经验》①、英国学者麦克布莱德主编的《教师教育政策——来自研究和实践的反思》② 等。日本、澳大利亚、韩国等国，以及欧盟的学者也发表过很多有关教师教育政策的研究文章。就国外研究人员对教师教育政策的研究内容而言，美国的相关研究多集中于定量的、哲学的、历史的、政策本身的研究，且由于教育体制的独特性，研究比较零散。

---

① 哈蒙. 有力的教师教育：来自杰出项目的经验 ［M］. 鞠玉翠，译. 上海：华东师范大学出版社，2009.

② 麦克布莱德. 教师教育政策：来自研究和实践的反思 ［M］. 洪成文，等译. 北京：北京师范大学出版社，2009.

　　哈蒙的《有力的教师教育——来自杰出项目的经验》描述了七个成功且历史悠久的教师教育项目，包括它们的目标、内容、过程和策略等。该书还分析了推动这些项目成功的政策、资源支持等。与美国学者哈蒙不同，英国学者麦克布莱德在其主编的《教师教育政策——来自研究和实践的反思》中，以开阔的国际视野介绍了英国、荷兰教师教育的实践经验，从职前教育政策、入职教育政策、职后教育政策三方面对教师教育的相关政策进行了阐述，在此基础上反思了各种教师教育理论及其政策的意义与不足。

　　国外有学者从政治学、哲学、比较学等角度分析了影响教师教育政策的因素。约翰·弗隆等人在《教师教育政策与政治的国际展望》一书中对所研究的国家和地区教师教育改革的政治与政策进行了比较分析，包括美国新教师教育的未来趋势、比利时教师教育法规的批判分析、澳大利亚教师教育争议、英格兰教师职前教育的合作伙伴、苏格兰教师教育的决策等十二个方面。[①] 马克·金斯伯格等人在《教师教育的政治维度——政策形成、社会化与社会的比较展望》这一著作中主张教师在职培训课程应基于个体与集团的政治与实践建构。该书探讨了教师教育与权力和社会的联系，特别在权力层面紧密联系社会阶层、种族、性别、宗教团体、专业协会。该研究关注到教师教育政策形成的不同层面和教师教育的相关内容，如教师教育计划、投资结构、课程内容、评价过程。[②] 2006 年美国教育经济中心发布的《艰难的选择时代》报告中批评甚至要求废除美国当时的教师教育体制，该报告提出了建立新教师准备体制的基本框架：第一，教师的征募对象应基于优秀大学生（不是合格大学生）的前三分之一；第二，全日制的托幼机构每 3~4 年征募新教师；第三，增长教师工资；第四，教师聘用期限增加一年以内的合同；第五，各州应制定新教师发展方案，为教师准备计划做好充分的准备；第六，进入各州教师准备计划的教师需要具有专业学士学位；第七，教师资格证书的获得需要候选人经过严格的绩效测评。[③]

　　可见，国外对教师教育政策的研究，一方面从政策学的角度入手，侧

---

① John Furlong, Marilyn Cochran-Smith, Marie Brennan. （ED.）: Policy and Politics in Teacher Education: International Perspectives [M]. London: Routledge Falmer, 2009.

② Mark B. Ginsburg, Beverly Lindsay. The Political Dimension in Teacher Education: Comparative Perspectives on Policy Formation, Socialization and Society [M]. London: Routledge Falmer, 1995.

③ National Centre on Education and Economy: Tough Choice or Though Times [M]. New York: John Wiley&Sons, 2006.

重政策过程的研究。我国对教师教育政策的研究则大多是通过对政策的分析来解决教师教育实践中的问题。另一方面，国外有关研究表明，教师教育政策的研究不应局限于本身，还应该从多学科视角进行探究。

（二）我国的教师教育政策研究

1. 我国教师教育政策研究的概况

我国教育政策研究起步较晚，教师教育政策研究自然也相对滞后。但教师教育在整个教育体系中的特殊地位注定教师教育政策对国家教育发展有重要影响，教师教育政策研究的价值和意义不言而喻。作为我国教育政策研究重要组成部分的教师教育政策研究，虽然成果数量无法和义务教育阶段教育政策研究相比，但已呈逐渐增多的趋势。特别是 2001 年 7 月，华东师范大学成功主办了主题为"教师教育改革与发展政策研究"的"第三届教育政策分析高级研讨会"，代表们深入研讨了教师教育制度改革、教师教育优先发展战略、中小学教师队伍建设、师范院校布局结构调整、教师教育改革难点等问题及相关政策，有力地推动了我国教师教育政策研究。此后，教师教育研究日渐活跃。这种状况在文献检索的数量上得到了验证（表 1-2）。

表 1-2 "中国知网"相关文献检索结果

单位：篇

发表时间	以"师范教育政策"为篇名检索词	以"师范教育政策"为主题检索词	以"教师教育政策"为篇名检索词	以"教师教育政策"为主题检索词
1980—1989 年	0	1（1987 年的会议新闻稿）	0	0
1990—1999 年	2	3	0	0
2000—2020 年	12（其中 2 篇关于免费师生教育政策）	392（其中 107 篇关于免费师生教育政策）	111	143

注：检索时间为 2020 年 7 月 10 日。

我国教师教育政策研究的著作主要有：

➤ 袁振国教授主编的《中国教育政策评论》（教育科学出版社，2002），从大学校长关注教师教育政策、学者关注教师教育政策、教师教育政策的国际经验、教师教育政策的相关热点问题四个方面对教师教育政策进行了论述。

➤ 祝怀新编著的《封闭与开放——教师教育政策研究》（浙江教育出版社，2007），内容包括早期国家教师教育政策的产生与发展、大学对教师教育的介入、教师教育中的大学与学校的关系、教师专业化发展与欧洲国家政策等。

➤ 姜勇、严婧、徐利智等编著的《国际学前教师教育政策研究》（华东师范大学出版社，2012），主要内容包括国际学前教师教育改革的基本取向，各国学前教师的工资、待遇与进修的政策研究，等等。

➤ （英）麦克布莱德主编、洪成文等译的《教师教育政策——来自研究和实践的反思》（北京师范大学出版社，2009），以开阔的国际视野介绍了英国、荷兰教师教育的实践经验，围绕教师职前培养、新入职教师培训、在职进修各个阶段的培训实践及其相关政策展开论述，在此基础上深入反思了各种教师教育理论及其政策的意义与不足，具有很强的时代感和现实意义。

➤ 孔令帅著的《国际组织教师教育政策研究》（上海教育出版社，2015），通过对联合国教科文组织、经济合作与发展组织、世界银行、欧盟这四个影响较大的国际组织的教师教育政策的介绍与分析，探讨国际组织教师教育政策对我国及其他国家的影响和启示。

➤ 宋洪鹏的专著《义务教育学校教师绩效工资政策评估研究——以一个东部区县为例》（知识产权出版社，2019），综合薪酬模型和CIPP评估模式，构建了一个由过程评估、结果评估，以及合法性、公平性、实效性相结合的二维评估框架。以我国东部H市A区为例，以A区城镇、平原、山区三类位置的教师、中层干部、校长为调研对象，综合使用问卷调查法、访谈法、文本分析法等多种方法，以教师绩效工资政策的合法性、公平性和实效性作为评估标准，对中小学教师绩效工资政策实施过程和结果进行了系统的评估研究。

➤ 付卫东等著的《农村义务教育教师补充政策研究》（科学出版社，2020）主要研究了我国农村义务教育教师补充政策的基本模式，分析这些补充政策实施的背景和基本模式、取得的初步成效及存在的主要问题，剖析了这些政策实施过程中存在的问题及背后深层次的原因，并提出相应的对策建议。探索农村义务教育教师补充政策，事关农村义务教育事业的发展全局，关系着县域义务教育均衡发展目标的实现和教育公平的最终落实。

对于广大农村义务教育教师而言，农村义务教师补充政策的设计和执行可以大幅提升他们的福利待遇，改善他们的生活境遇，促进他们的专业发展。

➢ 李艳红、张力著的《西部乡村教师专业发展政策研究》（西南交通大学出版社，2020），运用调查法对农村教师生存现状、信息化水平、师德现状及新教师适应性等方面的问题进行研究，探究伴随乡村教师专业发展政策的实施，教师生活状况的改变、教师专业发展的变化，以及乡村教师专业发展政策在乡村教育环境中执行时所产生的问题及其原因，并在此基础上提出了相关建议。

另外也有一些著作对教师教育政策列有专章进行论述：

➢ 张乐天主编的《教育政策法规的理论与实践》（华东师范大学出版社，2002）在第十一章"我国教师教育的政策法规"中专列了"教师教育政策法规的沿革""《中华人民共和国教师法》概述""教师教育的转型与政策法规的建设"三节，论述了我国教师教育政策，分析了教师教育政策的历史沿革，对我国教师教育转型背景下的政策法规建设提出了建议。

➢ 孙绵涛等著的《教育政策论——具有中国特色的社会主义教育政策研究》（华中师范大学出版社，2002）单列了"教师政策研究"一章，并在第十章"教师政策研究"中，围绕教师政策在教育政策中的地位、科学教师政策的探讨、建立我国科学教师政策的对策三大问题进行了初步探讨。

➢ 陈永明等著的《教师教育研究》（华东师范大学出版社，2003 年），在第四章"教师教育政策法规"中，分五节即"教师教育政策法规五十年历程""教师教育政策法规的内容与分析""教师教育政策实施案例""教师教育热点政策法规的剖析""新世纪教师教育政策法规的创新"等，揭示了教师教育政策法规当时存在的问题，对教师教育政策法规方面的问题进行了讨论，评析了三项热点政策法规，并对新世纪教师教育政策法规建言献策。

教师教育政策研究是教师教育研究的一项重要内容。但是，我国关于教师教育政策的研究文献还相对较少。总体来说，已有的研究主要体现在以下几方面：

第一，教师教育政策文本的引用。教师教育政策研究文献上显示较多的是对教师教育政策文本规定的宣传与转载，或是对成文的各种"规定、意见、决定、细则"的解释与引用。从某种程度上说，这也许不能称为教师教育政策的研究，充其量只能是政策内容的罗列。需要指出的是，教师教育政策的转载与引用在研究文献上占有大量篇幅。在我国关于教师教育政策研究的文献中，引用次数比较多的主要有《中共中央关于教育体制改革的决定》《中国教育改革和发展纲要》《关于加强在职中小学教师培训工作的意见》《关于加强和发展师范教育的意见》《关于开展小学教师继续教育的意见》《教师资格条例》《关于师范教育改革和发展的若干意见》《关于深化教育改革全面推进素质教育的决定》《国务院关于基础教育改革与发展的决定》《教育部关于"十五"期间教师教育改革与发展的意见》《教育部关于实施全国教师教育网络联盟计划的指导意见》《教育部关于进一步加强基础教育新课程师资培训工作的指导意见》《2003—2007 年教育振兴行动计划》《教育部直属师范大学师范生免费教育实施办法（试行）》《国家教育事业发展"十一五"规划纲要》《国家中长期教育改革和发展规划纲要2010—2020 年》等。

第二，政策的解读与分析。虽然对我国教师教育政策本身分析与解读的文献不够丰厚，但还是可以零星见到一些相关的研究。对有关教师教育政策分析较多的是管培俊教授，他就《中华人民共和国教师法》、教师资格制度等方面发表了具体、独到的见解。

每年由袁振国教授主编、由教育科学出版社出版的《中国教育政策评论》，为教育领域的政策研究提供了展示窗口。在 2000 年出版的《中国教育政策评论》中，收编了周彬的《〈面向 21 世纪教育振兴行动计划〉的政策分析》、唐玉光与翁朱华的《关于我国教师资格制度的分析》等文。2002年出版的《中国教育政策评论》又以整本篇幅载录了大学校长、学者对教师教育相关政策的研究成果，并为读者呈现了丰富的国外教师教育改革与发展的经验。

陈永明教授主编的《教师教育研究》（2003 年版）中的有关章节对"教师教育政策"做了初步的专题研究，主要围绕我国教师教育政策的实践发展与特征和当前的相关热点政策进行了梳理和分析。

张乐天教授主编的《教育政策法规的理论与实践》一书中，对教师教育政策的历史沿革做了整理，并就我国教师教育的转型、教师教育政策文本的实践解读与政策法规的建设提出了建议。

实际上，上述政策分析并非真正严格意义上的政策研究与分析，从某种意义上说，它只是对相关政策一般意义上的评论。

第三，教师教育政策效应的评价。改革开放以来，教师教育政策的逐步完善，对我国教师教育培养主体由"一元化"转向"多元化"、培养模式由"单一化"转向"多样化"、培养层次由"旧三级"转向"新三级"、职后培训由"定点化"转向"网络化"、教师从"无证从教"转向"持证上岗"等起到了巨大的推动作用。但是，当前我国教师教育政策的弊端也是不容忽视的。陈永明对我国教师教育政策中存在的问题进行了比较全面的研究，从教师政策到职前培养政策再到职后培训政策等。在对我国教师教育政策的利弊得失进行剖析的基础上，我国学者也指出了新世纪我国教师教育政策改革的路向：增加教育利益相关人员参与立法的机会，加大教师教育政策执行的监控力度，进一步完善关于教师社会地位、教师资格等重要制度的相关政策，促进教师教育一体化和教师教育机构制度等的政策立法规范。

第四，教师教育政策的实施与建议。相关文献显示，有相当数量的文章通过分析教师教育实践，揭示教师教育政策在实施过程中产生的问题，进而对教师教育的发展提出改进或创新的政策性建议。如管培俊教授基于实践，提出关于教师资格的有效性问题、教师资格的考试问题的政策修改建议[①]；针对全国各地教师聘任制的落实问题，不少研究人员及地方教育行政官员提出要尽快制定"教师编制规程"等与教师教育制度相配套的建议[②]；针对我国"中小学教师继续教育工程"的实施问题，有学者提出"建立实施工程的内外动力机制"的建议，以确保工程实施的实效性；鉴于"综合大学参与教师培养"的政策，不少专家学者提出了要尽快建立"教师教育机构的鉴定制度"的政策建议[③]；等等。

2. 对特定教师教育政策的研究

当前我国教师教育政策的研究中，还存在着对某项政策进行系统解读的成果。例如，陈永明在其专著《教师教育研究》中对《中小学教师继续教育工程方案》、教师资格制度、教师教育机构认定制度等进行了重点剖析；谌启标在其专著《教师教育大学化的国际比较研究》中对我国教师教育一体化政策进行了解读。具体说来，近年来引起广泛关注、吸引大量学

---

① 管培俊. 改革创新 加快转折 实现教师教育的跨越式发展 [J]. 中国高等教育，2003（24）：12-14.

② 韩小雨，庞丽娟，谢云丽. 中小学教师编制标准和编制管理制度研究：基于全国及部分省区现行相关政策的分析 [J]. 教育发展研究，2010（8）：15-19.

③ 许明. 澳大利亚全国职前教师教育鉴定制度述评 [J]. 福建师范大学学报（哲学社会科学版），2009（5）：143-150.

者参与研究的教师教育政策有:

(1) 对"教师资格制度"的研究

教师资格制度研究是我国教师教育政策研究中较为突出的一个议题,学者们不仅对美国、英国、法国、德国和日本等发达国家的教师资格制度进行了系统的介绍和探讨,也对墨西哥、巴西和印度等发展中国家的教师资格制度进行了比较研究,这些比较研究的成果为反思和完善我国的教师资格制度提供了借鉴,同时,我国学者们还针对《教师资格条例》中存在的问题和不足,以及应建立什么样的教师资格标准等问题进行了广泛的研究,如《美国教师资格证书体系评析》[1]《日本教师资格制度的特点及其启示》[2]《从国际教师资格制度的发展趋势看我国教师资格证书制度的完善》[3]《解读我国"国考"教师资格证书制度改革》[4]《单独设置特殊教育教师资格证书类别——完善中国特色的教师资格制度》[5] 等。

(2) 对"教师教育机构认证"政策的研究

为确保教师教育质量,学者们借鉴发达国家的经验,针对教师教育机构的资质、评估等议题进行了研究,为建立适合我国国情的教师教育机构认证制度奠定了理论基础,如《英美教师、教师教育机构认证标准新要求、新进展》[6]《美国教师教育机构转型的历史经验及其启示》[7]《教师教育标准体系的建立——未来教师教育的方向》[8] 等。

(3) 对"教师教育课程政策"的研究

在教师专业化导向下,围绕基础教育新课程改革,学者们针对我国教师教育课程的现状和问题进行了深入研究,并提出很多合理化的建议,极

---

[1] 刘翠航. 美国教师资格证书体系评析 [J]. 外国教育研究, 2004 (11): 51-54.

[2] 龚兴英. 日本教师资格制度的特点及其启示 [J]. 比较教育研究, 2004 (5): 13-17.

[3] 李广平. 从国际教师资格制度的发展趋势看我国教师资格证书制度的完善 [J]. 外国教育研究, 2004 (3): 39-43.

[4] 王晓青, 沈蕾娜. 解读我国"国考"教师资格证书制度改革 [J]. 河北师范大学学报 (教科版), 2017 (3): 94-99.

[5] 徐知宇, 王雁, 顾定倩, 等. 单独设置特殊教育教师资格证书类别: 完善中国特色的教师资格制度 [J]. 教师教育研究, 2022 (3): 33-39.

[6] 张昱琨, 张捷. 英美教师、教师教育机构认证标准: 新要求、新进展 [J]. 国家教育行政学院学报, 2004 (2): 96-100.

[7] 阎光才. 美国教师教育机构转型的历史经验及其启示 [J]. 教师教育研究, 2003 (6): 73-77.

[8] 朱旭东. 教师教育标准体系的建立: 未来教师教育的方向 [J]. 教育研究, 2010 (6): 30-36.

大地推动了教师教育课程改革和建设。如《我国教师教育课程设置改革的新进展与分析》①《新课程背景下教师教育课程结构的优化》②《改革开放40年我国本科教师教育课程制度变迁》③《教师教育课程一体化构建——问题、理念及对策》④ 等。

（4）对"教师在职培训政策"的研究

学者们在借鉴国际经验的基础上，从政策法规的视角探寻了我国教师继续教育中存在的问题，并提出了很多政策建议，如《英美教师在职培训模式及其对我国教师培训的启示》⑤《当代国外教师在职培训发展现状探析》⑥《英国校本培训的实践特色及对我国的启示》⑦ 等。

（三）我国教师教育政策研究的不足之处

作为教育政策的一个重要组成部分，也作为教师教育研究领域的重要内容，教师教育政策研究可以说在我国才刚刚起步。涉及教师教育政策本身历史的、逻辑的、开放的、系统的、哲学的、政治的、多元的、比较的研究，还有待人们去探索。需要指出的是，政策研究与政策分析是两个不同的概念。我国学者尽管对教师教育政策做了一些研究和分析，但与政策科学意义上的概念还是有差距的。袁振国教授在《走向政策研究》一文中指出，政策研究与其学科出身——政策学研究密切相关，认为政策发挥作用的过程，政策制定中个人的行为过程和组织的行为过程及相互间的关系，是政策学研究的主要内容。这两个过程可以归结为政策是怎样制定的和怎样才能制定出一个好政策的研究。政策科学也就由此大致分为两大类，一类是对政策过程的研究，即对一项政策是怎样制定出来的研究，这经常被定义为"政策研究"（policy studies）或"政策的研究（studies of policy）"，

---

① 刘建银，于兴国. 我国教师教育课程设置改革的新进展与分析 [J]. 课程·教材·教法，2010（2）：83-87.

② 李才俊. 新课程背景下教师教育课程结构的优化 [J]. 课程·教材·教法，2006（10）：73-77.

③ 万爱莲. 改革开放40年我国本科教师教育课程制度变迁 [J]. 河北师大学报（教科版），2018（3）：27-32.

④ 董新良，闫领楠，赵越. 教师教育课程一体化构建：问题、理念及对策 [J]. 教师教育研究，2020（1）：1-7.

⑤ 张慧军. 英美教师在职培训模式及其对我国教师培训的启示 [J]. 教育与职业，2013（17）：64-66.

⑥ 龙宝新. 当代国外教师在职培训发展现状探析 [J]. 基础教育，2015（5）：98-106，112.

⑦ 孔凡琴，孟繁胜. 英国校本培训的实践特色及对我国的启示 [J]. 中小学教师培训，2016（7）：71-74.

从研究方法上说，政策研究被称为政策的描述性研究，侧重于理论的探讨。另一类是对因素、策略等的研究，是对怎样才能制定出一项好的政策的研究，这经常被定义为"政策分析"（policy analysis）或"为政策的研究"，在方法上则是对政策的规范性研究，侧重于应用研究。介于两者之间的是对政策的评价①。从这个意义上说，我国目前所进行的教师教育政策研究并不是对政策制定过程的理论进行探索，也不是对怎样才能制定出好政策的因素、策略等进行的研究，因此，还不算是严格意义上的教师教育政策研究或教师教育政策分析。与国外的政策研究相比，我国的研究还相对较弱。

通过上述对相关文献的综述可以看出，我国对教师教育政策的研究也是从无到有，从初步的政策引用到评论和分析，取得了一定的研究成果，这些成果为本书的研究提供了参考。但是，现有成果还存在以下不足之处：

1. 研究成果及应用不多

在计划经济体制背景下，研究者对政府出台的政策多是褒扬拥护，按照文件要求执行，很少提出改进意见。随着市场经济体制的建立，改革开放的不断深入，人们参政议政意识的增强，国内学界对政策的评论才逐渐出现，到 20 世纪 80 年代，教师教育受到关注，新政策不断出台，教师教育政策的研究才得以发展。即使如此，我国关于教师教育政策的研究成果依然不能算丰硕。同时，学界研究者与政策制定者还没有建立起良好的合作机制，有价值的研究成果也没有得到很好的应用。

2. 研究主题缺乏均衡性，偏重于历史研究和比较研究

有关教师教育政策的研究在研究主题上主要集中在四个方面：① 对世界各国教师教育政策改革的研究；② 对我国师范教育政策演进历程的研究；③ 对教师教育政策价值取向的研究；④ 对教师教育政策存在的问题和建议的研究。尤其是对世界各国教师教育政策改革的研究，文献数量占总体研究主题的40%以上，其他研究主题，如教师专业化与教师教育政策、教师教育政策执行的制度保障等，虽有一定的探讨，但相比之下还十分薄弱。

3. 研究视角单一，有待于进一步拓展

公共政策科学作为日渐成为"显学"的一个社会科学分支学科，从诞生之始就是一个融合了哲学、政治学、经济学、社会学、人类学、心理学、管理学、统计学、运筹学、系统分析等多学科知识与方法的特殊知识领域。

① 袁振国. 走向政策研究 ［J］. 华东师范大学学报（哲学社会科学版），1998（3）：15-16，42.

正因为如此，教师教育政策研究具有交叉、综合的特点，理应结合各门学科知识拓展自身的研究视野。但从已有文献的分析来看，目前我国教师教育政策的研究视角较为单一，更多的是从历史研究的视角分析教师教育政策的演进历程，或是从教育比较视角剖析国外教师教育政策的改革特征和趋势，较少融合其他学科的知识和方法，缺乏多学科意识，研究视角还有待于进一步拓展。

已有研究的不足恰恰成为本研究的出发点和立足点。本研究针对我国教师教育研究中的薄弱环节——"政策研究"展开，在研究过程中力图克服已有研究的不足。首先，本研究以"新时期"限定时间跨度，保证研究的前沿性；其次，通过对我国教师教育政策进行系统的"外部"和"内部"研究以弥补现有研究广度不足的弊端，通过分别对"内""外"两部分进行深入剖析以保证其深刻性。

第二节　对教师教育政策多维研究的思路构建

哈贝马斯在其早期的认识论研究中指出，人类知识建构的三类旨趣在于：第一类旨趣源于人有工作的需要，是"基于经验法则的，通过合乎规则的行为对环境施加控制的旨趣"；第二类旨趣源于人类理解和互动的需要，是"在对意义一致性理解的基础上，通过互动交往的方式来理解环境的旨趣"；第三类旨趣源于"人类对自由、独立和主体性的兴趣，其目的就是把主体从依附于对象化的力量中解放出来"，是追求反思能力的解放与理性运用的自由。① 对应这三类人类知识建构活动的基本取向，在认识领域发展出以不同旨趣为主导的知识领域，包括"经验—分析科学""历史—诠释科学"和"批判—社会科学"。这一认识分类对教师教育政策研究历史演进中的多维视角很有借鉴意义。从三种不同的取向出发，教师教育政策研究取道不同的路径，并在每一种取向内部又发展出不同的研究内容。以下我们就以这一框架作为基础，考察教师教育政策研究的多维视角所涉及的主要研究取向和内容（表1-3）。

---

① 尤尔根·哈贝马斯. 认识与兴趣 ［M］. 郭官义，李黎，译. 上海：学林出版社，1999：11-15.

表 1-3　教师教育政策研究的多维视角

研究取向	经验—分析科学	历史—诠释科学	批判—社会科学
实际的研究目的和特点	解决实际的政策问题：评估并预测政策后果；通过政策分析把握和推断出客观规律与相互关系，以提高政策过程效率，提供技术性建议等	意在理解教师教育政策过程现象背后所建构的本质关系、意义和价值；在特定历史、社会、政治和权力的脉络和情境中阐释教师教育政策过程；在于深化理解政策过程真相，病理学的探讨而非临床处方，往往依托多学科的理论基础	批判教师教育政策论争和协商过程背后的价值选择、基本假设及权力关系，将教师教育政策及其过程的讨论同社会公正、平等、解放等根本性的人类和社会内在命题相整合
具体内容取向和实例	对具体教师教育政策方案的技术经济分析：如系统评估高等教育扩招政策的经济社会效应，从而影响政策决策；教师教育政策过程的行为分析：对教师教育政策过程中什么时候、做了什么、达到什么程度等问题进行描述、观察、计数、度量和推理，以为政策运作进行评估和积累经验；教师教育政策过程的结构分析：了解教师教育政策过程发生发展的基本内外部结构，通过优化结构关系提高政策效率	选择公共政策过程分析的图式框架进行教师教育政策过程解析，较为常用的有：多元主义理论、国家主义、政策网络理论、支持联盟框架、制度分析框架、系统理论和结构主义等；公共政策过程图式分析以外的运用人文社会学科理念进行政策过程阐发的研究，如教师教育政策过程的价值分析，包括教师教育政策过程中价值冲突的分析，以及教师教育政策活动的实质价值和形式价值的分析；运用韦伯等人经典群体行为理论对教师教育政策行为及其过程的社会学分析	主要运用批判理论对教师教育政策文本、政策过程的制定和实施进行批判性反思，具有鲜明的政治立场，揭露教师教育政策过程中合法化的支配、压迫和剥削的广泛存在；具有代表性的有斯蒂芬·鲍尔等人发展的学校政治学和教师教育政策过程的社会学分析；福柯话语理论和权力技术学在分析教师教育政策制定、实施和效果上的解释；布迪厄的"社会实践理论"对教师教育政策过程中群体行为的解释；等等

续表

研究取向	经验—分析科学	历史—诠释科学	批判—社会科学
具体内容取向和实例	教师教育政策过程的机制分析：了解教师教育政策运作的组织机构、制度等工作条件和机理，为优化实际的政策过程提供研究基础，如利益平衡机制、民主参与机制、沟通协调机制、政策网络机制、执行监督机制、权力配置机制、政治社会化机制、激励机制、责任追究机制等	运用解释主义的理论（诠释学、人种志学、现象学等）理解教师教育政策过程的文本、行为的变迁和解读，如教师教育政策文本变迁和政策结构分析中对泰勒、利科、费尔考的观点的运用；运用福柯的系谱学理论对教师教育政策过程进行话语分析，讨论其特定的力场、权力、知识的关系等	这种批判反思取向的研究同阐释性的研究一样，也重视理解和解释教师教育政策过程在政治、经济、社会、文化、意识形态上的工作机制（如鲍尔在《政治与教育政策制定》一书中运用阿尔都塞的社会体系三维框架对教师教育政策制定解析），但其理解和阐释的目的在于揭露没有意识到的社会不公正、歪曲和偏向、唤起对政策现象的理性反思及批判

从表 1-3 的梳理和概括中可以发现，研究的多维视角恰恰体现了教师教育政策过程的历史演进，从实证主义和功能主义的研究路径发展到解释性和批判性的分析路径，虽然反映了教师教育政策研究在较长时间范围内的研究变迁，但是在时空的具象中，这三类研究又是同时存在的。在我国，这三种类型的研究都有待加强，当前的很多研究都聚焦在第一类研究，但是有很大一部分是"凭感官直觉的经验性政策研究"。综观三类研究，诚如陈学飞所总结的，我国的教育政策研究中缺少"理论导向的教育政策经验研究"，并普遍存在"闭门造车式的政策理论研究"①，大部分的研究缺乏政策理论的支撑和指导。

应该说，教师教育政策过程的多维研究打破了阶段分析的水平框架，采取了一种整合的过程分析取向。但是，值得注意的是，教师教育政策过程研究的多维视角较多地借鉴了公共政策研究和其他社会科学理论框架或模型，这也提醒我们思考什么是教师教育政策过程的特殊属性和内在逻辑，什么是适合教师教育政策过程分析的理论视角。要在教师教育政策过程分

---

① 荼世俊，陈学飞. 理论导向的教育政策经验研究探析［J］. 北京大学教育评论，2007（4）：31-41.

析中充分考虑教师教育政策的特殊性。比如"教师教育政策的价值实现必须依赖教育对象的积极参与";教师教育政策分配的是个体的"发展权利、发展机会、发展条件、发展水平和资格的认定""具有不可替代的意义";教师教育政策运作的效果不能像一般经济政策一样进行技术性预测;教师教育政策影响范围广泛、形态多样、时间限度滞后;等等,这些特点都要求我们充分考虑教师教育政策制定过程的特殊性,对具体的教师教育政策过程的运作进行真实的解读。

除此以外,教师教育政策的多维研究也再一次提醒我们,教师教育政策不是一个单一的过程,政策运作的内部相互关系是复杂的。教师教育政策过程不存在"单因一果"的对应关系,而是"多因一果"或者"多因多果"的关系。因此,有关教师教育政策的研究要综合运用多种理论来进行分析,试图寻找一劳永逸的解释将是徒劳的,而多维认识和理解的最终目的是把事情做得更好。

本书的研究有两条逻辑线索,一是以时间顺序连成的纵线,一是以空间联系构成的横线。根据这两条线索,本书首先进行理论基础的建构,然后选取历史的、比较的、结构的和发展的视角对改革开放以来我国的教师教育政策进行研究。

1. 夯实教师教育政策基础理论研究

没有基础理论的指导,不可能形成科学、有效的教育政策。正是政策内容构造上的复杂性要求研究者围绕政策系统要素(主体、客体、手段方式等)展开多维、立体、深度的教师教育政策基础理论研究,才能使教师教育决策真正建立在经过严格检验与科学论证的基础上,保证教师教育政策制定、实施、评价的正义性和科学性。

2. 纵向梳理教师教育政策的变迁

以古为镜,可以知兴替。本书的研究以我国教师教育政策的历史发展为背景,着眼于我国教师教育转型后的20年新发展,并在此基础上分析我国教师教育政策的社会基础,从而对我国新时期的教师教育政策体系和价值取向有一个总体把握。

3. 横向剖析教育发达国家的教师教育政策特点

以人为镜,可以明得失。如今西方主要发达国家都已建立了较为完备的教师教育制度,形成了较为科学的教师教育政策体系,这些都为我们反思我国的教师教育政策提供了一个有益的参照系。本书采用比较的视角,选取教育发达国家作为参照对象，对这些国家中现行的教师教育政策进行梳理和分析，并用比较的视角和世界的眼光看待中国教师教育政策的问题，以期提高中国教师教育的整体水平。

4. 加强科学、严谨的教师教育政策过程研究

教师教育政策过程研究要超越静态的政策文本分析，扭转偏重事实描述而忽视深层机理探究的研究倾向，加强对教师教育政策实现过程的研究，有勇气对实施中的政策开展科学、严密的评价研究。只有通过严谨、规范、科学、完整的教师教育政策过程研究，才能对政策目标的实现程度、执行效果等做出全面评价，从而判断政策的基本走向，决定该项政策能否继续实施抑或需要调整、更新，并从中吸取有益的经验、教训，为未来决策提供有价值的参考和借鉴，推进教师教育学术研究成果的丰富与积累。

在静态描述的基础上，本书立足动态的视角，对我国教师教育政策制定、执行的过程进行分析，对政策实施的效果及其影响因素进行剖析，以求达到对我国教师教育政策全面的认识。全面建成小康社会和学习型社会的奋斗目标从数量和质量上对我国的教师和教师教育提出了更高的标准和要求。教师教育的全面发展需要有科学、规范并且具有前瞻性的教师教育政策的指引与保障。在前文所作分析的基础上，应用发展的眼光对我国教师教育政策的未来走向做出判断。

本书通过对我国新时期教师教育政策进行理论基础建构、历史梳理、比较研究、结构分析和前景展望，以期对今后我国教师教育政策的理论和实践有所助益。

第二章

新时期对教师教育政策的认识

没有理论基础的建构与指导,不可能形成合理有效的教师教育政策。正是政策体系的复杂性要求教师教育研究者围绕政策系统要素(主体、客体、环境等)展开多维、立体、深度的教师教育政策基础理论研究,如此才能使教师教育决策真正建立在经过严格检验与科学论证的基础上,保证教师教育政策制定、实施、评价的正义性和科学性。

第一节　对教师教育政策本质的认识

在中国古代,"政""策"二字很少连用。"政""策"二字合成"政策"一词出现于现代,具有鲜明的现代意蕴。在现代社会中,"政策"是一个使用频率极高的词。从社会生活中的重大事件到普通民众的日常生活,无不与政策发生着深刻的联系。《辞海》将政策定义为:"国家、政党为实现一定历史时期的路线和任务而规定的行动准则和具体措施。"《辞海》的定义强调政策的政治性,可以将其看成规范性的解释。我国学者对"政策"的解释依然十分强调政党和政府的政策主体地位,例如陈振明在其主编的《政策科学》一书中把政策定义为:"政策是国家机关、政党及其他政治团体在特定时期为实现或服务于一定社会政治、经济、文化目标所采取的政治行为或规定的行为准则,它是一系列谋略、法令、措施、办法、方法、条例等的总称。"[①] 这一定义在强调政党、政府及政治团体作为政策主体的同时,也强调了政策特有的时限性及其构成要素。

---

① 陈振明. 政策科学 [M]. 北京:中国人民大学出版社,1998:59.

对政策概念下定义的价值取向不同，政策活动产生的结果就会有所不同。不同的政策研究者在政策问题、资料搜集、资料来源、研究方法、政策结果五个维度上的影响和结果会表现出不同的差异。因此，袁振国教授总结认为：

> "政策的真正定义是什么？"问这样的问题是没有意义的。所有定义都是一种构建，没有能称为明确现实的事物。只要政策的提议者能为他们的特殊目的找出一个合理的依据，那么这样的政策定义就必须被承认。

> 对一个政策来说，并非所有的政策定义所产生的结果都是等价的。每种定义都需要它自己的资料、来源及研究方法，并且有它独特的产品。不言而喻，每种不同的定义对政策分析的过程和结果都会产生巨大的影响。

> 一个政策分析者选择何种政策定义取决于分析的意图。从分析者的观点看，一些定义比另一些定义更合适。

> 一个好的政策定义由哪些因素组成，当然属于价值取向问题。某一政策的定性很可能比其他的定义更符合分析者的价值观，因而被分析者选中，这种政治性的影响不应被忽视。

> 为符合规则起见，政策分析者有义务指出所依据的是哪种定义，并且要所有有关人员说明所分析的结果。①

一、教师教育政策的界定

对于教师教育政策概念的界定，学术界的认识与看法不尽相同。

首先，对于教师教育政策和教师政策的关系而言，有较大分歧：

一部分学者认为教师教育政策是上位概念，教师政策是下位概念。如以陈永明为代表的学者，认为教师教育政策法规的内容体系分为三个子系统，即关于教师的政策法规；关于职前教师培养的政策法规；关于教师职后培训的政策法规②。南京师范大学杨跃教授对教师教育政策的界定为："教师教育政策是国家机关、政党及其政治团体在特定历史时期，为实现教师教育发展目标和任务，以及解决教师教育发展中存在的问题等，依据党和国家在一定历史时期的基本任务、基本方针以及教育基本政策而制定的，关于教师培养、教师入职教育、教师培训等发展的行动准则，体现了对教师素质和对教师选拔、任用、考核、培训等相关制度的规定以及在工资、

---

① 袁振国，教育政策学［M］．南京：江苏教育出版社，1996：157-158.
② 陈永明．教师教育研究［M］．上海：华东师范大学出版社，2003：137.

职称、奖惩及其他福利待遇等方面的要求。"① 其中也包括了教师政策的内容。

以杜晓利为代表的学者认为教师教育政策包含于教师政策，教师政策是上位概念，教师教育政策是下位概念，教师教育政策"是党和国家为了实现特定时期内的师资培养目的，解决教师教育存在问题而制定的教师培养、培训方面的行动准则。教师教育政策包含教师的职前培养、入职教育及在职培训方面的内容"②。

把教师教育政策作为上位概念，是把"教育"作为广义的概念来使用的，认为"关于教师的政策"也会对教师的成长和发展起到重要作用；把教师教育政策作为下位概念，是把"教育"作为狭义的概念来使用的，认为教师教育应该是体系化、组织化的教育活动。

其次，对于教师教育政策本身，也有学者进行狭义和广义的概念区分，认为狭义的教师教育政策指有关教师教育的行动依据和准则，不包含教师教育方针、教师教育法规；广义的教师教育政策指我国为发展教师教育所制定的一切举措。

综合考察和分析以上各具代表性的观点，结合我国的国情和研究需要，本书比较倾向于教师教育政策是教师政策的下位概念，并将其规定为广义上的概念，即教师教育政策是指党和国家在一定时期内，为实现特定的教师教育发展计划与目标，解决教师教育发展中存在的问题，从而制定的行动依据和准则，包括有关教师职前培养、入职教育、职后培训方面所颁布和认定的所有法律法规、方针政策、意见通知、会议纪要、重要领导人讲话等文本的总和。

（一）教师教育政策的外延

教师教育政策从内容上看主要包括教师预备队伍（师范生）的培养政策、教师资格的认定政策和教师的培训政策，以及一些相关的配套政策。

我国对教师预备队伍（师范生）的培养，主要在各级各类师范院校中进行，这些师范院校的类型主要有幼儿师范学校、中等师范学校、高等师范专科学校、师范学院、师范大学，以及一些综合大学中的教育学院。学历类型主要有中专、大专、本科、研究生。我国的教师培养政策大多就是

---

① 杨跃. 论我国教师教育政策研究［J］. 南京师大学报（社会科学版），2018（1）：61.
② 杜晓利. 教师政策［M］. 上海：上海教育出版社，2012. 133.

针对这些师范院校而制定的，可以分为有关培养目标的政策和有关培养措施的政策。

有关教师资格认定的政策就是对教师资格的分类及适用范围、教师资格考试、教师资格证书等一系列相关问题做出政策上的规定。

从一般意义而言，教师培训政策主要指教师职后的进修。但是现代意义上的教师教育培训体系是指向教师终身教育的，这在教师继续教育的政策上会体现出来。

（二）教师教育政策的内涵

对于教师教育政策的内涵，有关论著中没有明确的表述。本书认为我国教师教育政策的内涵可以概括为由我国政府制定的，为我国社会主义教育事业服务的，有关教师培养、培训和认定的所有法律、法规、措施、方针、规定、规划、准则、计划、方案、纲要、条例、细则等文本的总和，以及这些文本制定、实施和评估的过程。对于教师教育政策概念的内涵可以从教育政策的现象形态、本体形态（即教育利益的分配）和动态过程这三个维度进行考察，从现象形态看，教师教育政策是一系列的价值选择；从本体形态看，教师教育政策的价值特征表现是价值选择的"合法性"；从动态过程来看，教师教育政策的价值特征表现为价值选择的"有效性"。

把握好教师教育政策的外延和内涵才能更好地对教师教育政策进行文本分析，更好地探讨教师教育政策与教师教育的互动关系。

二、教师教育政策的要素

我国教师教育政策的要素和西方公共政策要素研究的出发点是不同的。我国宏观政治体制稳定，政策制定主体也是确定的；对人、对事和对物的教育政策的区分更多是理论层面的，实际中难以截然分隔，其实质还是在于维持某种教育领域中各主体的关系秩序。

（一）教师教育政策要素的认识以政策主体为起点

政策主体是政策的必然要素。"一般而言，政策主体可以被简单界定为直接或间接地参与政策制定过程的个人、团体或组织。"①

当前对政策主体的认识主要有以下方面：

1. 政策主体的地位

有研究认为，主体是形成价值观念，构成价值关系及影响价值判断的

---

① 谢明. 公共政策导论［M］. 5 版. 北京：中国人民大学出版社，2020：58.

核心要素。在政策分析中，主体性价值是政策这一客体对政策主体的意义，它是政策分析考察的基本标准或基本要素。它包括三个方面的含义，一是政策主体是政策存在的意义所在。任何政策都具有不同的主体分类。无论是政策的制定主体、执行主体还是政策所指向的利益主体。二是政策主体是一种能动的存在，政策主体是政策形成、发展甚至消亡的决定者或影响者。三是政策主体是政策作用的对象及政策过程主体，政策价值在于满足政策主体的需要。事实上，政策本身反映了政策主体的主体精神、主体能力及主体价值①。

2. 政策主体的分类

对政策主体的划分有多重标准。安德森从政策主体的身份特性出发，将政策主体划分为官方决策者和非官方决策者②；琼斯和马瑟斯根据政策提案的来源，将政策提案者（政策制定者）分为政府内部和政府外部两大政策主体③；也有学者按权力合法性的程度，将政策主体划分为国家公共法权主体、社会政治法权主体、社会非政治法权主体三大类④；同时，根据主体在政策系统中所处地位、作用方式和影响程度，有学者将政策主体分为直接主体和间接主体两大类⑤。

3. 政策主体的功能

有研究认为，"教育政策本质上应该是教育政策的客体属性与主体的需要在实践的基础上所形成的一种效用关系。而教育政策的功能、主体的需要和实践活动是教育政策价值构成的三个基本要素"。"教育政策主体性价值是对教育政策主体需要抽象的结果，教育政策主体需要是教育政策主体性价值的实践表现；教育政策主体性价值是教育政策实践的方向与目标，教育政策实践为教育政策主体性价值提供了现实可能性与可行性。可以看出'教育政策主体性价值引导教育政策形成，影响教育政策过程，决定教育政策结果。'"⑥

---

① 王宁. 基于主体性价值分析的教育政策研究 [J]. 湖北社会科学, 2008 (8)：162-165.

② 詹姆斯·E·安德森. 公共政策 [M]. 唐亮, 译. 北京：华夏出版社, 1990：44-58.

③ 斯图亚特·S·那格尔. 政策研究百科全书 [S]. 林明, 龚裕, 鲍克, 等译. 北京：科学技术文献出版社, 1990：442

④ 张国庆. 现代公共政策导论 [M]. 北京：北京大学出版社, 1997：34.

⑤ 宁骚. 公共政策学 [M]. 北京：高等教育出版社, 2003：233.

⑥ 王宁, 沈红. 认识与理解教育政策的三个哲学向度 [J]. 江苏高教, 2010 (6)：9.

4. 政策主体的价值活动

我国学者刘复兴提出，在教育政策活动的过程中，不同的政策价值主体需要、利益、活动等动态地交织在一起，政策主体必然要面对政策问题做出价值选择，不同内容和类型的价值选择之间相互博弈，通过价值组合和价值对抗等活动，最终构成不同的价值选择模式与取向①。不同的教育政策主体有不同的主体精神、主体能力及主体价值，而且在教育政策活动中，不同的价值主体具有不同的角色、活动特征和需要。教育政策的对象主体和过程主体必然会根据自己不同的角色、活动特征及需要来形成自己的价值诉求。这几种相互密切联系的政策主体的主体价值追求表现出截然不同的特征。在教育政策过程中，各种力量、团体和行动者在不同的时刻以多样的方式进行争论和施加影响，将各种对教育的价值追求带入政策过程②。

公共政策学认为，政策主体不仅包括直接参与政策制定的政治权力主体，如政府及其官员、执政党及其领袖等，即体制内的政策主体，而且包括以特定的方式间接影响而非主导政策制定的主体，如选民、利益集团等，即体制外的政策主体③。据此，我们也可以理解为教师教育政策本身的主体是多种多样的，是可以分类的。

基于以上对教育政策主体的认识，本书将教师教育政策的政策主体按体制标准分为官方主体和非官方主体，按活动标准分为对象主体（教育政策的目标受益者）和过程主体（制定、执行及评价）。

1. 教师教育政策的官方主体和非官方主体

教师教育政策官方主体是一个由国家的立法机关、行政机关、司法机关及某些领袖人物、某些政党组织构成的主体系统。官方主体的主要特点是：它们是教育政策的法定制定者，在宪法和法律的授权下，充分享有国家和社会的公共政治权威，能够对国家教育资源进行权威性分配，从而主导教师教育政策过程。

教师教育政策非官方主体，是指虽不拥有法律赋予的合法强制力，但可以通过压力、舆论、私人游说等方式介入教师教育政策的过程中，并能产生一定影响的个人、团体和组织，它通常包括利益集团、大众传媒、思想库、公民等。另外，具体到教师教育政策活动的过程中，教师教育政策

---

① 刘复兴. 教育政策的价值分析 [M]. 北京：教育科学出版社，2003：141.
② 刘复兴. 教育政策的价值分析 [M]. 北京：教育科学出版社，2003：146.
③ 桑玉成，刘百鸣. 公共政策导论 [M]. 上海：复旦大学出版社，1991：57.

主体又可分为教育政策决策主体、教育政策实施主体和教育政策评价主体等。

2. 教师教育政策的对象主体和过程主体

教师教育政策的对象主体是指教师教育政策发挥作用的对象（目标受益人），即教师教育政策本质上是为谁而制定，为何而制定，作用于何种群体对象。教师教育政策的对象主体也可以称为教师教育政策的本质目标主体或"体制外主体"，而且这种"体制外主体"既是教师教育政策作用的对象，也是教师教育政策所要调整的社会关系或社会资源。在现代社会，"体制外主体"通过一定的利益表达渠道或利益表达程序反映自己的利益愿望和价值追求。

教师教育政策的过程主体是政策形成过程中的决策主体、执行主体及评价主体，它们可以称作形成政策的"体制内主体"。虽然"体制外主体"的利益表达与"体制内主体"所制定的政策有的时候并不是严格的对应关系，甚至还会出现错位的情况，但"体制内主体"拥有制定教育政策的合理合法权力及权威，可以使"体制外主体"的利益愿望和价值追求通过合法的程序形成现实的教育政策。可以说"体制内主体"是实现"体制外主体"利益表达与价值追求的必要条件。

（二）教师教育政策的客体

有研究者认为，教育政策客体是指"教育政策的要素、内容、运行机制、效用以及作用的对象等一系列范畴"[1]。也有学者认为，教育政策客体即"教育政策的对象问题，主要解决教育政策的目标和适用范围，回答对谁或对什么事物产生影响的问题"[2]。还有研究者认为，教育政策客体有对象客体和中介客体之别，对象客体是指教育政策的目标和适用范围，回答对谁或对什么事物产生影响的问题，而中介客体实际就是教育政策本身[3]。

教师教育政策的客体是政策发生作用的对象，包括政策所要处理的教师教育问题（事）和所要发生作用的教师教育活动的利益相关者（人）两个方面。教师教育政策的基本特征就是充当人们处理教师教育问题，进行

①　刘永芳. 价值范式及其对教育政策主体的价值分析［J］. 扬州大学学报（高教研究版），2004（3）：8.

②　张新平. 教育政策概念的规范化探讨［J］. 湖北大学学报（哲学社会科学版），1999（1）：90.

③　孙绵涛等. 教育政策论：具有中国特色的社会主义教育政策研究［M］. 武汉：华中师范大学出版社，2002：39.

社会控制及调整人们之间关系特别是利益关系的工具或手段。

（三）对教师教育政策要素的系统认识

基于以上对教育政策要素的梳理和认识，本书将教师教育政策看作一种静态的政策结构和动态的政策过程的政策综合体，其构成要素可以从这两个方面进行研究。

1. 静态的教师教育政策结构要素

作为静态的教师教育政策结构，教师教育政策的要素包括教师教育政策主体、教师教育政策客体和教师教育政策环境。

教师教育政策主体是直接或者间接参与到教师教育政策制定、执行、评估和监控的个人、团体或组织。

教师教育政策客体是教师教育政策活动所要面对和处理的教师教育活动中的具有公共性质的教育问题，以及教育关系中人与人的利益诉求。它既涵盖了教师教育活动中所谓的"事"，又关切到了所谓的"人"。

教师教育政策环境是指影响教师教育政策决策、实施与评价的各种社会环境和自然环境的总称，是教师教育政策运行的宏大背景。它主要包括经济环境、政治环境、文化环境、科技环境、地理环境、人口特征、国际环境等。一方面，教师教育政策环境是教师教育政策活动决策和运行所要依赖的基础性客观条件；另一方面，它的相对稳定和变迁将在相当程度上影响教师教育政策决策和运行的功能实现。

2. 动态的教师教育政策过程要素

从动态的教师教育政策过程来说，教师教育政策系统的构成要素又包括教师教育政策决策与制定、教师教育政策实施与执行、教师教育政策反馈与调整、教师教育政策监测与评估、教师教育政策终结等几个阶段。首先，这是一个动态的逻辑发展过程，贯穿了教师教育政策活动的全过程；其次，上述每个阶段都是动态的教师教育政策系统中必不可少的要素之一，有机地决定了教师教育政策活动过程的运行状态。

三、教师教育政策的本质与特征

教师教育政策本质是什么？作为"教育政策"的下位概念和重要组成部分，教师教育政策显然同样具有教育政策的基本特征。但除此之外，教师教育政策所特有的本质属性究竟是什么？政策是为实现一定社会政治目的而采取的行政措施，但行政措施只是政策的现象形态，其所蕴含的政治目的才是政策的本体形态；政策研究只有深刻洞察政策现象所蕴含的政治本质，才能据此提出有望得到政策利益相关者认同的、公正而有效的行政措施。如果说，政策的本质是权力及其带来的利益，那么，能否说教师教育政策的本质是关涉教师培养、管理、成长等的权力及其带来的利益，这需要对教师教育政策变迁所触及的各种权力的分配或重新分配进行深入的学理分析。具有深刻理论底蕴的政策研究才能为政策体系的建构提供有力的理论指导。

从现象形态上看，我国的教师教育政策也像所有公共政策一样，通常体现为党和政府做出的决议、决定、纲领、通知、报告、声明、号召、口号等政策性文件，或者以党报、党刊、社论等形式发布。它可以是党和国家在教师教育问题上的根本大政方针，也可以是针对某一事件或某一现象的处理性意见。

对于教师教育的上位概念"教育政策"的本质，不同研究者的意见也有所不同①：

➢ 教育政策的本质是"一种政治措施、人们利益的具体体现、人们能动地改造社会的重要手段"（孙光，1998）；

➢ 教育政策的本质是"有关教育的政治措施"（孙绵涛，1997）；

➢ 教育政策的本质是"对社会利益的权威性分配"（刘斌、王春福等，2000）；

➢ 教育政策的本质应该归结为社会各种价值取向冲突和妥协的过程和结果（谢少华，2003）；

➢ 代表性的观点是"关于权力的分配和再分配，不管是在地区间、民族间或阶层间，政策实施的结果总是反映了不同人、不同集团、不同社会力量的利益"（袁振国，2000）。

借鉴以上对"教育政策"本质的看法，本书尝试提出对教师教育政策本质的一些认识：

（一）教师教育政策是政策主体对教师教育领域活动所制定的政治措施文本

教师教育政策是教育国家化以后，政府对教师教育管理和控制的一种公共职能。从政策制定的角度看，教师教育政策是决策者以一定的理论和

---

① 余中根. 小学教育政策与法规［M］. 北京：教育科学出版社，2013：16.

价值观念为指导，为实现所追求的目标，对社会上不同阶级、阶层和群体的利益进行分析、综合、选择和确认，科学策划，统筹兼顾，适当安排，并使其转化为行为规范的过程。从这个角度看，教师教育政策的本质是政府关于教师教育领域政治措施的政策文本的总和，也就是政府关于教师教育领域的政治决策，如用文本的形式表达出来的措施、方针、法律、规定、规划、准则、计划、方案、纲要、条例、细则等。

正因为教师教育政策是政策主体针对教育领域所制定的政治措施文本，人们往往认为教师教育政策是一种主观产物，即"非科学性"的。然而，随着教师教育政策的社会影响越来越大，它也越来越受到社会的关注，决策的复杂性与难度也不断增加。教师教育政策的制定，越来越不可能是少数人基于经验、智能所能够完成的。代之而起的是系统的、专门化的政策研究，并在此基础上形成更加科学、可行的政策文本。

教师教育政策的制定和运行需要专门的政策文本固定下来，以作为政策主体意志的载体来运行。进行政策研究和分析，无法忽略对政策文本的考察。这种表现为静态的文本，刘复兴称之为教育政策的现象形态[1]。现象形态一般有四个层次：一是指某一单项政策文本，如高校扩招政策、中小学"减负"政策等。二是指关于某一教育领域的政策文本的集合，如素质教育政策、职业教育政策等。三是指一个国家总体的教育政策文本的总和，包括基本教育政策和具体教育政策。基本教育政策是"有关教育发展总的原则性政策，反映了一定时期内党和国家对教育事业发展的总要求，规定了教育事业发展的方向与原则"[2]。如《中华人民共和国宪法》中有关教育的条款及《中华人民共和国教育法》《中华人民共和国义务教育法》《面向21世纪教育振兴行动计划》等都属于基本教育政策。具体教育政策是"为解决某一范围内的教育问题而制定的政策，它们是教育基本政策的具体化"[3]。具体教育政策主要表现为某一领域的政策，就目前我国的情况来看，具体教育政策主要包括幼儿教育政策、义务教育政策（包括初等义务教育和中等义务教育政策）、非义务教育政策（包括非义务中等教育政策和普通高等教育政策）、职业教育政策、成人教育政策、终身教育政策、师范教育政策、少数民族教育政策、农村教育政策、城市教育政策等。不同的具体

---

① 刘复兴. 教育政策的四重视角 [J]. 清华大学教育研究, 2002 (4)：15.
② 成有信, 等. 教育政治学 [M]. 南京：江苏教育出版社, 1993：201.
③ 成有信, 等. 教育政治学 [M]. 南京：江苏教育出版社, 1993：201.

教育政策又由许多单项教育政策组成。四是指元教育政策文本，也就是表达关于教育政策制定和实施的方法论的有关文本形式。

在话语理论的影响下，政策被看作用复杂方式（斗争、妥协、权威的公共干预和再解释）进行编码，并通过复杂方式（行动者的解释及与他们的历史、经验、技能、资源和背景有关的意义）进行解码的一套陈述。一个政策既是可争论的，又是可改变的，一直处于"形成中""是""从来不是"和"不完全是"的状态。政策作为文本和话语，包含有分歧的陈述、有矛盾的原则和冗长的结构，这样的状况会产生让决策者预料不到的结果。对任何一个文本来说，读者的多元性必然产生文本解释的多样性。进一步说，一旦政策文本被制定出来，不同的读者就会用不同的方式对文本进行解码。读者究竟会建构什么政策含义，则依赖于读取文本的情景，以及他们所持有的价值和理念。

在我国，对教师教育政策文本存在着大量的轻度诠释、过度诠释等误解、曲解现象。一般来说，这种不合理的误解分为主观误解和客观误解两种。教师教育政策是对教师教育利益格局的再分配，必然会涉及不同教育利益主体的利益诉求和利益博弈，这反映在教师教育政策文本上就是主观不合理的诠释。主观误解是某些教师教育政策主体为了个体或集团利益而主观故意对政策文本做出的不合理的解释和行动，其目的是维护或攫取自己和集团的私利。客观误解是某些教师教育政策主体由于自身的知识、能力和认知的局限，无意识地对教师教育政策文本所做出的不合理和不规范的诠释和理解。这种误解与利益诉求和利益博弈无关，但在客观上也会对教师教育政策的实施、运行和成效的取得造成影响。总之，无论是对教师教育政策文本的主观误解还是客观误解都会严重干扰教师教育政策的功能实现。

仅仅强调教育政策的现象形态还远远不能揭示教育政策的本质，政策分析需要对不同的政策文本进行解释乃至解构，以挖掘出文本背后所隐含的实质性内容——政策目标和价值原则。泰勒认为，政策的含义远远超越了政策文本，它还包括先于文本的政策过程，包括政策文本产生之后而开始的政策过程，以及对作为一种价值陈述及行动期望的政策文本的修正和实际的行动①。换句话说，教师教育政策活动要想解决其特定的教育问题，

---

① Sandra Taylor, Fazal Rizvi, Bob Lingard, Miriam Henry. Education Policy and the Politics of Change [M]. London and New York：Routledge. 1997：25.

达成其目标，实现其政策价值和意义就不能仅仅停留在静态的教师教育政策文本表述和阐释上，而是要通过动态的、连续的、主动选择的政策过程来完成。这是一个政策主体主动选择和参与、主体和客体相适应、个人和集体相互作用、主观和客观相统一的过程。

（二）教师教育政策是根据一定价值标准对教师教育利益进行的一种分配和协调

在形成政策文本的过程中，政策主体总是带有一定的价值取向和利益倾向。教师教育政策是一种公共政策，公共政策绝不可能是价值无涉、中立和客观的，"公共政策实际上是在任何特定时候，通过集团斗争而形成的一种均衡，在它所代表的这种均衡之下派别和集团不断为获得自己的最大利益而斗争……立法机关仲裁团体间的斗争，认可成功的团体，记录失利的团体的让步的情形"①。

教师教育政策是教师教育领域乃至社会领域中社会政治和教育政治活动的形式和结果，教师教育政策活动是社会政治行为在教育领域中的集中体现。政治学理论一般认为，利益和利益关系是政治关系和政治行为的基础，它对政治关系和政治行为具有根本性和决定性的意义，政治权力和政治权力关系都建立在利益关系的基础上。"利益是人们结成政治关系的原始动机，而政治关系只不过是人们用来满足自己利益要求的特定途径。""一切政治组织及其制度都是围绕着特定的利益而建立起来的，同时也是为其所由以建立的社会成员的利益所服务的。其中，国家是以特定的阶级利益为基础和归宿，采取了公共权力形式的政治组织和制度。"② 由此可以认为，教育利益和教育利益关系是教师教育领域政治活动和教师教育政策的基础与核心。国家制定和实施教师教育政策的根本目的是对不同主体的教育利益进行调整和分配。实际上，任何教师教育政策都体现了作为政策主体的国家或政府的权力意志，按照国家意志来分配教育利益。

也就是说，教师教育政策文本蕴含着丰富而复杂的实质性内容，具有分配和调节教育利益的功能。一方面，国家需要制定教师教育政策来确立教师教育目标、规划和方针，筹措和分配教育经费、资源，编写和审定教科书，设置教育机构和管理其教育教学活动、培养其需要的教师队伍，以满足国家的教育利益。另一方面，国家需要通过一定的政策来调控各个方

---

① 张新平. 简论教育政策的本质、特点及功能［J］. 江西教育科研，1999（1）：37.
② 王浦劬. 政治学基础［M］. 北京：北京大学出版社，1995：68-72.

面、组织和个人的教育利益关系，以稳定自身的统治。

从教师教育政策的执行过程看，一项教师教育政策必定涉及林林总总的利益关系，涉及教育领域中有关政策对象主体的利益交换、立场妥协等形式的博弈过程。尤其是在日益多元化的今天，教育资源分化加速，利益主体诉求各异，在教师教育政策的制定、执行与变革中，较少可能出现单一政策主体秘密操作涉及其他政策主体利益的教师教育政策。哪怕是拥有最高权威的政府机构（政府无疑拥有足够强大的政治资本）也越来越难以动员到一项教师教育政策所必需的、分散的政策资源，何况其他只拥有单方面经济资本、文化资本或社会资本等资源的政策主体。即使拥有强大政治资本的政府机构，要成功实现教师教育政策的变革也需要依赖社会领域中所有行动主体的合作与相关资源的投入。正是在这种相互依赖的利益框架下，才会形成各行动主体之间频率不同的互动、整合程度不同的主体关联模式。主体之间的这种关联模式或紧密，或松散，或者是实质意义上的，或者是名义上的。

随着社会进步和政治的民主化，教师教育政策也进一步走向民主化。国家对教育利益的分配和政策安排也逐步由来自"上面"的"红头文件"，走向与相关利益主体的对话和协商，实现了决策的多主体参与和分享。

（三）教师教育政策是政策主体之间互动和冲突的动态实践过程

传统的教师教育政策往往只是一种静态的文本，要求下级对文件忠实执行。其结果，往往造成"上有政策、下有对策"的局面，文件在执行过程中出现"偏离""缩水""变味"等失真现象；或者可能造成一种不顾具体实际的教条主义局面。

事实上，教师教育政策是由多种政策主体参与的动态实践过程。一方面，政策周期是一个动态过程，从政策问题的确立到政策文本制定、实施、评价与监管，以及政策结果或效果，不同阶段都有其特定的作用，既不可能是政策文本静态的翻版，也不可能是一种线性延伸，而是一个动态的过程和周期。另一方面，教师教育政策又是一个连续的、不断演进的"政策环"，即一个政策周期的完成往往蕴含着对这一政策的评价、反馈和修订，进而进入新的政策过程。这意味着，教师教育政策主体不是单一的政府决策机构与官员，而是包括教师教育政策的决策主体、制定主体、咨询主体和参与主体等多方面主体。

在我国，教师教育政策的决策主体和制定主体是由代表国家和人民利益的各级党委、人民代表大会和政府共同组成的，其通过制定一定的教师教育政策以实现国家的管理职能和调节教育的各种利益关系，维护教育的公共利益。教师教育政策的咨询主体是一些政策研究的专家学者，他们基于一定的专业和学科背景，在深入、客观的调查研究和理论研究的基础上，帮助决策主体进行教师教育政策重大问题的方案设计、论证和预测，供决策主体选择和采用。教师教育政策的参与主体是直接或间接参与教师教育政策制定（如在教师教育政策制定过程中参加座谈会、听证会和咨询会）的组织或个人。教师教育政策参与主体是双重角色，既是教师教育政策所要管理和调节的客体，又是参与政策制定、实施和评价的主体。只有共同发挥政策主体的积极作用，教师教育政策过程才会是良性发展的。

对于政策主体的互动与冲突，政策网络理论和场域理论分别提出了不同的观点。政策网络理论（Policy Networks Theory）认为，网络节点之间会形成某种关系模式，有的关系模式是紧密型的，是共时性存在的，始终相互依赖；有的关系模式是即时性的，节点之间的关系会因时而变，如会随着政策议题的出现而结合，并随其解决而消散。场域理论认为，既有的关系模式一方面是场域结构的反映，另一方面也会形塑或强化既有的政策结构。也就是说，政策场域中各主体之间的关系不可能随着所谓的政策议题的变化而消散，相反它必然或明或暗地影响，甚至左右着新的政策出台，有政策结构变革的可能性。

对于政策主体的合作，场域理论提出的主体合作观与政策网络理论也不一样。政策网络理论认为，政策资源的互相依赖性驱使国家与社会代表之间必须合作并排除其他异议者，从而确保赤裸裸的有实权的利益共同体自身利益诉求的满足。场域理论认为，场域中各行动者掌握资源具有普遍性，尽管资源实力的不同导致政策实质出现利益偏向，但是这是场域结构所致，而在出台的政策文本上，"文字游戏"使政策文本得以通过，也就是说，至少在名义上，各方政策诉求能够得到与其自身所处结构位置相应的满足，而不会是政策网络中的赤裸裸的利益输送或利益剥夺。政策网络理论中的合作是有限主体的合作，而场域理论中的合作是所有政策行动者之间的合作，尽管可能是不平等的合作。例如，在《国家中长期教育改革和发展规划纲要（2010—2020年）》（以下简称《纲要》）的制定当中，就存在着大量的文字游戏现象。就此，余晖说："《纲要》应该增加一个'名词解释'，（就像）在医改过程中我提了多少次，医改办接受了我的建议，做了 11 个名词的解释，最后公布还是没有拿出来。《纲要》也要就政校分开、行政化管理等词的内涵，给各界一个标准化的'名词解释'，否则任由大家一词各表，达不成共识，落实起来就名不正言就不顺了。"① 显然，《纲要》中模棱两可的措辞有利于各行动者主体接受新出台的政策文本，尽管未必在实质意义上有利于场域中处境不利主体的利益满足，但他们也是作为政策变革的主体参与政策变革的，而非旁观者。

总而言之，教师教育政策的本质可以归结为具有不同价值取向或者利益诉求的主体相互冲突，在互动交往中不断协调的过程和结果。把握教师教育政策的本质，首先要对教育政策进行目的性考察。在考察过程中形成的认识，反映了教师教育政策的本体形态。在现实的教师教育政策实践中，不同的具体教师教育政策涉及各自不同的领域，有各自不同的目标，解决不同的政策问题，如果我们把各种具体教师教育政策目标加以归纳和概括，就会发现这些教师教育政策具有一个共同点，即它们都有一个一致性的目的性特征——在不同的主体之间分配教育利益、权力、权利、机会、经费、条件等。这个抛开具体的形形色色的教师教育政策而概括和抽象出来的目的性特征就是教师教育政策的本体形态。

四、教师教育政策的特点

教师教育政策蕴含于公共政策，具有基本的公共政策的研究范式和方法。但是，长期以来，特别是在教师教育政策研究的初期，由于理论准备的不足和社会发展实际的需要，往往把教师教育政策作为公共政策的一部分来研究，把教师教育政策的内涵和特征同一般社会公共政策的理论和实践机械地联系在一起，在一定程度上忽视了教师教育政策所具有的特殊性，教师教育政策成了社会公共政策的附属和衍生品。由于教师教育活动本身的特殊性，与之密切联系的教师教育政策也理应具有自身独特的品格，在综合各种观点的基础上，结合教师教育政策的特殊性，本书认为教师教育政策的基本特点至少包括以下方面：目的性与可行性、全面性与广泛性、科学性与实用性、系统性与多功能性、稳定性与变革性。

从教师教育活动的立场出发，在真正的"教师教育"视野中去研究教师教育政策，将会更加切合教师教育的发展规律，有利于建构一个科学合

---

① 周大平. 教改纲要征求意见今日结束　被指回避重大问题［EB/OL］. （2010-10-07）［2022-09-08］. http：//www. jnnews. tv/gign/p/2010-03/28/83576-2. html.

理、贴近于教师教育生活实际、能够充分实现其效能的教育政策理论体系。

（一）教师教育政策活动以促进教师的发展和完善为实践对象

"有生命的个体人存在是任何人类历史的第一个前提"，教育的原点在于育人，"实现教育的回归就要使教育真正站到人的立场上来，以人之生成、完善为基本出发点，将人的发展作为衡量的根本尺度，用人自我生成的逻辑去理解和运作教育"，即"教育要嫁给人"。① 同其他公共政策活动不同，教师教育政策活动所面对的对象是具有主体主动性的活生生的人，活动的最终目的也是人的发展和完善。"在教育活动中，主客体关系始终表现为'人—人'关系，人作为客体与物作为客体具有根本的不同，人作为客体体现出双重性质，即客体性和主体性。"② 教师教育活动的这种特征决定了在教师教育政策的活动过程中，始终需要把人的主体主动性、人的尊严、人的意义、人的选择放在一个核心的地位加以考虑和实践，以人的身心发展规律作为主要依据，以最终促进教师的发展和完善作为终极目的去进行教师教育政策的设计、实施、反馈、调整和评价，充分调动教师教育政策活动中人的因素，人的参与力度和广度最终会决定教师教育政策活动的实施效果和功能实现的程度。换句话说，相对于其他公共政策活动中人所处的被动地位，教师教育政策活动以"人"为参与和实施主体，以教育者和受教育者之间"人"与"人"的直接对话作为实施路径，最终又会落实到"人"的发展的过程。这是教师教育政策与其他公共政策根本的不同所在，也是教师教育政策活动更具有独特意义的所在。

（二）教师教育政策活动目标具有多元性

与国家的经济政策、政治政策、文化政策等社会公共政策相比，教育政策往往从制定到执行，以至评估，均被赋予了众多的其他的发展目标，并在某种程度上起着解决社会问题、促进社会发展的"万能胶"的角色，它反映了政治、经济、文化等多种社会结构形式的要求。鲍尔认为，对英国教育政策制定而言，"政治的"因素占据了突出位置，"经济的"因素作为一个大的背景提供条件和制约；而"意识形态的"是一种舞台灯光，焦点对准明星，幕后的活动都处于黑暗的阴影下。教育政策活动的目标从来不是单一的，它被赋予了较多的社会期待和价值负载，往往被作为一种社会发展基础性和工具性的政策活动而被社会和国家所认知和运用。

---

① 鲁洁. 教育的原点：育人 [J]. 华东师范大学学报（教育科学版），2008（4）：15.

② 刘复兴. 教育政策的价值分析 [M]. 北京：教育科学出版社，2003：43.

不同的公共政策分别具有不同的目标，如经济政策是为了促进经济的发展，政治政策是为了政治社会的构建，文化政策是为了文化事业的发展，福利政策是为了社会保障体系的完善。相对来说，教师教育政策的主要目标是使教师或师范生获取知识和职业技能，为整体教育事业的发展提供智力支持和知识保证。也就是说，教师教育政策是"与教师获取知识和职业技能的过程有关的政府法规与程序"，它是国家教育事业发展和进步的基础。

由于不同社会群体对于教师教育政策有不同的期待，这就进一步加剧了教师教育政策活动目标的多元复杂性。一些涉及公众利益的重大教育政策甚至会引起社会全员参与讨论；有的公众甚至期望以自己的教育观点和教育期望来影响国家教育决策。这种情况下，教育政策往往会被人们赋予多种需求和发展目标。这也是影响教师教育政策活动目标体系构成的重要因素之一。

（三）教师教育政策活动中利益诉求与博弈具有复杂性和激烈性

利益问题是制定和实施公共政策时所要考虑的主要问题之一。由于公众对于教育领域和教育问题较为关切，熟悉度较高，最重要的是教育是一种最基础和最有效的人力资本积累途径，它所提供的受教育权利和受教育机会等公共教育资源往往会影响一个人的发展机会和生活品质，涉及每一个人的切身利益。所以，公众对教育政策的制定和实施较其他公共政策更为关注，这就导致教育政策过程中的各个利益主体的利益需求和利益博弈变得更为复杂和激烈。

鲍尔指出，教育政策"不是反映某一个社会阶层的利益，而是对一个复杂的、异类的、多种成分的组合体做出反应（包括残留的或新兴的，也包括当今占主流的意识形态）"。教师教育政策利益分配的特殊性主要体现为公共教育资源的分配，尤其是利用政府机制来配置的义务教育资源是无偿性的和非营利性的。对于作为教育利益主体的受教育者来说，教师教育政策利益分配具有独特性和阶段性，教师教育政策对受教育者所进行的分配不仅仅体现金钱、物质、权力、地位等利益，更多表现为一种个体发展水平和未来发展机会的资格认定和权利分配。

在教师教育政策活动领域，其利益内容主要是教育利益。在教师教育政策的制定和执行阶段，各个利益主体都会对其施加相应的影响，以便使各自的利益诉求在政策层面得以体现。合理而科学的教师教育政策应该是在充分考虑各个利益主体利益诉求的前提下，通过利益分配、利益调节和利益整合，实现公共教育利益的最大化。

（四）教师教育政策活动决策权力具有分散性

政策是一种权力的经济体现，它是地方情景中那些被利用和争夺的一系列技术和实践。教师教育政策在决策时往往会有众多的权力主体的介入和影响，根据政治活动和教师教育政策活动的特点，教师教育政策活动中的所涉及的权力类型可以划分为立法权、行政权和司法权等几个权力范畴。比如西方各国的国会、议会和我国的全国人民代表大会是绝对意义上的教师教育政策的决策主体。各国政府行政长官的意志现在也愈来愈成为教师教育政策决策（以下简称"教育决策"）的重要影响因素。在美国，特别是在教师教育政策活动的时空领域，总统所拥有的合法权力和行动选择权是所有内政活动中最大的部分之一。另外，在教育决策方面，法院等司法机构的权力影响同样非常重大。在实行判例法的国家，法院不只是司法机构，也是政治机构，是一个对某些有争议的国家政策问题形成最后决定的政治机构。

在教育政策的活动中，除了不同级别的权力主体存在权力分配以外，同一级别的权力主体的权力分配同样是复杂和分散的。彼得森经研究发现，在美国小学和中学的教育政策的制定中，一方面，人们会以不同的教室级别、校园级别、地方校区级别，以及县或行政区、州和联邦政府级别来鉴别和研究教育政策，各级别在权力分配上都存在一定的矛盾，而且权力是四分五裂的、到处扩散的；另一方面，不同的地方行政人员和地方行政委员会、不同的州政府机构及不同的立法委员会掌管着这两个领域（中小学教育和中学后教育）。总之，无论各级还是同一级别之间，都有功能重叠的现象。

在我国，教师教育政策的决策过程中同样存在着权力分散的问题，主要体现为决策过程中的组织分离和决策权力分割等特点。教育部的正式决策权力在横向和纵向上分别被国家其他机构和各个省、自治区、直辖市的地方教育行政管理机构所分割和共享。具体来说，从同等层级看，教育部在进行教育政策制定时，会和其他相关的部委合作，以争取较多的政治和政策资源，使政策的制定更加顺利和有效。作为我国的最高行政机构，国务院主要起到批准教育决策，利用自身职能协调政策制定过程中各种关系的作用；从不同层级看，各省、市、区（县）的教育行政管理部门在各种层次和类型的教育决策中又有着相当的自主权力，从而形成了以不同层次、不同类型的政策为主要内容的中央和地方共存的教育政策决策体系。与教师相关的政策制定中，教育部通常会与财政部、人力资源和社会保障部、科技部等部委进行密切合作。在教师教育政策的决策过程中，国务院主要起到批准主要政策、协调参与者之间的不同意见的作用。所涉及的层面包括各个省、市、区（县）以至于中学等，这些层面都有着相当的自主权力。大学前教育阶段课程大纲和课本主要由教育部制定和审核，教育部还在相当程度上管理着高校（主导大学入学考试系统和决定学生主修课）。中等教育体系则为省、市教育行政管理部门所主导（通过对中等教育入学考试的控制），省、市教育行政管理部门同时为大学前教育提供部分经费，控制着高等教育部门一些非关键领域（财政、招生和部分的工作人事安排）。地方政府则主要负责提供中小学的大部分经费。

　　在具体而实际的教育决策中，要在考虑决策权力分散性的基础上，充分发挥各级各类决策主体的优势和长处，根据具体政策制定情境，实现决策主体决策力的有机融合，从而实现教育民主决策和教育科学决策。

　　（五）教师教育政策活动评估具有相对困难性

　　教师教育政策活动评估的困难性主要与两方面相关：一是同教师教育活动和教师教育政策的教师培养、教师培训的目的相关，二是同教师教育政策目标的多元复杂性相关。由于教育活动和教师教育政策的对象是"人"，其目的是培养教师、促进教师的发展，这一特殊的政策对象和政策目的客观上增加了教师教育政策活动评价的难度。在具体的人的发展的内涵中，知识获取、能力培养、素质提升、人格完善、道德培育等维度是考查的重点，目前关于人的发展内涵的理论考查和实践中，除了知识获取维度可以通过考试等途径进行考查外，其他维度的考查都显得力不从心，这在无形中增加了评估的难度，且评价成本往往也很高。

　　教师教育政策活动的目标往往受到社会政治、经济、文化、科技等诸多要素的影响和制约，这同样会导致教师教育政策评价的困难性和不确定性。米切尔认为，教师教育政策评估至少要考虑下述六方面因素：① 是否反映了各利益主体的利益；② 是否与学校工作开展相一致；③ 是否有现实意义和操作意义；④ 是否与基本政策或其他政策相矛盾；⑤ 实施该政策的效应和效率如何；⑥ 政治上、技术上是否可行。如此看来，想要制定一个完全符合上述标准的教师教育政策评价指标体系是不现实的，在这种逻辑前提下，教师教育政策活动评价就显得较为困难了。

针对这一问题，作为政策出台前对于政策合理性进行检测的重要手段的教师教育政策风险评估的科学、有效运用或许是解决此问题的路径之一。具体来说，首先，要让风险评估成为教师教育政策制定的必要环节和重要依据；其次，由行政部门设置专门的风险评估机构；最后，依据不同的政策选择不同的评价标准和方法。这一系列评估程序的运行将会最大限度保证教师教育政策评估效果的科学化，进而有利于教师教育政策目标的最大化实现。

第二节　对教师教育政策制定的认识

根据系统论的观点，政策系统的运行表现为一个系统的不断输入、转换、输出的过程①，包括政策方案的制定、执行及评价等环节。认识教师教育政策制定和执行的动态过程的性质是理解教师教育政策本质的重要维度。正如 S. 泰勒等人认为的，政策的含义远远超越了政策文本，它还包括先于文本的政策制定过程，包括政策文本产生之后而开始的政策执行过程，以及对作为一种价值陈述及行动期望的政策文本的修正和实际的行动。本书将从政策系统运行的视角，对我国教师教育政策的制定和执行过程进行分析，并对政策制定和执行过程的一些现实问题进行论述。

教师教育政策制定过程是相当复杂的。这不仅是因为它要受到政府内部因素，如政府部门、公务人员和决策体制等的影响，而且要受到政府外部的利益集团、研究机构和民意等因素的制约。因此，任何一种把政策制定过程简单地看作线性或理性化过程的倾向都是危险的。

一、教师教育政策制定的理解

对于教师教育政策制定过程的分析，可以借鉴著名的政策专家安德森在《公共决策》一书中所提出的分析框架，他认为政策形成涉及三个方面的问题：一是公共问题是怎样引起决策者注意的；二是解决特定问题的政策意见是怎样形成的；三是某一建议是怎样从相互匹敌的可供选择的政策议案中被选中的②。根据这一理论，我们把教师教育政策制定过程分解为政

---

① 陈振明. 政策科学 [M]. 北京：中国人民大学出版社，2001：213.
② 詹姆森·E. 安德森. 公共决策 [M]. 唐亮，译. 北京：华夏出版社，1990：65.

策问题、政策议题、政策决策与政策的合法化等几个环节。关于教师教育政策的主体，本书主要是指直接或间接地参与政策制定的个人、团体或组织。一般而言，教师教育政策的制定者分为官方和非官方两大类，官方的教师教育政策制定者是指具有合法权威制定教师教育政策的人或组织机构，包括教育的立法者、教育行政官员和教育行政管理人员等；非官方的教师教育政策主体包括利益团体、研究机构、传播媒介和作为个人的公民等。由于教师教育政策制定过程因社会政治制度、经济发展状况和文化传统等方面的不同而发生改变，因此教师教育政策主体的构成因素及其作用方式也会有所不同。在我国，起着关键性和决定性作用的往往是教师教育政策制定者，尤其是政府部门和教育行政部门。

一般来说，对教师教育政策制定有两种理解方式：一种是把教师教育政策制定理解为整个政策过程，它包括政策问题、政策议题、政策决策、政策执行和政策评估等几个阶段；另一种是把教师教育政策制定理解为政策形成（Policy Formation）或政策规划（Policy Formulation），指从问题界定到议案抉择及合法化的过程。前者是广义地理解教师教育政策制定的概念，它把政策执行、政策评估等环节称为后政策制定阶段。后者是狭义的概念，认为教师教育政策制定过程与教师教育政策执行过程是两个完全不同的阶段。本书所探讨的教师教育政策制定过程是从广义上来理解的。它主要涉及我国教师教育政策制定到底经过了哪几个阶段，以及与之相关的各种政策主体之间如何相互作用这两个根本性的问题。

二、教师教育政策制定的程序

政策总是有问题取向的，任何一项政策都是针对现实生活中存在的特定问题提出来的。我国教师教育政策也一样，都是从发现政策问题开始，然后进入议程设立、方案规划和方案合法化等阶段。

（一）议程设立

"所谓政策议程就是将政策问题纳入政治或政策机构的行动计划的过程，它提供了一条政策问题进入政策过程的渠道和一些需要给予考虑的事项。"[1] 一个社会问题进入政策议程是解决该问题的关键环节。根据科布和爱尔德的观点，可将公共政策的议程分为公众议程和政府议程两个阶段。

---

[1]　张金马. 政策科学导论 [M]. 北京：中国人民大学出版社，1992：146.

前者是各阶层的人民群众反映他们的愿望和要求，促使政策制定者制定政策以满足广大人民群众需求的政策；后者则是政府或政党综合它所代表的阶级的利益，并制定政策予以体现的过程。在我国，教师教育问题要进入政策议程，可以是党和国家领导人在政务活动中凭借自己的职业敏感、学识和经验，以及人民群众反映等发现、预测某些政策问题，将之列入政策议程；也可以是教育研究者在各自的领域中对某一课题进行长期的分析研究，发现一些重要问题，引起决策者的注意，进入政策议程。另外，人大代表、政协委员等也可通过提案的方式使他们认为重要的教师教育问题引起关注，列入政策议程。其他途径还有新闻媒体的宣传、突发事件引发社会关注等。一般来说，某一教师教育问题进入政策议程通常需要社会多方面、多阶层的参与。

（二）方案规划

教师教育问题进入政策议程后，紧接着便进入方案规划阶段。这也是制定教师教育政策的最重要的阶段。

首先，必须对教师教育问题进行解析和界定，找准问题的症结所在并对问题形成的原因进行分析，以做到有的放矢、对症下药。其次，是在对问题进行准确界定的基础上，确立教师教育政策的目标，即通过教师教育政策的制定与实施达到想要的效果。教师教育政策目标规定了政策方案的方向，同时也是将来检验教师教育政策实施效果的尺度，政策目标失之毫厘，政策实施的效果可能就会谬以千里。因此，在制定教师教育政策时必须得注意目标的针对性、可行性、具体性等方面的要求。再其次，要做的就是设计实现教师教育政策目标的各种可能性方案，即备选方案。方案的科学、可行与否，直接影响教师教育政策的实施及其效果。因此方案的设计在整体上必须完备，在细节上必须具体。备选方案有多种选择，但最终进入教师教育政策的仅是一种或其中几种的综合。最后，必须对各备选方案进行后果预测和评选，然后选择出或综合决定出一个最佳方案。例如，我国在20世纪80年代初出现了初中教师缺额较大的问题。这一问题进入政策议程后，首先要对它进行界定，问题的症结在于我国发展初中教育所需的教师数量远远大于现有的教师数量。导致这一问题的原因一方面是我国师范专科学校层次培养的规模不足，另一方面是部分初中教师和师专毕业生被"拔高"去教高中。基于上述分析，政策目标就是要解决初中教师严重不足的问题。其次，要针对问题产生的原因设计各种可能的方案，如尽可能地扩大师专层次的招生规模，禁止把师专毕业生分配去教高中和缩短师专的学制，等等。最后，在对各方案进行后果预测的基础上，选出最优方案。

（三）方案合法化

经过政策方案抉择后选出的最优方案并不能立即付诸实施，还要经过政策合法化这一必需的程序，即须经过权威部门的批准后才能进入执行过程，合法化是政策执行的前提。教师教育政策合法化的目的就是使所选出来的政策方案获得合法的地位，转化为合法有效的教师教育政策，具有合法性、权威性和约束性，获得人们的认可、接收和遵照执行的效力，从而使教师教育政策有效地发挥规范和指导人们行为的作用，最终实现教师教育政策目标，解决教师教育政策问题。政策合法化保证内容、程序两方面的合法，符合我国依法治国的基本方略。我国的宪法和组织法对国家机关的权限做了划分，国家机关依法在各自的权限范围内使相应的政策合法化。在我国，人民代表大会、国务院和教育部等国家机关都有权使教师教育政策合法化，只是程序有所不同，一般步骤包括审查、通过、批准、签署和颁布政策等。目前，我国所颁布的教师教育政策均需经过合法化这一程序。

三、教师教育政策制定的影响因素

在教师教育政策制定这一阶段中，政策制定主体与政策环境发挥了主要的作用。政策制定产生于一定的政策环境，而政策环境又制约着政策制定主体的构成和行为。正是世界各国的教师教育政策环境和教师教育政策制定主体不同，才导致教师教育政策产生了较大的差异。可以说，影响教师教育政策制定的主要因素包括教师教育政策制定主体与教师教育政策制定环境这两大方面。

（一）教师教育政策制定主体

教师教育政策制定过程是一个复杂的系统工程，涉及社会和教师教育的方方面面，但是教师教育政策制定主体的构成是影响教师教育政策制定的主要因素，与教师教育政策制定民主化发展程度有着非常紧密的联系。

在政策科学中，人们常常假定政策是由政策制定者制定的。西方教育发达国家的教师教育政策制定，有官方制定者，还有非官方参与者，包括利益集团、政治党派、公民个人、大众传媒和思想库等。在我国，教师教育政策的制定主体是广义的政府，包括中央和地方党委、全国和地方人民代表大会及各级人民政府。虽然我国宪法和法律中确定了这类主体的法定地位和职能，但从功能上看，这类主体还只是教师教育政策制定主体中的一类。教师教育政策制定主体除了包括政策制定者（政党、立法者、立法机关），还包括在教师教育政策制定过程中所涉及的教师教育政策研究者、教师教育政策咨询专家、智囊和大众传媒，以及作为教师教育政策执行者的各级教育行政机关及其官员。后两类教师教育政策制定主体是相当重要的，但在我国还没有得到充分的重视。我们不仅要认识到教师教育政策制定主体应该包括哪些群体，还要进一步认识到，现阶段我国教师教育政策制定主体相对比较集中，民主化程度还不够高。相对于官方政策制定者而言，虽然非官方政策制定者的影响较为间接，但他们在教师教育政策的制定上有着很大的发挥空间，在教师教育政策制定中发挥了非常重要的作用。

我国教师教育政策制定改革面临的主要任务是完善教师教育政策制定系统。这里的教师教育政策制定系统是指外延较为宽泛的主体构成及其运行机制，具体涉及教师教育政策制定者、咨询者和执行者在教师教育政策制定过程中的地位、职责和彼此的关系。教师教育政策制定系统改进的主要方向是教师教育政策制定方式，对教师教育政策制定主体在结构上进行调整、充实和完善。我们应该顺应历史进步的潮流，结合中国特有的教师教育政策制定系统和环境，去认识和探讨我国教师教育政策制定主体的构成。在教师教育政策制定过程中，必须尊重政府作为决策者的权威，但这并不意味着政府可以取代其他的政策制定主体独自承担聚合、表达公共利益的使命。只有政策主体多元化才更符合现代民主社会对政策制定的要求，才能使我国教师教育政策制定朝着民主化、科学化和专业化的方向发展。

（二）教师教育政策制定环境

教师教育政策作为一个国家公共政策的重要组成部分，总是处于变动的社会环境中。任何一项教师教育政策的运行都要受到环境的影响和制约。适宜的环境无疑有助于教师教育政策的制定和运行；反之，不良的社会环境必然有碍于教师教育政策的制定和运行。影响教师教育政策的环境因素主要有国际环境和国内环境（包括自然环境、社会环境等）。

1. 国际环境

新中国成立后，我国开始建设社会主义，加强与国际的交流合作成为社会主义现代化建设的重要任务。改革开放以来，我国社会生活的各个方面都受到国际环境的影响，随着我国加入世界贸易组织（WTO），世界经济的发展和竞争更加深入影响着我国经济的发展。经济的发展带动了我国社会各领域与世界的融合。经济的发展、社会的进步、文化的融合，必然使教师教育的发展受到国际环境的影响。在全球经济一体化带动全球全方位逐渐融合的大背景下，在网络飞速发展的今天，全球化趋势为我国教师教育事业的发展、教师教育经费的引进提供了难得的机遇。如今，信息的传递速度超过了以往任何一个时期，西方国家某些先进的教育理念、经验、政策措施，以及教师教育政策的制定程序、模式、方法手段都以前所未有的速度被借鉴到我国的教师教育领域中来。

国际教师教育的交流与合作体现在各个方面，国际学术的交流日益频繁，由国际组织牵头发起的国际教师教育研究如雨后春笋般发展起来。比如，近10多年来，在联合国教科文组织（UNESCO）和经济合作与发展组织（OECD）等国际组织的推动下，各国积极开展形式多样的合作研究。2017年11月4日，在巴黎举行的联合国教科文组织第39届全体大会上通过了在中国上海设立联合国教科文组织教师教育中心的决议。经过4年的规划建设，这一上海首家教育类联合国二类机构正式落成并投入运行，上海有了更高水平、国际化的教师教育全新平台，能够为参与全球教育治理、服务人类教育发展贡献中国力量。"联合国教科文组织教师教育中心的建立应运而生，推进全球教师教育的发展，对2030可持续发展具有重要意义。中国与联合国教科文组织合作建立教师教育中心，既体现了中国对教科文组织教育事业的大力支持，更体现了国际社会对中国教师教育发展的高度评价。"①

"在2021年11月22日举行的中国——东盟建立对话关系30周年纪念峰会上，中国—东盟正式宣布建立全面战略伙伴关系，联合声明将继续加强教育领域的合作。教师是思想和知识的传播者，中国—东盟加强教师教育的交流与合作，既赋能教师，促进教育质量提升，又能架设民心相通的桥梁，增强双方的互相理解与信任，为构建更为紧密的中国—东盟命运共同体奠定深厚的社会和人文根基。""从中国和东盟各自的教育工作规划可以看出，双方有着共同的教育发展需求，并具有加强教育对外合作的共同愿望。在后疫情时代，教育更加充满不确定性，双方都需要进一步增强教育系统韧性。无论是促进教育公平和均衡发展，加强学前教育、职业教育、

---

① 新华社. 联合国教科文组织教师教育中心在上海揭牌成立 ［EB/OL］.（2021－10－08）［2022－12－20］. http：//www. gov. cn/xinwen/2021-10/08/content_ 5641371. htm

教育数字化、危机下教育恢复力，还是建立终身学习体系等，教师素质的提升均是重要的环节。"① 可以说，世界各国学术交流合作的日益频繁，必定对我国教师教育政策的制定产生影响，并会为其提供有利因素。

2. 国内环境

教师教育政策的制定，更重要的是会受到国内环境的制约。国内环境大体上可以分为自然环境与社会环境两大方面，教师教育政策的制定也就会受到这两大方面的影响。

（1）自然环境

自然环境是国家所处的地理位置和自然状况，是环绕人们周围的直接和间接影响人类社会的各种自然因素的总和，包括地形、地貌、气候、土壤、水系、矿藏、动植物分布等自然构成。各国的自然环境千差万别，其教师教育政策制定和运行也拥有不同的资源条件，并受到自然环境的制约。自然环境是社会环境的基础，而社会环境又影响着自然环境的发展。随着生产力的发展和科学技术的进步，会有越来越多的自然条件对社会发生作用。国家所在的位置、地理环境、气候条件、面积大小等自然环境与一定的政策制定系统有着这样或那样的联系，影响着政策制定的过程及其结果。比如，人们认识到，科技的进步在极大地提高生产力的同时，也吞噬着自然所赋予人们的财富。自然环境在科技发展的同时不断受到破坏。加强环境保护、提高与形成科学利用自然资源的意识正在成为人们努力的方向。教师教育政策的制定要考虑到自然环境的保护，并以教师教育课程内容的更新、道德意识的培养等新的举措为人类科学合理利用自然环境创造条件。

（2）社会环境

相对于自然环境来说，社会环境对教师教育政策的制定有着更为重要的影响。社会环境主要包括政治、经济、文化、人口等因素。

第一，政治因素。从本质上说，政策的制定是一种政治行为。政策的制定反映了一国政策制定者的意志和利益，政策的制定是为统治阶级治理国家服务的。一个国家的政治状况如何将会对国家整体的社会治理结构产生最为重要的影响，当然也会对教师教育政策的制定产生深刻影响。

总的来看，我国是一个地广人多的国家，政策的制定如果只局限于少数人手中，那么就很难照顾到绝大多数人的利益。中国各区域的社会经济

---

① 柯森，方晓湘. 加强中国：东盟教师教育交流合作 [N]. 中国社会科学报，2022-04-08（4）.

和文化背景存在着较大差异，需要解决的教育问题也存在差异，很难让一个政策去解决不同情况下的不同问题。教师教育政策执行者与制定者对利益的认识也可能会产生分歧，不可能完全按照教师教育政策制定者的意志行事，可能会出现执行者利用手中的权力达到集团或个体目的的现象。这样，中央集权制下制定的教师教育政策往往就达不到预期设想的效果。中央集权制国家教师教育政策制定主体一般较为集中，地方分权制国家教师教育政策的制定主体则较为广泛，但并不能简单地认为分权制就比集权制优越，西方发达国家的政策制定模式就可以全盘为我们所用。事实上，各国教师教育政策制定的政治体制发展的总趋势是向着集权与分权相融合的合作制方向发展。我国封建社会的历史比较长，民主法治建设和公民参与意识都有待于进一步加强。在我国特有的政治环境下，教师教育政策制定必将朝着民主化、科学化和专业化的方向发展。

第二，经济因素。如果说政策的制定是一种政治行为，那么经济状况对教师教育政策制定的决定性影响也是不言而喻的。一个国家现阶段的经济状况如何会对教师教育政策的制定产生直接的影响。教师教育政策的经济环境是指一定社会中影响教师教育政策制定和运行的物质资料生产、分配、交换和消费的情况，以及人口、资源、生产力发展水平和国民生活水平等内容。

提到经济因素对教育政策制定的影响，很容易想到1999年我国高校扩招政策的出台。高校扩招政策制定的原因是多方面的，但不可否认最为关键性的因素便是我国当时的经济发展状况。1997年下半年，受亚洲金融危机的影响，我国经济发展的增幅开始出现全面下滑趋势，需求不足成为主要矛盾，表现为国企减员增效，国家机关精简机构、裁减人员，全国出现失业高峰；城乡居民收入下降，物价指数出现长时间持续下跌，通货紧缩现象日益严重。在政府采取了多种应对措施却仍然无果的情况下，一些专家学者在寻找经济困境解决的对策时注意到了教育，认为高等教育是扩大内需最有利的市场。我国家庭对教育的投资具有巨大的潜力，普通老百姓储蓄中的相当一部分资金都是为子女就学做准备的。国家采纳了这一建议，并于1999年开始实施高校大规模扩招的政策。高校扩招政策的出台原因是多方面的，产生的结果是非常复杂的，在我国众多教育政策制定的案例中，高校扩招政策也是非常特殊和影响深远的。免费师范生政策、苏南和上海等经济发达地区小学卓越师资的培养政策等也都是经济状况影响教师教育政策的典型案例。由此可见，经济因素对教育政策，包括教师教育政策的制定具有决定性作用。

第三，文化因素。教师教育政策的文化环境是教师教育政策在制定和运行时面临的文化状况，是一定社会中外在于教师教育政策而存在的社会精神财富和社会意识形态状况。教师教育与文化教育大环境有着非常特殊的关系，二者之间相辅相成的关系表现得非常明显，所以文化教育环境对教师教育政策制定的影响不可小觑。

一方面，教师教育政策的制定离不开文化与文明的背景。任何教师教育政策的制定都是在一定的文化教育背景下展开的，文化传统制约着教育的价值取向。不同地区的教师教育特色和不同的民族文化传统息息相关。教师教育既具有超越民族文化的共性内容，也兼具极强的民族文化特色，教师教育政策的制定在尊重和吸纳国际先进理念的同时，应充分考虑到本国的文化特色和教育传统。

另一方面，教师教育也是创造新文化的动力。教师教育在传播文化、推动基础教育发展的同时，培养了创造新文化的人，不断推动着文化的发展，创造着新的文化。创造新文化是教师教育重要的社会功能。教师教育要培养出具有创造新文化能力的人，教师教育，以及它所依赖的文化必须具有开放性，能吸收其他民族的文化为己所用，在信息与能量的交换中促进教师教育与文化的良性循环，使文化对教师教育政策制定的影响朝着良性的方向发展。借鉴国际先进经验并充分重视中国文化传统，制定出既能与世界接轨又能体现出中华民族文化特色的教师教育政策，是中国教师教育政策制定的发展趋势，也是保障我国教育可持续发展的灵魂。

第四，人口因素。教师教育的本质是一种培养人的社会活动。所以，世界各国教师教育都与人口状况有着密切的关系。人口众多是我国的一个基本国情，是我国制定教师教育政策时不得不面对的问题。其中，人口数量和人口素质是影响教师教育政策制定的主要因素。

一个国家的人口数量是确定该国教师教育规模的基础因素。人口增长过快，师资需求旺盛，教师教育投资政策跟不上，就会影响教师教育规模的扩大，导致教师教育的数量和质量不能适应教育对教师素质的需求。师范生数量过多会导致教师教育质量下降、人均教师教育投资减少、教师教育普及规模降低；人口年龄结构的波动会导致教师教育规模的变化，导致师范生数量的不足或过剩。人口素质的高低更直接决定了教师教育结构和教师教育层次的高低，这便需要政策制定者根据情况的不同，制定不同的教师教育政策，以满足不同人群的需要。

四、教师教育政策制定的要求

多元化的教师教育政策制定主体在参与政策制定活动时，如果能遵循相应的政策制定原则，就能更加科学合理地促进政策制定的成效，出台优质高效的教师教育政策。

（一）教师教育政策制定的原则

1. 效益原则

制定政策的目的是取得良好的执行效益。在制定教师教育政策的时候，必须考虑到执行过程，确保教师教育政策的执行有利于促进教师教育事业的发展，能够带来良好的社会效益。这就是效益原则的要求。

效益原则要求制定教师教育政策必须做到适用、适时、适度。

任何一项适用的教师教育政策的制定，都必须从一定区域的社会实际出发，与政治、经济和教师教育发展状况相适应，符合教师教育意向，兼顾新政策的实施需要与实施的可能性。例如，小学教师学历本科化（进而研究生化）是国家确定的一项政策目标，它对于不同地区具有不同的导向功能。对于经济发达地区而言，它是一种现实目标；而对于不发达地区而言，它是一种理想目标。如果要求不发达地区迅速普及小学教师学历本科化，那么这项政策就是不适用的。总之，一项适用的教师教育政策必须符合实际、切实可行。

即使是一项非常适用的教师教育政策，也只有在合适的时候执行方能收到良好的效益。唯物辩证法认为，事物发展的不同阶段都有其矛盾的特殊性，时间的变化必然带来各种政策条件的变化。只有适时地制定教师教育政策、执行教师教育政策，才能充分发挥教师教育政策的效力，有效地促进教师教育事业的发展。

要做到适时，就要求做到既不坐失良机，又不操之过急。机不可失，失不再来，信息传递要快，要根据情况的变化及时地制定出相应的政策。还要看时机是否成熟，不能超越当时的政策条件去制定教师教育政策。欲速则不达，急于求成反而会适得其反。当然，适时并不反对教师教育政策有适当的超前性。如果教师教育政策的制定总是拖在现实的后面，就失去了教师教育政策的指导意义。因此，教师教育政策制定应该在科学预测的前提下进行，具有适当的超前性。

适度是事物保持其质的稳定性的数量界限，是质与量的统一，制定教师教育政策要充分考虑这种质与量的统一，要适度。要精确地把握需要与可能的尺度，最大限度地利用可能的条件，最大限度地满足教师教育发展的需要。

首先，确立教师教育政策目标要适度。教师教育政策目标要发挥激励功能，目标要求既不能太高，也不能太低。比如我国于 2014 年发布了《中小学教师信息技术应用能力标准（试行）》，这对于规范和引领中小学教师提高信息技术应用能力起到了重要作用。但信息技术发展的速度较快，相关政策也需要不断更新才能发挥激励作用。我国又出台了一系列提升教师信息素养的政策，如 2019 年教育部发布的《关于实施全国中小学教师信息技术应用能力提升工程 2.0 的意见》等是对 2014 版《中小学教师信息技术应用能力标准（试行）》的完善，顺应了时代的要求，激励教师不断提高信息技术应用能力。

其次，制定教师教育政策方案要适度。教师教育政策方案是教师教育政策目标的具体化，包括教师教育政策目标分解，实现政策目标的措施、方法、步骤等内容。制定教师教育政策方案的目的是为实现教师教育政策目标提供一个切实可行的行动方案，以便提高人们实现政策目标的自觉性，提升组织系统的功能。制定教师教育政策方案要充分考虑时间和空间这两个制约因素的影响，因时、因地制宜，从每个区域经济、社会发展的实际情况，特别是教师教育发展的实际出发，适度安排，既不能好大喜功、盲目冒进，也不能墨守成规、故步自封。

2. 科学性原则

毛泽东说过，政策和策略是党的生命。教师教育政策对教师教育工作的影响是巨大的。科学的教师教育政策会给教师教育带来良好的效益；反之，不科学的特别是错误的教师教育政策，会给教师教育工作乃至整个教育发展带来巨大的损失。因此，遵循科学性原则来制定教师教育政策，提高教师教育政策的科学化水平，是教师教育事业发展的必然要求。

制定教师教育政策，要有科学理论做指导。马克思主义哲学和现代思维科学揭示了自然、社会和思维发展的一般规律，为我们提供了科学的世界观和方法论；教师教育学与社会学、经济学等社会科学息息相关，这些科学理论共同构成了我们制定教师教育政策重要的理论基础。制定教师教育政策的另一个重要依据是教师教育科学研究成果。教师教育科研成果是教师教育科学理论与教师教育发展现实相结合的产物，往往具有较强的针对性，是教师教育决策可信赖的参考依据；有些教师教育科研成果具有较强的可操作性，可以直接应用于教师教育决策。教师教育科研成果要参与教师教育决策的前期过程，而不能仅仅用于教师教育决策的后期论证。教师教育政策制定者要增强科研意识，积极利用教师教育科研成果，杜绝那种"想当然""拍脑袋"的决策作风。

科学地制定教师教育政策，要采用正确的方法、科学的手段，这就要求教师教育政策的制定工作必须将定性分析与定量分析相结合。唯物辩证法认为，任何事物都是一定质和量的统一体，事物的发展过程始终是量变与质变相统一的过程。量变是准备，量变积累到一定程度必然引起质变，产生新质。

科学地制定教师教育政策，还要求教师教育政策的制定工作必须做到领导、专家、群众相结合。个人的智慧总是有限的，集体拥有永不枯竭的智慧之泉。制定教师教育政策必须依靠集体的智慧，充分发挥领导、专家和群众这几个方面的作用。

3. 统筹原则

根据系统论思想，制定教师教育政策必须遵循统筹原则。系统论认为，系统是指由相互作用的若干部分或要素组成的复合体。在自然界和社会领域内，系统都是普遍存在的，整个人类社会是由经济系统、政治系统、军事系统和教师教育系统等组成的大系统。教师教育系统是整个社会系统的一个子系统，但是在它独立发挥作用的时候，又是一个大系统，是一个包括教师培养、教师入职教育、教师培训等子系统的大系统。

整体性是系统的一个基本特征。系统的各个组成部分或要素是紧密联系、相互影响的，各个部分或要素的相互作用使系统成为一个有一定结构和功能的有机整体。古希腊先哲亚里士多德断言："整体大于各部分之和。"与原有各个部分或要素的结构和功能相比，系统的结构更为合理，并且功能得到了增强。

根据系统的整体性特征，我们在制定教师教育政策时必须遵循统筹原则，从整个社会发展的大背景出发来考虑教师教育发展，加强宏观调控，建立合理的教师教育结构，充分发挥各种教师教育因素的作用。重点要考虑以下两方面内容：

一是树立大教育观，促进教师教育与整个社会协调发展。大教育观认为，教师教育是整个教育大系统的一个子系统、一个组成部分；教师教育的发展受社会和教育发展的制约，并促进社会和教育的发展；教师教育必须为教育发展服务，并在促进教育发展的同时使自身得到发展。脱离教育发展需要的教师教育，将难以创造社会效益，自身的发展也必然受到限制。

二是立足于提高教师教育的整体效益，促进教师教育内部各子系统和各个要素的协调发展。要正确认识教师教育内部各子系统之间的相互影响和作用，加强宏观调控，建立合理的教师教育结构，打破条块分割、各自为政的格局，加强横向联系，充分挖掘各个部分的潜力，减少浪费，形成强大的合力，提高教师教育的整体效益。

4. 弹性原则

为了提高教师教育政策的现实适应性，保证教师教育政策的相对稳定，制定教师教育政策必须遵循弹性原则。弹性原则要求在教师教育政策质、量、度的规定方面留有余地，保留一定的伸缩范围，使教师教育政策在客观条件发生某种变化时仍能适用，并能够根据情况的变化不断地进行自我调节，更好地发挥政策功能。

弹性原则是由系统的动态性特征决定的。唯物辩证法认为，普遍联系是事物存在的一个根本特征，事物间的联系表现为：每个系统都不可能孤立地存在，都必须与其他系统发生联系；每个系统内部各子系统及其各个组成部分或要素也必然处于普遍联系之中。这种普遍联系使系统总是处于活动和工作状态，不断地打破旧的平衡、消散外界物质和能量，达到新的、高水平的平衡。教师教育与社会的关系充分地体现了这种动态性。教师教育发展与社会发展协调、适应就表现为平衡状态，但是这种平衡状态总是相对的、表面性的，其内部必然包含着新的不平衡，要么是社会发展对教师教育提出了新的要求，引起教师教育系统的改革；要么是教师教育以培养人才、创造新文化的功能为中小学教育发展注入了新鲜活力，促进了社会的发展。

由此可见，遵循弹性原则是提高教师教育政策实施效益的必要保证。依据这一原则，制定教师教育政策要用发展的观点来看待和分析事物，使教师教育政策的制定有一定的预见性和超前性。

五、对教师教育政策制定的认识与分析

通过以上梳理和分析，我们对于教师教育政策的制定过程形成了以下认识：

一是教师教育政策制定有一个基本的程序和过程，即教师教育政策制定需要经过教师教育政策问题的认定、教师教育政策议程的设立、教师教育政策决定、教师教育政策表达与合法化等几个阶段，但这几个阶段的划分并非十分严格，阶段的次序也并非按部就班。各个阶段的划分是相对的，如国家的一些重大的教师教育政策往往先由教育部各司局提出，在教育部内部需要经过一系列的程序，如确立问题、提出议题、规划与决策等。当此议案报请国务院通过并送全国人大审查与批准时，同样要经历一个从政策议题、政策决策到合法化的过程。而且，针对不同的决策（如简单决策与复杂决策、重大决策与一般决策等）往往会有不同的程序与过程。在不同的社会、不同的国家和不同的文化、制度等情境中，我们所探讨的教师教育政策的过程可能会有所不同。本书所进行的分析在相当程度上是尝试性的。

二是教师教育政策制定是一个反反复复的过程，我国的教师教育政策制定过程是由传统的自上而下向自上而下与自下而上相结合的方向转变的。在计划经济条件下，我国的政策制定由国家统一规划，呈现出单方案决策的特征，政策是自上而下的。随着市场经济的深入与社会结构的多元化，自下而上的政策要求增多，也就有了在多方案的教师教育政策中进行择优的可能。

三是我国教师教育政策制定过程与其说是一个理性主义的科学过程（即以最小代价取得最好效果的过程），不如说是一个协商的政治过程，是一个各方面利益平衡的过程，本质上是一个政治博弈过程。

四是政府在教师教育政策制定过程中发挥了极其重要的作用。我国的教师教育政策制定过程往往是在政府的主导下进行的。由于我国政治体制的特殊性，这里的政府概念的内涵应有所扩大，包括党组织和政府组织，而且党组织不仅仅是政府机构的核心，更是制定教师教育政策的核心主体和政策中枢，不理解这一点，就无法解释我国的教师教育政策，更不用说试图解读当代我国教师教育政策制定的过程了。

五是我国教师教育政策制定过程还有一些尚待完善的地方。如主观意志和个人素质在决策过程中起着较重要的作用，凭经验、想象和感觉进行决策的现象仍然存在；教师教育政策制定过程的公开性、透明性还有待提高，公民参与的广度与深度不够。另外，教师教育政策也缺乏反馈监督机构，有时存在不敢监控、监控不力和失职之类的问题。

因此，当前我国教师教育政策的制定过程还有必要进一步改革和完善：

一是实现教师教育政策制定的制度化与程序化。我国的权力是相对集中的，政府能够及时、快速地做出决策，但决策的民主化还未能充分体现。在不影响决策效率的情况下，应形成一套规训教师教育政策制定的制度与程序，以保证决策的科学性。

二是提高参与度。公众参与教师教育政策制定的方式和程序多种多样。如民意调查制度、专家咨询制度、信息公开制度、公示制度、论证制度、听证会制度、协商谈判制度等都是实现政策制定民主化与科学化的基本制度。对于一项政策，应当允许有不同的声音，有赞扬，有批评，这才有利于民主决策。当然，并不见得所有的民意都是好的，都是对的，重要的是来自民间方方面面、多种角度的声音可以为决策者提供更加平衡的决策参考。

三是加强教师教育研究。我国教师教育决策与教师教育研究之间的关联程度较低，教师教育研究对教师教育政策制定和高层决策的直接影响还比较薄弱。目前，这种"学术文化"与"决策文化"分裂的状况正在得到改善，两种文化的沟通与对话越来越频繁，研究者在"不关心政策应用的研究不可能成为有价值的研究"观念的指导下，更加关注对政策的研究和为政策的研究，立志为我国的教师教育政策做出贡献；决策者在"没有研究的政策不可能成为好政策"观念的指导下，加强教师教育决策的科学化与民主化，并努力使自己成为一名研究者，不断提高自身的素质与领导能力。

四是加强民主监督。公共权力一旦缺乏监督和制约，就有可能成为脱离社会的力量，成为个别政府官员滥用职权、以公谋私的手段和工具，从而严重违背公共权力为公共利益的实现而服务的根本目的。为此要利用多种监督方式，如立法监督、司法监督、政党监督、舆论监督、公民监督等对决策者的决策行为进行监督。

五是转变政府职能。当前，我国政府把科学民主决策与民主监督、依法行政放在一起，并列为政府自身建设的三条原则。国家领导层也反复强调政府工作规则要体现这三个方面，这表明：政府要转变职能，成为法治政府、透明政府、责任政府、有限政府、有效政府、服务政府；要合理划分政府同市场、社会的界限，政府只做该做的事情，只做能做得好的事情，防止政府的越位、错位与缺位。目前，我国政府正处于转型时期，由管制行政向服务行政过渡，由无限政府向有限政府过渡。

第三节 对教师教育政策执行的认识

教师教育政策执行是将教师教育政策目标转化为政策现实的必然途径，是将教师教育政策内容变为现实的过程，是为实现教师教育政策目标而重新调整行为模式的动态过程。政策执行不仅是检验政策正确与否的唯一标准，也是制定新政策的基础，是政策过程的中介性环节。因此，政策执行的好坏直接影响到政策的成败。正如美国政策学者艾利森所说："在实现政策目标的过程中，方案确定的功能只占10%，而其余的90%取决于有效的执行。"[①]

一、教师教育政策执行的意义

完整的教师教育政策执行应该包括教师教育政策执行的主体、教师教育政策执行的目的，以及教师教育政策执行的过程，其中教师教育政策执行过程应该是动态的。在政策学上，政策执行有广义和狭义之分。狭义的政策执行是指某项政策的具体贯彻、推行和实施；广义的政策执行是指执行者贯彻、落实政策，以达到预期目标的全部活动和整个过程，包括前期的准备工作和政策执行的反馈与控制。我们所研究的教师教育政策执行应是广义的，是指各级教育行政机构及其行政人员，依据教师教育政策的目标，把教师教育政策在教师教育实践活动中加以贯彻落实和推行实施的全过程。

1. 教师教育政策执行是实现政策目标的关键性环节

教师教育政策执行对于实现教师教育政策目标具有重要的作用。我们依据特定的教师教育政策目标制定教师教育政策，而教师教育政策目标的实现又依赖于教师教育政策的执行，同时，教师教育政策只有通过执行才能体现其价值、发挥其效益。教师教育政策执行得好，教师教育政策目标就会按预期得以实现；教师教育政策执行得不好，会使问题更加复杂，或者与教师教育政策目标相违背。

---

① G. T. Allison. Essence of Decision [M]. Boston, Mass: Little Brown, 1971: 176.

2. 教师教育政策执行能检验政策方案是否合理

教师教育政策执行是教师教育政策制定的后续阶段，是教师教育政策制定的理论归宿，也是教师教育政策评价和反馈的前提条件，在现实层面上决定了教师教育政策方案能否实现，以及解决和实现的程度与范围。教师教育政策方案是否合理最终要接受教师教育政策执行实践的检验。

3. 教师教育政策执行是发现新问题、制定后续政策的重要依据

教师教育政策在执行的过程中会有许许多多新问题出现，这些新问题或多或少会对教育的发展产生一定的影响。通过对教师教育政策的监督，许多新的信息被反馈，这就需要及时制定一些新的政策或者对当前的政策进行补充性修改，从而解决教育中存在的现实问题。

二、教师教育政策执行的过程

根据不同阶段教师教育政策执行的不同特点，可将其分为以下三个阶段：

（一）准备阶段

在教师教育政策进入实施阶段之前，需要进行一定的筹备工作，即准备阶段。它包括政策宣传、政策分解、物质准备、组织准备等工作。

政策宣传是政策执行过程的起始环节。教师教育政策的执行涉及许多组织及其成员，包括各级教育行政组织、教师教育机构、教师等。在执行过程中需要他们相互协作、通力配合才能完成任务。因此，在准备阶段首先要做的就是通过宣传统一人们的思想认识，使人们充分理解某项政策的目的。只有这样在执行过程中才能调动人民的积极性，做到未雨绸缪。

政策分解，即制订具体的执行计划。由于一般情况下政策都比较抽象，直接用于指导行动有些困难，所以需要将政策进行分解，使之具体化，具有可行性。例如，教育部 2004 年 2 月颁布的《2003—2007 年教育振兴行动计划》中提出：起草《教师教育条例》，制定教师教育机构资质认证标准、课程标准和教师教育质量标准，建立教师教育质量保障制度。这些只是对我国教师教育提出了发展方向，而要切实执行这一政策，必须将其中的每一点目标都分解为若干具有可操作性的执行计划，才能保证执行活动的顺利进行。

物质、组织准备。物质准备是保证政策执行的经济基础，组织准备是政策贯彻落实的保障机制，两者缺一不可。前者主要是指一定的物力和财

力；后者则包括组织机构、人才选用，以及组织制度的建立等方面。

（二）实施阶段

前期工作准备充分后，教师教育政策执行进入实施阶段。由于政策影响具有广泛性，因此在大面积推广某一项政策之前必须进行试点，以便及时发现问题，及时修正，然后才进入政策的全面实施阶段。我国关于培养大学专科层次小学教师的政策比较典型。当小学教师的数量基本满足教育事业发展的需要时，人们就对小学教师的质量提出了新的要求。我国在1983年就已经有部分省、市开展专科程度小学教师的试验，一直到20世纪90年代初，才在比较大的范围内推广这一政策。而今，全国新增小学教师的学历大部分都达到了专科层次，有的地区在新增教师学历达到本科层次以后又开始试点研究生层次的小学教师培养。这些政策都经历了一个由试点到推广再到普及的过程。

在实施阶段，通常需要借助法律的、行政的和经济的手段来达到目的。可以说政策执行的每一个阶段都离不开一定的执行手段，手段选择得恰当与否直接影响到政策目标的实现。政策执行活动的复杂性决定了执行手段的多样性，因此必须根据所要解决问题的性质选用相应的手段，还要注意结合运用各种手段，只有这样才能取得满意的成效。另外，重视协调和监控工作也是保证政策顺利执行的重要条件。

在实施阶段必须高度重视的一个原则就是原则性与灵活性相统一。原则性是政策本身所固有的属性，因此在执行过程中必须保证政策的统一性、严肃性和权威性，严格按照政策规定的要求去做。然而，我国各地区教师教育的发展很不平衡，因此必须因地制宜地贯彻落实政策，灵活地制定符合当地实际的具体政策措施。同时在保证不违反政策方向的前提下，可以灵活地运用多种手段实现政策目标。

（三）反馈阶段

任何一项政策的执行总不会是一帆风顺的，在执行过程中都难免会有阻碍，甚至停滞。人们在政策的执行过程会得到一些经验教训，只有借鉴这些经验教训，才能在后续的执行过程中不断地进行调整和完善。此外，政策有一定的周期，到了一定的时候，就必须终结这一政策。人们在政策执行的过程中，根据所反馈的信息来判断该如何修正和调整相关的政策，以提高政策的有效性和可行性；又或者是及时终止这一政策，促使新政策的出台。

三、教师教育政策执行的要求

教师教育政策执行是一种实践性、综合性、具体性和灵活性比较强的教育实践过程。要发挥政策执行作用，达到政策执行的最佳效果，根据教师教育政策的特点，教师教育政策在执行过程中必须遵守一定的原则。

1. 慎重严肃，科学求实

贯彻执行教师教育政策，要慎重严肃、科学求实，这是教师教育政策的严肃性和科学性的根本要求。

教师教育政策的严肃性体现为教师教育政策是党和国家意志的表现，它直接关系到党和国家在教育事业方面的根本利益。它要求我们执行教师教育政策必须维护政策的权威性和严肃性，必须严肃认真，必须绝对服从。违反教师教育政策规定，本质上就是危害了党和国家的利益，就要受到不同程度的处罚。凡是有明确政策规定的，就不允许置之不理、自行其是；不允许各取所需，合自己意的就执行，不合自己意的就不执行；不允许站在个人或小单位、小团体立场上，不顾国家和集体整体利益，钻空子、干扰、抵制甚至破坏政策的贯彻执行。要坚决反对"有令不行、有禁不止"和"上有政策、下有对策"的歪风邪气。

教师教育政策的科学性体现在教师教育政策能够正确地反映教育内外各种关系的内在本质联系，它要求我们执行教师教育政策时必须正确处理国家与教育之间的关系、社会各领域与教育之间的关系，以及教育内部的各种关系，必须遵循教育规律，必须从实际出发、实事求是。一定的政策只适用于一定的对象，一定的政策只在一定的范围内有效。教师教育政策也是如此。在执行政策时，要弄清该项政策适用的对象、时间范围、地域范围等，弄清某项教师教育政策是规范哪方面的教育内容。此外，还要弄清各项教师教育政策之间的关系，以及教育管理的权限等问题，这样才能比较全面地执行政策。

2. 结合实际，灵活创新

慎重执行教师教育政策，绝不意味着对党和政府的政策照搬、照转。在执行教师教育政策时，要结合实际，变通创新，这样才可以体现教师教育政策的实践性和灵活性。

教师教育政策的实践性表现为教师教育政策是可行和实用的。在制定教师教育政策时，虽然已充分考虑了教师教育的现实性和可行性，但一般说来，政策规定本身都更多地体现原则性。我国幅员辽阔，各地由于历史和现实的种种原因，教师教育发展水平很不一致，情况千差万别，因此，在贯彻执行教师教育政策时，在不违背中央政策的前提下，同本地区、本部门、本单位的实际情况相结合，根据对象、条件、时间的不同及实际需要，适当灵活创新，提高政策执行的可操作性，更全面、正确地贯彻执行政策就显得尤为重要。

政策的灵活性就是具体问题具体分析，防止"一刀切"，强调创造性地贯彻执行，并非离开政策实质，随心所欲地各取所需，而是要在深入调查研究的基础上，根据事物的发展规律，在认真贯彻执行政策中有所创新。创新是为了解决现实中提出的新问题、新情况，更好地贯彻执行政策。例如中共中央、国务院颁布的《中国教育改革和发展纲要》，是我国 20 世纪 90 年代乃至 21 世纪教育改革和发展的蓝图，是建设中国特色社会主义教育体系的纲领性文件。《中国教育改革和发展纲要》颁布以后，全国各省、市（区），都相继制定出台了贯彻《中国教育改革和发展纲要》的决定，决定结合各地实际情况，从各地教育改革与发展的实际出发，针对存在的不同教育问题，在加强对教育的领导、教育经费、教师队伍、教育质量等方面做出了具体规定和要求。

教师教育政策执行一方面要慎重严肃、科学求实，另一方面又要结合实际、灵活创新，这两方面是辩证统一的。在实际政策执行中，不能偏废任何一方面。因为只有严肃科学，才能维护政策的严肃性和权威性；只有灵活创新，才能使政策不致教条和僵化。只有把两方面统一起来，才能使政策真正得到贯彻执行。

四、教师教育政策执行偏差与纠正

教师教育政策在执行的时候往往存在偏差和困难，那么政策执行的时候会存在哪些问题，这些问题的原因是什么，以及如何解决这些问题，这些都是教师教育政策现实执行中值得思考的问题。

（一）教师教育政策执行偏差现象

教师教育政策执行偏差就是指在教师教育政策执行过程中，没有完全按照教师教育政策目标执行，出现了偏离教师教育政策目标的现象，从而影响教师教育政策目标的实现。教师教育政策执行偏差主要有五种表现形式：教师教育政策的偏离、教师教育政策的表面化、教师教育政策的扩大化、教师教育执行的缺损、教师教育政策被替换。

1. 教师教育政策的偏离

所谓教师教育政策的偏离，就是指教师教育政策在执行的过程中，偏离教师教育政策目标或者完全没有执行教师教育政策，不按照教师教育政策本身的内容和精神办事，导致教师教育政策执行的结果严重"走样"。这样的现象在教师教育政策的执行中很常见。

2. 教师教育政策的表面化

所谓教师教育政策的表面化，就是指教师教育政策的操作性不强，仅仅是在教师教育政策执行的阶段进行了宣传并没有落实到具体措施。例如：教师资格证书考试推行的最初几年，报考教师资格证考试的人员必须有教师实践经验，有一定数量的实习学时，有相关单位的证明才可以参加试讲。但实际有的考生没有实习经历也参加了考试。政策执行中出现了表面化现象，文本得到了宣传，但问题依然存在。

3. 教师教育政策的扩大化

所谓教师教育政策的扩大化，就是指教师教育政策的执行者在教师教育政策的执行过程中把原政策没有的内容添加进来，并纳入政策执行的方案中，使得教师教育政策执行的结果超出了原政策的要求。

4. 教师教育执行的缺损

所谓教师教育执行的缺损，指的是教师教育政策的部分内容被执行，其余的内容则被搁置一边，或者说只执行有利的，与自己利益有冲突的就放弃执行。比如在教师教育政策的执行过程中，只强调教师教育政策赋予的权利，使教师教育政策成为自己谋取利益的工具，不承担教师教育政策中相应的义务。

5. 教师教育政策被替换

所谓教师教育政策被替换，就是指教师教育政策在执行的过程中，表面上与原政策的精神、内容相一致，实践中却用另一种做法来代替。例如20世纪80年代中期开始的高校"自费生"招收使师范生免交学费的政策难以坚持，逐渐被替换为与其他院校相同的收费标准。

（二）教师教育政策执行偏差的原因

1. 教师教育政策本身的原因

教师教育政策是针对教育现实的问题而提出的。首先，如果教师教育政策目标过于理想化，或者教师教育政策目标过于模糊、笼统，就会造成教师教育政策执行的偏差；其次，在宣传教师教育政策的时候，宣传力度不够，教师教育政策的执行者未能够理解政策，也会导致教师教育政策执行的偏差；再其次，教师教育政策的多变使其权威性大打折扣，也会导致教师教育政策执行的偏差；最后，教师教育政策作为公共政策的一部分，会与其他政策共同发挥作用，所以会受到其他公共政策的影响，也会导致教师教育政策执行的偏差。

2. 教师教育政策执行机构和执行人员的原因

教师教育政策执行人员的自身素质对于教师教育政策执行的结果有着重要的影响。只有教师教育政策执行人员具备专业的素养、合理的知识结构、灵活的岗位意识、较高的政策水平，才能正确理解教师教育政策，使教师教育政策的执行达到预期的效果。此外，教师教育政策制定者和教师教育政策执行者是两个不同的群体，难免会产生利益矛盾，因此教师教育政策在执行时也难免会出现偏差。

3. 教师教育政策执行中监督力度不够

教师教育政策执行中监督力度不够是一个突出的问题，应该引起足够的重视。

4. 教师教育政策执行中经费缺乏

教师教育政策的执行需要庞大的教育经费作为支撑。有效的教师教育政策执行，必须有足够的资源配置作为保障。但是，现实情况是有的政策方案很好但缺乏资源配置，导致政策执行没达到预期效果，产生了偏差。

（三）教师教育政策执行偏差的矫正

1. 提高教师教育政策制定的质量

教师教育政策的制定要具体明确，具有可操作性，不能朝令夕改。要加大教师教育政策的宣传力度，使得公众认可教师教育政策，还要加强教师教育政策与其他公共政策的协调。

2. 提高教师教育政策执行人员的素质

教师教育政策执行机构要有集体意识，当机构利益与教师教育政策本身的利益发生冲突时，要舍弃自身利益，服从全局利益。同时，在不损害全局利益的前提下，适当保护教师教育执行机构的利益；教育执行机构要拥有一批既有较高的政策水平，又具备专业素质的教师教育政策执行人员，这就需要通过定期的培训和教育，来提高教师教育政策执行人员的知识结构、岗位意识，以便教师教育政策执行人员更好地理解教师教育政策。

3. 加大教师教育政策执行中监督的力度

通过教师教育政策监督，查缺补漏，以发现教师教育政策的不足，并加以完善。

4. 为教师教育政策执行提供物质保障

教育经费在教师教育政策执行中有着非常重要的作用。如果教师教育经费投入不够，教师教育政策的目标就难以达成或者会造成教师教育政策执行的缺损，甚至会造成教师教育政策执行的更大浪费。

五、对教师教育政策执行过程的分析

在现实教师教育政策的运行过程中，教师教育政策执行环节出现的诸多问题都是由教师教育政策执行力的缺失和不力造成的。只有增强教师教育政策的执行力才能够大大提高教师教育政策的执行效能，保证教师教育政策目标的预期实现。

1. 改革教师教育政策执行机制

理顺教师教育政策的执行机制有着重要的现实意义。在我国，教师教育政策主要由各级人民政府及教育主管部门、教师教育机构负责执行。因此，应摒弃那种教师教育政策执行过程中把教师教育机构和教师排斥在政策执行者之外的"公共政策"思维，改变只有政府主管部门才有资格执行教师教育政策的做法。在传统的行政式的政策执行模式中，最接近服务对象的基层执行者（如教师教育机构的教师）很少有机会参与各级教育决策，只是在机械地执行上级教育部门的"红头文件"，导致基层在执行上级教师教育政策中会出现僵化和保守现象。而基层执行者远离决策过程，获取执行信息的路径远，有一定的迟滞性，失真的可能性也较大。教育决策中心的决策者难以对教师教育政策执行的情况施以必要的管理，也会极大地影响教师教育政策的执行效力。所以，对教师教育政策执行机制的改革第一步就应该建立教师教育政策决策与政策执行相结合的有效机制，改变教师教育政策决策与执行分离的状况，使教师教育政策执行机构和教师教育机构都有机会参与教师教育政策决策并具有一定的自由裁量权，积极吸收教师教育机构的教师和行政管理者参与到教育决策中来。

2. 加强教师教育政策执行过程指导

在教师教育政策执行过程中，有关部门应对下级部门的政策执行过程予以及时有效的指导。在现实的教师教育政策执行过程中，上级教育主管部门对下级往往"检查多、命令多",而普遍缺少有效的"服务与指导",这也是造成管理不当的主要原因之一。上级主管部门要对特定教师教育政策的目标、宗旨予以必要的解读,帮助下级执行者分析政策的重点、目的、条件和约束因素,分析执行环境、条件、资源和存在的问题,帮助各相关区域结合本地实际编制区域教师教育政策,还要对政策的具体落实情况实施全程跟踪服务与指导,帮助基层解决在执行教师教育政策中遇到的问题。加强政策执行过程的指导还表现为教师教育政策在执行时发生意外情况或出现政策走样的问题时负责部门应及时帮助下级部门解决问题;如涉及职责分工调整、资源调度和计划修正等问题,还应及时在有关部门之间进行必要的协调。

3. 规范教师教育政策执行评价

教师教育政策的执行评价是依据特定教师教育政策的目标、标准,依照一定的程序,对特定教师教育政策执行过程的效果、效益做出判断、评定,并由此评估教师教育政策执行人员执行情况的活动。教师教育政策的执行评价无疑在政策执行管理中具有重要的作用。它是检验教师教育政策效果的重要环节,是监督政策执行的重要手段,是合理配置公共管理资源、提高政策管理水平的重要步骤。在教师教育政策执行的过程中,我们一直存在重"政策制定"、忽视"政策执行评价",尤其忽视"政策执行的过程评价"的倾向。这就直接导致了教师教育政策执行评价过程中的诸种不规范现象。在当前情况下,从规范教师教育政策执行评价的角度强化教师教育政策执行管理的侧重点应该是:明确特定教师教育政策执行评价标准,促使执行评价主体多元化,重视政策执行的过程评价,并使政策执行评价在教师教育政策执行管理中发挥监督控制作用。

4. 完善教师教育政策执行问责制度

对特定教师教育政策执行情况进行责任追究,建立教师教育政策执行责任追究的有效机制,是对教师教育政策执行进行有效管理的重要内容。要对相关责任人执行责任进行追究,就要建立教育系统内外结合的监督机构,还要依托这种机构对特定教师教育政策的执行情况予以实事求是的评估。

此外,对教师教育政策执行责任的追究前提是对执行责任予以认定,而认定执行责任是以对教师教育政策执行中存在的问题为分析前提的,这是一个对教师教育政策执行效果的评价过程。因此,有关部门应对相关责任人（单位）在特定教师教育政策执行中是否有失误、是否体现公平公正的精神、是否体现了较高的政策执行效益等原则问题予以认定。要自上而下建立一个对教师教育政策执行不力者进行追究的机制，这样才会使教师教育政策执行者在执行过程中明确责任、义务，从而有所顾忌、有所侧重，这种明确的责任追究制度及其有效的落实也必然会使教师教育政策执行管理更加有效。

新时期教师教育政策的国际背景

　　当今社会正处于一个宏大的变革与发展时期。随着国际社会人才竞争的加剧，教师教育体制和教师专业发展也面临着新的机遇和挑战。新时期，我国要自主培养具有较高综合素质、符合 21 世纪教师素养标准的新型教师。教师教育发展好，教师培养质量高，学生发展才能质量高。因此，教师培养体制要率先与国际接轨。在教师教育改革过程中，必须突破传统保守和稳定不变的培养方式，引导师范生和一线教师在思想上保持开放，及时了解国际前沿领域知识，关心国际社会动态。

第一节　联合国教科文组织的教师教育政策

　　21 世纪以来，联合国教科文组织教师教育政策开始关注教师教育一体化，对教师培养、入职培训、教师专业发展方面都有一定的关注。

一、联合国教科文组织教师教育政策概览

　　（一）教师培养：《卓越教师的培养和留任》政策①

　　卓越教师的培养和留任具有密切的联系。在发展中国家，新教师的数量难以满足日益增长的人口数量的需求。在欧美教育发达国家，新教师数量充足却难以达到社会对教师的期望值，大多数新教师不能完成教学任务或者在教了几年之后就辞职了。在美国，只有 60% 的师范生在毕业后从事

---

　　① UNESCO. Teacher policies：Preparation，Recruitment and Retention of Quality Teachers/Educators ［EB/OL］.（2014-11-30）［2022-12-21］. http：//www. unesco. org/iiep/PDF/Edpol5. pdf.

教学工作。在数学、科学领域，以及特殊教育和双语教育领域，教师的数量远远不足。在英国，前 3 年留在教师岗位的师范生只有 40%。在其他国家（地区）（例如法国、德国、葡萄牙，以及中国香港地区），教师的留任也是一个问题。最近的研究发现，要解决这个问题，需要把卓越教师的培养和留任联系在一起。然而这也面临着以下几个方面的挑战：简化和精简招聘流程以便于教师从教，尤其是在对教师吸引力不足的学校；确保所有的新教师参与专业成长指导方案，提供有吸引力的工作待遇，使学校成为教育工作者和学生们的学习社区；促进教师专业发展，提高教学水平，在缺少教师的区域增加激励方案。

有些国家（例如英国、澳大利亚、法国和德国）教师数量不足，这就需要提高教师工资以确保足够的教师数量。另外一些国家和地区（例如日本、捷克、葡萄牙，以及中国香港地区等），教师的供给是充足的，教师依旧是一份有吸引力的工作。研究发现，要保持教师的供需平衡，应考虑以下几方面因素：① 教师需求方面：学生人数、师生比例、学校财政状况；② 教师供给方面：教师准备项目中毕业的学生数、这些学生中最后选择教师岗位的人数、获得教师资格证的人数。

因此，联合国教科文组织预计，在 2015—2030 年，世界各地区在聘用新教师的同时，教学质量也会得到改善。下面两个表格（表 3-1、表 3-2）是关于各地区初等教育和中等教育领域新教师职位数量的需求。①

表 3-1　2015—2030 年世界各地区小学新教师职位的需求数量（初等教育）

单位：千人

区域	2011 年小学教师的数量	新教师需求数量			
		2015 年	2020 年	2025 年	2030 年
阿拉伯国家	1 931	213	345	399	454
中东欧	1 127	84	170	166	111
中亚	340	26	68	64	45
东亚和太平洋地区	10 378	57	52	65	90
拉丁美洲和加勒比海地区	3 102	36	26	34	38

① UNESCO. Teacher policies：Preparation，Recruitment and Retention of Quality Teachers/Educators. [EB/OL]. (2014-11-30) [2022-12-21]. http：//www. unesco. org/iiep/PDF/Edpol5. pdf.

区域	2011 年 小学教师的 数量	新教师需求数量			
		2015 年	2020 年	2025 年	2030 年
北美和西欧	3 801	128	237	256	302
南亚和西亚	5 000	130	157	187	196
非洲撒哈拉 以南地区	3 190	902	1 295	1 718	2 100

（资料来源：联合国教科文组织研究所统计库数据）

表 3-2　2015—2030 年世界各地区中的新教师职位的需求数量（中等教育）

单位：千人

区域	2011 年 中学教师的 数量	新教师需求数量			
		2015 年	2020 年	2025 年	2030 年
阿拉伯国家	1 198	341	449	529	583
中东欧	1 570	109	272	374	331
中亚	406	8	39	71	67
东亚和太平洋 地区	5 833	282	308	274	230
拉丁美洲和 加勒比海地区	2 160	167	109	118	122
北美和西欧	2 555	38	127	162	170
南亚和西亚	2 460	991	1 065	1 081	1 040
非洲撒哈拉 以南地区	1 096	1 575	1 893	2 214	2 541

（资料来源：联合国教科文组织研究所统计库数据）

（二）下一代教师培养：《ICT 专业发展》项目

在许多国家，初始的教师教育也称职前教师培养，主要在高等教育机构进行。培养活动的组织有两种基本模式，即连续模式和并列模式。在连续模式下，教师要首先获得一个（或多个）专业的合格水平（通常是指本科学士学位），然后进一步学习，以获得附加的教学资格（这可能需要学士学位证书或硕士学位证书）。在并列模式下，学生同时学习两个或多个科目的课程，一起获得学士学位和教学证书资格，从而成为教师。这就需要对教师进行持续不断的动态培养。2014 年联合国教科文组织实施了《ICT 专业发展》项目①。

该项目是关于初任教师培训的，具体内容如下：

技术和经济的快速发展给教育带来了显著的变化。近年来，在社会及其相关的劳动力市场中，越来越多的企业想要寻求拥有全面的信息能力和有效沟通技术（ICT）的员工。因为拥有沟通技术的潜力，意味着在工作中能够提高生产力。学校是学生准备适应社会和工作的场所，因此教师需要掌握新技能，变换新的角色，发展自己新的教学能力，以适应 21 世纪所需要的发展技能。教师教育机构（师资培养机构）必须考虑制定职前教师教育的有效教育方案。这些方案必须让师范生获得信息和沟通技术的操作技能、在教学中整合信息和沟通技术的技能，以及在材料准备过程中利用信息和沟通技术的技能。教师必须为转变角色做好准备，从知识的提供者转变为学习的促进者。目前，师资培养院校在职前教师教育课程设计方面并不是特别的理想。因此，联合国教科文组织发起了"下一代教师"项目。该项目的目标是使亚太地区的下一代教师利用信息和沟通技术，以提高教学技能和学习能力，从而提高整个亚太地区教师教育的灵活性，进而提高教育质量。这个为期 3 年的项目重点是提升师资培养机构的能力以服务于教师。通过这种方式，在知识社会及其相关的人力资源市场中，下一代教师将会满足学生的需要，获得胜任新学习环境的能力。在亚太地区，目前有10 个国家参与了"下一代教师"项目，30 所师资培养机构和数百学员受训教师受益于该项目。

（三）教师专业发展：《2012—2015 年教师战略》报告

2012 年联合国教科文组织构想了一个教师发展战略②，该战略不仅仅要解决教师培养的数量问题，更要解决教师培养的质量问题。因为质量是教师专业成长的一个重要方面，教师质量对教学成果至关重要。由于教师地位下降、工资较低、教学条件和学习环境不够理想、职业发展前景和职业

① UNESCO. Next Teacher Program：Information and Communication Technology（ICT）Professional Development［EB/OL］（2014－06－11）［2013－02－20］. http：//www. unesco. org/iiep/PDF/Ed-po15. pdf.

② UNESCO. Strategy on Teachers 2012－2015［EB/OL］.（2013－06－22）［2023－02－21］. http：//unesdoc. nnesco. org/itnages/0021/002177/217775E. pdf.

培训机会不够良好，导致不少教师产生不满情绪甚至离职，有的教师仅仅工作了几年便退出了教师行业，这就要求教师要有专业化的发展。

在教师战略中，为促进教师专业发展、课程发展和教师教育发展，联合国教科文组织采取了混合式培训的策略和方式。基于学习科学和教育研究的进展及技术的贡献，在提高教学和学习质量的过程中，还没有做到大范围的教师培训。联合国教科文组织通过咨询导师和专家的意见，进一步促进教师的专业发展。联合国教科文组织在这一领域进行的实践，有助于各成员国和教师组织促进教学专业化的发展。

二、联合国教科文组织教师教育政策的演变特点

联合国教科文组织的教师教育政策，经历了从重视职前教育到关注教师教育一体化、从重视教师专业化到关注教师专业发展、从重视教师培训到关注初任教师培训这三个方面的变化。理论指导和各国实践是影响联合国教科文组织教师教育政策的重要因素①。

（一）从重视职前教育到关注教师教育一体化

对于教师教育一体化的概念界定，国内不同专家和学者的观点各有不同和侧重，本书选取了其中比较有代表性的观点。广义上，教师教育一体化包括了两个方面：第一，纵向意义上的一体化，即打破一直以来职前、入职、职后教育彼此割裂的局面，构建紧密联系、彼此沟通的教师教育体系；第二，横向意义上的一体化，即整合教育资源，建立学历与非学历教育、正规与非正规学习相结合的教师教育体系。狭义上，教师教育一体化基于终身教育思想、可持续教育思想，构建教师职前、入职、职后教育相互衔接、相互联系的教师教育体系②。从以上政策的梳理来看，联合国教科文组织在成立之初，对教师教育的关注仅在于教师入职之前的教育，21世纪以来，联合国教科文组织开始关注教师教育的一体化。

（二）从重视教师专业化到关注教师专业发展

联合国教科文组织从20世纪60年代开始就关注教师专业化，教师专业化指的是教师群体职业专业性的提升发展。20世纪90年代以来，联合国教

---

① 周国霞，孔令帅.《联合国教科文组织（2012—2015）教师战略》述评 [J]. 外国中小学教育，2014（3）：30-34.

② 张贵新，饶从满. 关于教师教育一体化的认识与思考 [J]. 课程·教材·教法，2002（4）：58-62.

科文组织越来越重视教师专业发展，这是每个教师个体的内在成长。因此，从关注教师专业化到关注教师专业成长，其变化趋势是：在形式上，由外往内；在深度上，由表及里，共同促进教师专业发展。

21世纪以来，由于经济和科技竞争的加剧，大多数国家把教育摆到发展的战略位置上。教师通过接受知识，发展技能，从而促进教育事业的发展。因此，教师要成为专业人员，必须提高自己的专业水平。联合国教科文组织选择不同的培训策略和方式，以促进教师专业发展、课程的开发及教师教育的发展。教师专业化是教师持续专业发展的保证，教师应以学习求发展①。

（三）从重视教师培训到关注初任教师培训

21世纪以来，社会的高速发展促进了教育的变化，教师需要跟上时代的步伐，掌握新的技能以适应新世纪教育的需要。联合国教科文组织从关注教师培训发展转变为关注初任教师培训，在2014年实施了《ICT专业发展》项目，重视初任教师培训。教师必须做好角色转换的准备，从知识的传授者转变为学习促进者。目前，教师教育院校在职前教师教育课程设计方面并不是特别的理想。认识到改变教师教育课程的需要，在信息和沟通技术方面，联合国教科文组织发起了"下一代教师"项目，通过全面系统的方法，以及对信息技术技能的强化，优化教育和师范体系，从而解决教师培训问题。联合国教科文组织提出一系列倡议，包括支持教师实习、分享教学经验、提高教师决策能力、发展教师信息化技能标准等，从而将信息化与教师教育融为一体，提高了教师培训的成效。联合国教科文组织还认为，不仅要关注教师培训机构，还要重视教育政策制定、实施和评估②。

二战以来，各国都开展了大规模的教师教育改革，这些改革在一定程度上也影响了联合国教科文组织的教师教育改革。从20世纪五六十年代开始，美国的师范教育就向综合大学或者普通高等学校的教育学院方向发展，实现了由封闭式的定向师范教育过渡到开放式的非定向师范教育。20世纪80年代更是掀起了以增强"教师专业化"为主要目标的教师教育改革运动，有力推动了美国教师教育一体化的进程。

德国作为世界上较早开展教师教育的国家，每次重大教育改革都将教

---

① 罗树华. 终身学习思想发展史略 [J]. 山东教育科研, 2001 (4): 18-23.

② 杨志秋, 于群. 教师社会地位与教师专业化的关系 [J]. 河北公安警察职业学院学报, 2012 (3): 73-75.

师教育改革作为其中的重点，逐步建立了完善发达的教师教育制度，在教师培养、新教师培训和在职教师培训等各个方面形成了相互衔接的一体化体系。

日本在二战后也进行了教师教育改革，明确提出中小学教师由大学培训的理念，同样促使了日本的师范教育向教师教育成功转变，并建立了新任教师每年进修的制度，文部省、地方教委、研修中心三位一体相互配合，共同举办在职教师培训的工作等。1971 年，日本中央教育审议会提出了著名的《关于今后学校教育的扩充与整顿的基本措施》，指出："教师职业本来就需要有极高的专门性，作为教育工作者必须具备对教育宗旨和人的成长与发展的深刻理解，对学科内容有专门的知识，并具有指导学生获得良好学习效果的能力，还要求有高度的素质和综合处理问题的能力。"[1]

此外，英、法、俄罗斯等国的教师教育改革也在同时进行，均取得了较为瞩目的成效。各国的教育改革也在一定程度上影响了联合国教科文组织的教师教育政策的发展。

三、联合国教科文组织教师教育政策对我国的影响

联合国教科文组织自成立以来，其教师教育政策就对我国产生了影响。联合国教科文组织教师教育中心设立在中国上海，是教育类联合国二类机构，这进一步促进了联合国教科文组织和我国教师教育政策之间的联系和相互影响。联合国教科文组织在教育领域有两大职能，一是引导全球智力合作与发展方向，二是帮助发展中国家提高教育能力与水平。中国教育的发展与联合国教科文组织的教育政策有着密切的联系，联合国教科文组织在教育信息与沟通能力、教师专业化等方面都对中国的教师教育起到了推动作用。在我国教师教育政策的发展历程中，联合国教科文组织不同时期的关注重点都产生了较大影响。

（一）联合国教科文组织教师教育政策发展对我国的影响

1. 教师专业化和教师的培养

联合国教科文组织主张，改善教师的地位就要加强教师的作用。但是这种改善不可能是单一因素的结果。在提高教师地位的整体政策中，不仅要重视改善教师的物质环境，提高他们的薪资待遇，而且要使教师专业化，

---

① 赵博涵. 教师职业需要极高的专业性［N］. 中国教师报，2015-08-19（3）.

教师专业化是最有效、最有前景的中长期策略。

在其他国家例如美国，获得教师资格证有很多途径。可以先经过通识教育阶段，再进入教师培养项目接受专业培养。学生在完成通识教育阶段的学习后，要参加一次全国统一的选拔考试，成绩优异者才能列入教师培养计划，才有可能成为未来的教师。在我国，进入师范院校就意味着可能成为未来的教师。为了提高教师质量和加强教师专业化，2001 年 4 月起，我国首次开展全面实施教师资格认定工作。教育部于 2011 年 12 月公布的中小幼师专业标准（试行），为教师培养、准入、培训、考核等工作提供了基本依据，这是适用于全国的入职教师标准的 3 个有效依据①。

我国的教师专业化包含了 4 个方面：第一，"职业精神"的专业化，即教师要有高度的专业精神；第二，"知识"的专业化；第三，"教师技能"的专业化；第四，"研究和创新能力"的专业化。只有提高教师的专业化水平，才能使我国的教师队伍人才辈出，推动我国教育事业的发展，为国家为社会培养出更多的人才②。

2. 教育信息与沟通能力在教师培养中的重要性

随着信息和科学技术的迅速发展，其在教师专业发展中的作用也越来越重要。专家们普遍认同，如果教师不了解如何更加有效地运用技术，就不可能了解群体之间的差异性。联合国教科文组织在《世界教育报告 1998：教师和变革世界中的教学工作》中指出，新的信息和沟通技术应服务于提高全民教育的质量。教育的计算机化是实现新的教育范式的最重要的手段之一。新技术的应用不能仅仅限于学习过程，而要更多地致力于解决学生的学习问题。在教师职前培养和培训及长期专业发展的情况下，教师不仅可以掌握新的技术和其他的教育技术，而且有机会对发展教育软件与方法做出贡献。

2007 年，联合国教科文组织与思科、微软等跨国公司及美国的国际教育技术协会合作，开展了面向下一代的教师计划。联合国教科文组织指出，现代社会越来越依靠信息和知识，所以需要建立一个具备 ICT 技能的团队来处理信息。联合国教科文组织 2011 版 ICT—CFT 框架对不同背景的国家和地区的教师专业发展和教育发展都有一定的启示和帮助作用，该框架既可以作为教师短期培训与发展的框架，也可以作为一个国家和地区长期政

---

① 刘微. 教师专业化：世界教师教育发展的潮流 [N]. 中国教育报，2002-01-03 (4).
② 郭进，马宝东. 探究教师专业化之路 [J]. 长春教育学院学报，2014 (4)：38-39.

策制定与战略发展的依据。

（二）联合国教科文组织教师教育政策发展对我国的启示

联合国教科文组织教师教育政策的发展，无论是对于发达国家还是发展中国家，都是有借鉴作用的。联合国教科文组织的教师教育政策对我国的启示主要在于教师教育课程、教师培训、教师专业发展三方面。

1. 创新教师教育课程

教师肩负着传递社会信念、态度、道义和信息的责任，从而使学生获得知识并促进学生的学习，以适应社会发展的需要。一般情况下，联合国教科文组织认为教师教育课程可分为 4 个主要领域：通识教育、教育心理学、教育史、教育社会学理念与教育相关的各个方面。联合国教科文组织不仅评估学生的学习方面，通常也对教学方法进行评估，利用技术来提高教学和学习质量，并支持学生的特殊需要①。

联合国倡导确立国家教师能力框架（National Teachers Competency Framework）在国家教师政策中的核心地位。国家教师能力框架是一个国家教师政策的根本性框架，对教师初始培训和在职培训的课程及内容起着决定性的影响，能为教师的考核与晋升提供根本依据。能力本位（Competence-based）的教师教育课程体系从教师工作的实际能力需求出发，体现出需求端的重要性，使得作为供给端的教师教育的课程设置更加贴近需求端的实际需求。国家教师能力框架坚持能力本位原则，并在制定过程中充分听取各利益相关方，特别是需求方的意见，以便为下游的教师教育，包括教师初始培训和在职培训的课程开发，以及教师的考核与晋升提供有效的上游框架。课程是教师教育的重要载体，创新教师教育理念要围绕培养造就高素质专业化教师的目标，坚持育人为本、实践取向、终身学习的理念。课程是教师教育改革中的焦点，但国际文献中很少有研究去探索教师教育课程与设置的形式对教师知识体系的影响②。

2. 加强教师教育培训

一个国家的伟大复兴的基础在教育，而教育质量的高低关键在于教师队伍的好坏。只有不断地提高自己的教学能力增加知识储备，才能成为好的教

---

① UNESCO. Methodological Guide for the Analysis of Teacher Issues（January 2010）［EB/OL］.（2014-11-30）［2022-10-20］. http：//unesdoc. unesco. org/images/0019/001901/190129e. pdf.

② UNESCO. Teacher Education［EB/OL］.［2023-03-02］. https：//unevoc. unesco. org/home/Teacher+Education.

师。因此，教师需要不断地培训，不断地丰富自己的知识，提高自己的教学
与实践能力。对于教师教育的发展，学校要加强校本培训。教师首先要理解
教与学，见习期应要求新教师掌握新的教学方法，这些与他们作为学生的经
验是不同的。对于新教师来说，最大的挑战是如何成为经验丰富的老师。

加强新课程的培训，以适应教学改革的需要，通过培训，提高教师的
创新意识和创新能力。联合国教科文组织全方面加强教师培训，促进教师
专业发展。

3. 促进教师专业发展

教师质量和对教师持续的专业教育与培训，一直都是教育质量的核心。
联合国教科文组织坚信，通过全面、系统的方法及对信息化技能的强化，
可以优化教育及教师教育体系，以更好应对新时期的挑战。为此，联合国
教科文组织近年来提出了一系列倡议，包括巩固教师教育实习基地的建设、
加强利益相关方的协作关系、促进教育决策者的能力建设、开发并实施教
师信息化框架等，从而将教育信息化与旨在促进教师专业化的教师教育工
作融为一体。

为深入了解联合国教科文组织近年来在教育信息化和教师专业化方面
的探索与实践，学者熊建辉在 2013 年 6 月联合国教科文组织信息通信技术
与全民教育政策高层论坛之际，采访了联合国教科文组织教师发展与高等
教育司司长戴维·阿乔莱那（David Atchoarena）。在访谈中，阿乔莱那分析
了信息化在教育领域中产生的影响，以及联合国教科文组织为促进教育信
息化发展，特别是以教育信息化推动教师专业化发展所做出的努力。阿乔
莱那认为，信息化改变了教育者和学习者的教与学的体验，正在改变传统
学校的教育教学模式，特别是世界范围内兴起的开放教育资源运动正在掀
起一场教育革命；教育信息化呼唤新时期教师角色的转换，教师要充分利
用信息化手段，努力提升自身的信息素养和专业素质，适应信息化时代的
发展需求。[①]

教师的成长，需要对专业精神和教育理念进行不断重构与塑造。要正
确理解教师专业成长对教学工作的重要性，并在教学的基础上不断地创新
教育理念并逐渐形成符合教育规律的专业精神和教育理念。教师对教育工
作不断思考感悟并到达一定程度时，就会在实践中进行反思。联合国教科

---

① 熊建辉. 以教育信息化推动教师专业化：访联合国教科文组织教师发展与高等教育司司长
戴维·阿乔莱那 [J]. 全球教育展望，2013（11）：3-9.

文组织教师专业发展的政策，可以有效地促进我国教师专业知识和非专业知识的不断拓展。

第二节　美国的教师教育政策

21世纪的教师教育改革必然体现历史传承和现代创新相融合的特点。美国把教师教育作为实现领先全球竞争的出发点，更倾向于将教师教育改革与发展作为一个政策问题进行研究，先后出台了力求提高教育质量的一系列教师教育政策。

21世纪以来的美国政府把教育视为国家发展的先机，美国前总统小布什和奥巴马在其任期内都制定了影响较大的教师教育政策。并且，不同背景下教师教育政策的侧重点和特色也不同。小布什总统任期内的教师教育政策总体上体现出全面追求教育公平的理念，这主要体现在：① 让所有地区从教师资源的分配上解决师资问题；② 极大地关注了欠发达地区的教育质量和公平。报告《国家在危机中》提出，教师短缺现象严重，要全面实现教育公平。这是21世纪美国教师教育培养高质量教师队伍目标下不可回避的第一步。奥巴马在总统竞选期间就曾发表过12次有关教育改革的演讲，上任伊始就强调了教师对于学生一生发展的影响力。奥巴马推行了一系列提高教师质量的教师教育政策，这些政策得到继任政府的延续。

一、21世纪以来美国教师教育政策概览

（一）NCLB法案涉及的教师教育政策

小布什总统在2000年竞选成功后，召集各界人士商讨教育法案，在两党的教育政策基本达成共识的前提下，提出了《不让一个孩子掉队法案》（No Child Left Behind Act，简称NCLB）的纲要，并于2002年1月8日开始生效。

1. NCLB法案出台的背景

（1）基础教育质量堪忧

20世纪70年代以来，美国全国性的"回归基础"教育改革运动就把焦点放在了基础知识的教育问题上；20世纪八九十年代的许多报告和政策中提到了加强中小学教育改革，但效果均不够显著。在历届国际奥林匹克数学、物理、化学竞赛中，美国学生落后的成绩令美国媒体和家长感到羞愧和震惊，美国中小学生基础知识薄弱成为教育发展中的棘手问题。

（2）教育不公平问题日益凸显

在美国，教育质量的差距暴露出不同阶层之间巨大的鸿沟。富家子弟有机会进入一流大学接受良好教育，而贫困家庭孩子退学、逃学问题频出，导致其更加社会边缘化。白人与黑人的教育环境和教育效果也存在明显分化。美国的公立学校已经很难实现所有孩子的平等教育。

（3）教育标准化不一致问题

美国宪法赋予各州教育自主权，各州有各自的课程标准；同时教师有充分的教学自由，也导致同一科目教材和教学内容五花八门。商业出版社出版的教科书、教师教学内容和各州学术委员会出台的考试标准也存在不一致的现象。

2. NCLB 法案涉及的教师教育政策内容

（1）确立"高质量教师"的标准

NCLB 法案首先确立了提高教师质量的目标：

2002—2003 学年是法案规划的第一阶段。第一阶段 2003 学年，在新法案规定下，新增教师将全部符合"高质量教师"的标准；

2005—2006 学年是法案规划的第二阶段。到那时，"高质量教师"将遍及美国每一个地区的每一间教室。"高质量教师"标准要求教师具有学士学位。除了特许学校外，其他教师必须通过能证明其学科知识基础和教学技能的各州教师资格认证考试并获取证书。

法案颁布后，大多数州制定了符合各州实际的教师资格制度体系，各教育学院也普遍实施了入学考试以提高未来教师的资质。

（2）赋予教师更多技能要求和绩效责任

NCLB 法案一方面给予教师自主权（如自主安排教学和进修），另一方面也要求教师参加各种培训以符合高质量教育的需求。为响应"优先提高阅读能力计划"和"数学和科学共同发展计划"，政府划拨专项经费对教师进行阅读能力和学科教学技能的培训，还举办研讨会形式的英语培训及特殊教育的培训。同时，以学生的标准化测试成绩作为衡量教学质量的标准。法案规定，3—8 年级的学生在 2005—2006 学年要进行年度考试，2007—2008 学年各年级学生要参加科学测试，教师和学校对学生成绩负责。如果有学生因为缺乏高质量教育而没有获取提升，父母有权得到有数据说明的解释文件。

（3）为提高教师质量提供专项基金支持

在 2006 年美国的财政预算中，用于各州中小学教师在职培训和学历提高的费用达 40 亿美元，其中有用于各种特殊培训以提高教师的科目针对性教学技能的专项资金 793 万美元，部分奖励资金用于激励教师在欠发达地区学校工作以缩小不同经济背景学生的成绩差距。在 2003—2006 年美国对高质量教师体系的 30 亿美元总投入中，有 500 万美元的特殊拨款用于教师培训项目。

3. 主要成果和问题

据美国教育部在 2007 年对法案实施 5 年来的效果统计，学生的阅读和数学成绩空前提高，教师教学技能改进，学生成绩差异缩小，学校对教学的重视度提高，高质量教师数量增加。NCLB 法案提高了基础教育的质量，在一定程度上缓解了教育不公平的问题，实行了较为严苛的标准化考试和教学标准。

（二）《美国教育部 2002—2007 年战略规划》中有关高素质教师的政策措施

1. 《2002—2007 规划》的背景

《美国教育部 2002—2007 年战略规划》（以下简称《2002—2007 规划》）是《美国教育部 2001—2005 年战略规划》终止后实施的，是基于国情的变化对一系列战略目标进行调整后颁布的。2001 年"9·11"事件对美国造成的冲击使美国调整了一系列内外政策，而教育被摆在了服从国家利益的出发点上。《2002—2007 规划》旨在对"9·11"后美国教育的新趋势进行规划。在当时，NCBL 法案中小布什总统设定的高素质教师规划还未得到有效实施。

2. 《2002—2007 规划》的"改革和提高教师与校长的质量"政策举措

为了实现高素质教师的规划，小布什总统强调了教师的主动性，教师应从被动接受变为主动参与且发挥号召力。规划中涉及的"改革和提高教师与校长的质量"政策举措有：① 提供多种获取教师资格证的途径，支持"军转教计划"和"投身教学"等项目，鼓励高素质人才从教；② 教师需在教学和实践中进行的研究和反思中获得专业发展；③ 各方合作开展教师职前培训以提高项目质量；④ 发展以学生成绩单为纽带向家长反馈教学信息和教师资质的问责制度；⑤ 开发新型领导培训模式和鼓励校长专业发展以弥补中小学高素质校长的缺失；⑥ 给予校长和教师充分的工作自由和专业发展机会；⑦ 教育部加大投入和政策支持，提高教师和校长的专业水平。

3.《2002—2007 规划》的特点

《2002—2007 规划》注重教师和校长的主动性，鼓励教师与家长就学生的成绩进行沟通，重视教师和校长专业发展的各项措施。规划是围绕 NCBL 法案目标的有效实施而展开的，与以往不同的是，这种对"公平""质量"的追求更多地体现了教育对于实现国家利益的意味。

（三）"为美国而教"（2005）未来发展计划

1."为美国而教"（2005）未来发展计划的历史背景

"为美国而教"计划是 1900 年由普林斯顿大学的学生温迪·卡普发起的。计划招募一流大学的优秀毕业生到较贫穷的农村和城市中心的薄弱学校进行为期两年的教学，同时参与教师领导能力培训等项目。这项计划既可以解决教育不公平问题，又为未来培养了优秀师资和领导者。经过近 20 年的发展，"为美国而教"计划建立了美国最大的教育培养机构，成为最具影响力的非营利性组织。该计划的录用、培训费用和教师工资由学区有关组织、基金会、政府及全国性组织和基金会支付①。

2005 年，为了切实落实教育平等和完善计划，"为美国而教"制定了新的未来发展规划。

2."为美国而教"（2005）未来发展计划的内容

（1）招募不同背景的团队成员，扩大组织规模

"为美国而教"计划中教师从教地区的大部分学生是少数族裔或来自贫困家庭。因此，招募的教师在种族和经济水平上和所教学生背景相似，则更易对学生产生积极影响和示范作用。2010 年，组织在全美 50 个州及哥伦比亚地区的 500 多所高校招募了 4500 多名不同种族背景的团队成员②。

更多地招募成员和扩大规模，可以最大限度地给欠发达地区提供优质师资，同时也利于组织团体之间的激励、互助和集体意识的激发。

（2）重视成员对学生成绩的显著影响

"为美国而教"计划面对的欠发达地区的学生基础薄弱，通常比发达地区的学生落后几年的水平，所以确保成员的教学对学生成绩有显著的提高是该计划的重点所在，也是计划长期发展和保持影响力的有效保障。通过

---

① 祝怀新. 封闭与开放：教师教育政策研究 [M]. 杭州：浙江教育出版社，2007.

② 杨硕. 美国优秀大学毕业生从教途径研究："为美国而教"计划的崛起与影响 [D]. 福州：福建师范大学，2011.

计划监控，2005、2009、2010 年度在一年之内将学生成绩提高一年半水平的团队成员所占比例不断上升，欠发达地区学生在得到高质量教育后也可以取得和发达地区学生相同的成绩，这对均衡教育质量起了不可替代的作用。

（3）促进校友的领导力量

"为美国而教"计划重视培养有潜力在各部门担任领导职务的校友，通过最大限度地培养校友的领导能力和在校友间建立团体，建立有效的资源利用和合作，如此才能使团体促进教育公平的意识形态普及，达成长期目标。据统计，"为美国而教"计划中担任领导层面的校友人数在逐年增加。

（4）发展成为持久的社会公益机构

"为美国而教"计划通过招募校友和多样化成员不断加强组织力量，同时发展多种资金来源，旨在通过强化稳定性使组织成为持久的社会公益机构以倾注长久力量来实现教育公平。

3. "为美国而教"（2005）未来发展计划的影响

"为美国而教"（2005）未来发展计划实现了组织新的发展，计划提出的策略在后续几年都得到了有效实施，到贫困地区任教的教师数量增加，贫困地区学生各阶段各方面的成绩都得到了提高。同时，"为美国而教"计划已经协助如阿根廷、澳大利亚、巴西、智利、德国、印度、以色列等国建立起了"为美国而教"模式的本土组织，取得了广泛的国际影响。

（四）"竞争登顶"计划（Race to the Top）（2009）涉及的教师教育政策

1. "竞争登顶"计划的背景

2008 年的美国金融危机冲击了美国发展的许多方面，奥巴马政府于2009 年 2 月出台了《美国复苏与再投资法案》（American Recovery and Reinvestment Act），投资 7 870 亿美元用于刺激经济摆脱危机困扰。教育作为五大支柱领域的基石，获得了 1 000 多亿美元的拨款。21 世纪以来，美国的基础教育尤其是数学和科学的教学与亚洲国家相比依然呈现令人担忧的局面。以往的教育政策未能取得显著效果，在此背景下，"竞争登顶"计划作为《美国复苏与再投资法案》教育投资的一部分出台。"竞争登顶"计划专门给教育投入 43.5 亿美元作为竞争性拨款，支持美国中小学创新战略的锐意更新、学校实力的持续发展和学生学业成就的显著改善。该计划重点改革 4 个方面：① 采用国际学业评价标准和评估体系；② 招聘、培养、奖励并留任高效率的教师和校长；③ 建立跟踪记录学生学业情况的数据库系统；④ 改造表现不佳的学校。"竞争登顶"计划根据筛选出的量化标准，采取各州提交教育改革方案并相互竞争赢得经费的遴选方式。计划每年有两次申请机会，每次分两阶段进行遴选。①

2. "竞争登顶"计划涉及的教师教育政策

（1）以绩效评价奖励表现优秀的教师和校长

根据奥巴马政府创建的"教师服务奖学金"，研究生阶段学费困难的大学毕业生执教服务 4 年师资薄弱的学科或者欠发达的偏远地区，便可依照教学成绩获得两年学费的奖励。各州为教师建立从学前到大学或就职的纵向成长数据库，让教师和校长及时了解、调节教学管理的成效。除了学生的成绩，同行评议、课堂管理评估及其他途径评议也作为衡量教师绩效的指标。同时，在州范围内构建"高质量教师和校长"的衡量标准和评价体系也增加了优秀教师的数量。

（2）确保均衡分配优质教师和校长

参加"教师服务奖学金计划"的大学生依据教学成绩，不仅可以获得奖励，还可以得到两年的专业教学指导和教师资格证书。大量的教育拨款不仅完善了学校的建设，还留任了教师，"职业阶梯提案"（Career Ladder Initiative）就是为了稳定教师队伍所提出的。奥巴马主张，只有在教师职业生涯中赋予其不同的机会和责任，以及持续的专业发展，教师才能沿此职业阶梯上升②。

提案计划投资 10 亿美元建立教师指导项目，支持新老教师之间的合作；同时为优秀教师提供晋升机会，赋予他们在学校改革中指导教学、担当顾问、发展专业的重任。"职业阶梯提案"还促使专家级优质教师能服务于最需要他们的学校，长期留在高需求地区和从事数学、科学等高难度学科的教学。

（3）通过开除、更换和重新聘任合格教师和校长以改造表现不佳的学校

"竞争登顶"计划规定州具有法定权威对长期低绩效的学校进行直接干

① Race to the Top [EB/OL]. [2023-01-30]. http：//en. wikipedia. org/wiki/Race_ to_ the_ Top.

② 张璇. 奥巴马时期的美国教师教育改革对我国的启示 [J]. 宁夏师范学院学报（社会科学），2011（10）：100-104.

预和采取改进措施。在教师方面，地方教育当局可以解聘不合格教师或校长，更换教职工和新的领导。还可以通过评估教学有效性的衡量体系，支持教师合作项目，招募新的优秀教师和校长来进行改革。奥巴马政府还帮助学校每年招募 3 万名优秀教师到中小学从教。

3. "竞争登顶"计划的实施成效和评价

2010 年 1 月截止的第一次申请，共有 40 个州和华盛顿特区申请参与竞争项目。审核后共有 16 个州胜出成为决赛选手，最终特拉华州和田纳西州取得胜利。6 月截止的第二次申请，共有 10 个州和华盛顿特区获得资助。"竞争登顶"计划在申请时段一共吸引了 46 个州及华盛顿特区的参与。继 2010 年取得成功后，奥巴马在 2011 年联邦预算中拿出了 13 亿美元的预算来推行教育改革计划。

"竞争登顶"计划也受到了一定的批评，美国教育协会和美国教师工会都对绩效工资制持反对态度，认为成绩和工资挂钩使教师之间相互竞争关系超过相互合作关系，不利于职业良性发展的氛围。还有观点认为各州所谓的"积极响应"是出自利益驱动，这种联邦政府带有经济和政治目的的计划难以持久和切实提高教育水平。尽管遭到一些州的抵制，但是"竞争登顶"计划对教育改革，尤其是建立教师评估体系、招募并留住优秀教师、提高教育质量均起到了至关重要的作用。

（五）《改革蓝图——对〈初等与中等教育法〉的重新授权》（2010）涉及的教师教育政策

1.《改革蓝图》提出的背景

美国教育部于 2010 年 3 月发布了《改革蓝图——对〈初等与中等教育法〉的重新授权》（A Blueprint for Reform——The Reauthorization of the Elementary and Secondary Education Act，以下简称《改革蓝图》）。由约翰逊总统在 1965 年签署的《中小学教育法》（Elementary and Secondary Education Act，ESEA）是美国当代基础教育改革的重要依据。《改革蓝图》主要基于 2009 年《美国复苏与再投资法案》，对 NCBL 法案的部分条款进行了调整。2011 年，邓肯在初任教育部部长职位时提出，依据教育部对有关数据的分析和估算，在当年不能实现 NCBL 法案既定教育目标的学校比例将超过 80%。①

由于 NCBL 法案未能达到预期效果，公众对基础教育的批评促使《改革蓝图》得以出台。奥巴马政府在《美国复苏与再投资法案》中利用"经济刺激"的方式很难完全实现其教育新政，但是国会却拒绝采取新的法案。在坚持上届政府 NCBL 法案的改革方向和精神总体不变的条件下，奥巴马政府通过对条款细节的补充和进一步改善来推行其教育改革理念。

2.《改革蓝图》涉及的教师教育政策

（1）"为大学和就业而准备"标准贯彻教师质量保障政策始终

NCBL 法案规定全国各州设立教学标准，导致地区之间教育发展差距加大。奥巴马政府废除了那些无法反映学生技能也无法为教师提供反馈的教学标准，在《改革蓝图》中为学生设置了一个更高的学术标准——"为大学和就业而准备"。新的衡量标准被用于衡量各个地区学校的教学和学生的发展程度，并用此标准向家长反馈教师的教学效果。为了激发教学的有效性，《改革蓝图》延续了竞争补助金，在补助金分配上也考虑到项目是否具备了符合标准的教师。

（2）实施"补偿弱势群体教育"教师政策

对弱势群体学生实施补偿政策是实现美国基础教育公平的必然路径。实施 NCBL 法案后，美国学生成绩差距仍旧很大，就是因为没有考虑特殊学生的需求。因此，《改革蓝图》提出继续为弱势群体学生提供并增加支持。拨款项目只有基于对不同学生特点、背景的关注和考虑，提供有针对性的指导培训，才能满足不同层次学生的发展需要。来自不同国籍和民族背景的学生、农村地区学生、残疾及患病的学生、误入歧途的问题学生等都被纳入了补偿政策的范围。为了公平地分配优质教育资源，《改革蓝图》除了支持发展欠佳的学校，还鼓励优秀的教师在高需求的学校里任职，并提供内容实用的职前培训，主要对象是新入职教师和学校领导人员。

（3）教育实习制度的建立和完备

作为保障教育质量的第一准入点，新教师入职培训越来越得到政府的重视。政府每年资助 2 亿美元启动"教师实习计划"，参与计划的教师可以和大学合作并且得到有经验教师的指导。教师教育的"驻校模式"得到了

① Arne Duncan. Duncan Says 82 Percent of America's Schools Could "Fail" Under NCLB This Year [EB/OL]. (2011-03-09) [2022-02-20]. http://www.ed.gov/news/press-releases/duncan-says-82-percent-Americas-schools-could-fail-under-nclb-year.

广泛推广，驻校实习生将在偏远地区学校任教 3 年，政府提供基本生活保证金。每一年会有约 3 000 名专业素质极佳的教师到经济和教育都欠发达的地区实习和工作。

（4）通过支持特许学校激励公立学校提高教育质量

政府增加特许学校的发展资金以支持其更好地发展，并希望特许学校制定比传统公立学校更高的学术标准；同时，特许学校也要为不同民族、不同学习基础和母语背景的所有学生服务，从而推动公立学校改革，提高教师的教学质量并增强竞争意识。为了聘用更多的优秀教师，政府对录用的退伍军人或从其他职业转入教师职业的人进行培训，并依据条件继续以竞争补助金来资助。这些措施都激励教师不断革新教学技能。

3.《改革蓝图》的特点和评价

《改革蓝图》和 NCBL 法案关注的都是让"高素质教师惠及美国的每一间教室"的教育公平性，同时强调绩效和责任，受到了多方赞扬。《改革蓝图》对没有达成目标的州和地方学校进行惩罚，撤回资助资金，这表明教育政策的实施效果开始越来越被政府关注。NCBL 法案把阅读和数学两个科目达到熟练程度的目标实现时间定在 2014 年，《改革蓝图》则将这一目标实现时间延长到了 2020 年，但仍有学者批评这一目标过于理想。全国教育协会批评修改后的法案仍然过度依赖标准化考试，认为建立在科目成绩上的评价方式仍然单一，不够多元。全国教育协会批评该修订案的理由是，它没有改变 NCBL 法案机械化、利益化的弊端，他们希望寻求真正利于学生和教师全面发展的策略。

（六）"我们的未来，我们的教师"（2011）——教师教育改革和提高计划①

美国政府和教育工作者都认识到，大量有经验的老教师会在不久的将来退休，教师队伍也必将需要相应数量的新教师。2011 年 9 月发布的"我们的未来，我们的教师——教师教育改革和提高计划"（以下简称《提高计划》），就是旨在打造一支优质的师资队伍，以科学的数据论证和分析当前教师教育存在的问题，提出教师补充政策、教师准备政策和教师在职发展与支持政策，从多方位第一次全面提出了改革教师队伍的一系列方案和策略。

---

① U. S. Department of Education. Our future, Our Teachers：The Ohama Administration's Plan for Teader Education Reform and Improve ment ［R］. Washing ton. D. C. 2011.

1. 《提高计划》提出的背景

(1) 与现实需求不相适应的教师教育结构

美国的教师教育结构存在与现实虚求不相适应的问题：虽然教师培训项目众多，但学区招聘新教师依然很困难。缺乏高素质科学和数学师资的学区数量超过了一半，这种现象在少数族裔学区更是达到了90%；无法保障高质量的教师人才来源，只有少量学业成绩优秀的毕业生投入教师队伍，优秀人才从事教师行业比例远低于其他发达国家①；非洲裔和西班牙裔的学生比例不断增长，但教师依然以白人为主。教师队伍的单一性构成很难契合全国学生种族的多样性构成。

(2) 教师培训项目缺乏有效监督

长期以来，各州对发展不达标的教师教育项目都没有明确评定和公布，缺乏监督管理的机制，难以显著提高教师教育的质量。美国《高等教育法》(Higher Education Act) 规定各州应该公布低水平教师教育项目的名单，协助改进和提高。有关调查的结果显示，总数多达 1 000 多个的各州教师项目中竟然只认定出 37 个不合格项目，这样低比例的背景是有 39 个州没有认定出任何教师教育不合格项目，并且很多州长期以来对教师项目培训从未进行过监督和评估②。

(3) 教师教育培训出现新的机遇

所有教师培训项目在高等教育机构的协助下得到不断的完善。在培训理念上，堪萨斯州的恩波里亚州立大学实现了从重视理论改革向重视实践的转变；路易斯安那州和田纳西州已经开发了一个全国追踪系统，研究教师所教的 K-12 年级学生③的成绩与该教师所完成的教师教育项目之间的关联程度。这些经验为教师教育的改革和发展带来了新的机遇，有利于全国范围教师教育改革的进一步深化。

---

① Byron Auguste, Paul Kihn, Matt Miller. Closing the talent gap: Attracting and retaining top—third graduates to careers in teaching [EB/OL]. (2011-12) [2022-12-20]. http: //www. Mckinsey tom/elientservice/Social Sector/our practices/Education/Knowledge—Highlights/~/media/Reports/SSO/Closing_ the—talent—gap. Ashx.

② Chad Aldeman. A Measured Approach to Improving Teacher Preparation [EB/OL]. (2011-11-20) [2022-11-25]. http: //www. educationsector. org/publications/measured-approach-improving-teacher-preparation.

③ K-12 是指从幼儿园 (kindergarden) 到 12 年级的教育，被国际上用作对基础教育阶段的通称。

2.《提高计划》的内容和实施

（1）基于证据的教师教育项目报告制度

美国《高等教育法》规定，所有接受联邦政府资助的州必须向联邦教育部提交教师培养质量年度报告单。但是目前许多质量报告的数据收集仅限于项目投入变量，不包括产出变量，因此教师教育项目质量的反馈不够完善。2011 年，联邦教育部与教师教育团体合作，制定出更加合理化的报告制度，把教师教育项目的影响力作为评估重点。项目有效性的指标由 3 类因素构成：① 调查教师教育项目毕业生对学生的成绩与成长促进关系。要求把教师教育项目毕业生与他们所教的 K-12 年级学生的学习成绩联系起来做出综合报告，为培训项目质量提供有效说明。② 调查评估各个项目在针对需求对教师进行分配和教师发展情况。各州统计毕业生的入职率和留职率，以及是否就职于师资缺乏的领域，是否从事教师职业多年。③ 对新毕业生及其项目负责人进行调查访谈。收集能够反映项目质量的证据，判断项目是否培养了毕业生的必备教学技能。报告制度致力于项目的进一步监督和改善。①

（2）以激励为主导的"总统教学伙伴"教师教育选拔

2007 年国会通过的 1.1 亿美元的 TEACH（Teacher Education Assistance for College and Higher Education Grants）资助方案在 2012 被改写，2012 年财政预算中的州教师培养改革资助项目增加到 1.85 亿美元。修订后的 TEACH 资助方案被称为"总统教学伙伴"（Presidential Teaching Follows）。"总统教学伙伴"的资助分为两部分：第一部分资助重视教师培养达到高标准的教师资格的州。需要达到 3 个标准才能获得资金：第一，建立教师资格认证体系并将考试形式更改为检验实际能力；第二，以学生的学习开展情况、教师的就职情况和留职时间、群众对教师教学影响度的满意情况等的调查结果奖励高水平的教师培养方案，取消低水平的教师培养方案；第三，对各种有可能产生成效的教师培养方案，各州都要抱着探索和支持的态度，着力补偿、培养有领导潜质的骨干教师。第二部分为资助优秀学生的奖学金制。进入该项目的高成就学生（优先考虑贫困学生）可以在最后一学年获得 10 000 美金，入选的标准包括以下方面：承担如科学、技术、工程、数

---

① Our Future, Our Teachers: The Obama Administration's Plan for Teacher Education Reform and Improvement [EB/OL]. (2011-09) [2023-02-20]. http://www.ed.gov/teaching/our-future-our-teachers.

学等一些紧缺学科的教学，或教授那些有英语语言障碍或身体障碍的学生，承诺至少在有需要的学校服务 3 年。为了保障这些学生致力服务于高需求地区，联邦政府对那些未能履行职责的学生进行惩罚——必须有息偿还助学金，并将偿还的助学金用于资助经鉴定的优秀培训项目的教师。

（3）以定向为导向的少数族裔教师教育计划

美国的少数族裔教师培训工作一直以来由少数族裔服务机构（Minority Serving Institutions，简称 MSIs）承担，它们的教育质量高于同类机构，却缺乏资金支持。为此，联邦政府对国会在 2008 年授权的奥古斯·F. 霍金斯中心的卓越项目提供 4 000 万美元资助，主要支持以下 5 个方面的改革计划：① 确立高标准的教师就职条件；② 以严格的证书制度要求教师达到规定的标准；③ 要求培训项目既能增长教师的学术知识，也能提高教师的实践技能；④ 训练教师收集课堂组织管理方面有效数据的技巧；⑤ 重视与教师教育经验丰富的非营利性组织和学区的交流合作。合格的少数族裔教师教育机构都将获得额外的管理补助金并享受延期两年的补助，如果能够在政府的拨款有效期（3 年）之内达到改革既定目标。传统的黑人学院或大学、西班牙裔服务机构、宗教学院或大学、亚裔美国人与本土美洲太平洋岛居民服务机构、MSIs 联盟，以及与 MSIs 有合作关系的非 MSIs 组织也可以申请该项资助计划。该计划给予少数族裔教师在培训、资格准入、标准方面和其他教师同样的关注，专项经费的资助改变了少数族裔学生教育发展缓慢的局面，在真正实现教育公平的进程中是不可或缺的一步。

3.《提高计划》的特点和评价

"我们的未来，我们的教师"计划作为全面化专门化的政策，成为联邦政府在新世纪开始单独出台教师教育政策的标志。《提高计划》基于教师的社会功能，把打造一流师资置于影响美国未来的战略高度。各州收集的资料形成第一个全国性的关于教师培养和认证的数据库系统，这种基于数据结果的问责制有助于师范生选择教师培训项目，有助于州选择教师教育项目投资，有助于管理者选择教师培养机构招聘；《提高计划》提高了资助对象的认定标准，鼓励专项经费对高需求地区的倾斜，并且监督资助金的效用，大大改善了以往教育改革的低效现象，确保资助金落到实处；定向培养的少数族裔教师适应了社会结构变化的需求，对于实现教育公平和全面提高全民族素质都有重要的意义。关注少数族裔师资是《提高计划》的亮点，证明联邦政府已经认识到了多元文化教育的战略意义。《提高计划》的全面性、专业性产生的教师教育改革效果超越了以往的教师教育政策成效。

二、21 世纪美国教师教育改革的特点

在 21 世纪的教师教育改革中，小布什、奥巴马、特朗普政府，以及非营利性教师组织等分别提出了关于美国教师教育改革的政策性文件、报告等，总体上有以下特点。

（一）极力解决教育不公平问题

NCLB 法案中的"高素质教师"计划就包含了不论地区经济发展水平、不论种族，都要配备高质量教师的理念；此后，《2002—2007 规划》中的拓宽教师资格获取途径，以及《迎接高质量教师的挑战》报告和"为美国而教"计划中都提出改善选择性教师计划。这些措施都有助于更多人才成为教师，进入学校工作，其中的"为美国而教"计划更是对解决贫困地区教育不公问题影响深远。

（二）从关注教师培训转变到关注学生成就

NCBL 法案、《2002—2007 规划》都确立了教师对学生的绩效责任，通过对学生成绩的统计和向家长的反馈，建立对教师的评价和激励体系。另外，二者都重视对教师语言、科学、数学等能力的特殊培训和考核，凸显了教师此类能力对学生成绩直接影响的重要性。

（三）发挥校长的领导作用

《2002—2007 规划》鼓励校长专业发展，提高领导能力；《迎接高质量教师的挑战》报告主张将州的教师资格认证权力下放给校长；"为美国而教"计划也强调加强校友领导力量，发挥校长的领导作用。这种趋势和做法能有效发挥学校效能，增强校长在教师教育改革体系中的积极力量。

（四）教师教育改革更多地体现了国家利益的出发点

"9·11 事件"发生后，美国政府加大了对教师教育各个项目的财政支持，重视基础教育和教育普及，更多地体现了发展教师教育的出发点在于国家的发展、地位和利益。联邦政府干预教师教育的范围和力度加大了，干预的方式也开始多样化。《改革蓝图》主要关注教师质量的基础教育层面，而《提高计划》以高等教育为视角对教师培养质量进行关注。

1. 形成了强化联邦政府问责的多方位教师教育评估政策导向

从 20 世纪 50 年代的《国防教育法》到 1998 年的《高等教育法》，联邦政府对教师教育的干预仅仅局限于设立和资助少数教师专业发展项目。

自 2008 年奥巴马选任总统后，联邦教育部要求各州将基础教育的质量评估作为教师培养项目质量评估的条件，并专设资金支持各州改进评估办法和方式。2011 年《提高计划》实施后更是形成了全国性的教师信息数据库。此外，政府还拨款改革了以考试形式为主的教师资格认证，以实践考察为主的方式加强了对教师教学能力的有效评估。

2. 形成了以政府拨款形式招募、留住教师的奖励政策机制

政府通过设立服务性奖学金吸引大量人才从事教师行业，为美国每年招募到所需数量的师资；同时对于教育的大量经费投入促使学校环境和条件改善，稳定了优秀的教师队伍；实行针对不同阶段教师采取不同支持方式的职业阶梯计划，为教师提供了职业发展空间和奖励机会；通过"资金刺激"的方式稳定了教师队伍。

3. 通过调控教师教育政策兼顾教育公平与多样性

美国不同经济水平的地区之间、不同种族之间的教育差距一直是影响整体人才素质的重要因素。通过"弱势群体补偿"政策鼓励教师到高需求地区任教，同时主张兼顾不同水平和背景的学生的需求，这一点与发展少数族裔教师的政策目标是一致的。支持少数族裔教师培训项目体现了美国开始对多元文化教育的重视。奥巴马政府对公平和多样性的关注展示了其教育改革的彻底性，相应的教师教育政策也体现了新时代的特色。

第三节　俄罗斯的教师教育政策

苏联解体后，俄罗斯继承了苏联时期的教育体制。为适应时代发展的需要，在教育领域，包括教师教育方面，俄罗斯实施和颁布了一系列的政策和法规，进行改革和创新，为新时期俄罗斯教师教育改革与发展提供了政策上的支持和法律上的保障。

一、俄罗斯教师教育政策概览

本书对俄罗斯教师教育政策的内容体系进行考察与分析，把它划分为 3 个子系统：关于教师任用的政策、关于职前教师培养的政策和关于教师职后培训的政策。

（一）俄罗斯的教师任用政策

自 20 世纪 90 年代以来，俄罗斯从教育对智力、文化、经济潜能的特殊

作用出发，提出保障教育领域优先发展，出台了相关教师任用政策。

2000 年 10 月 4 日，俄罗斯联邦政府批准了《俄罗斯联邦国民教育纲要》，纲要中规定了国家在建设教师队伍方面的职责。国家承认教师在达到教育目的上的主导作用，并保证：① 学前和普通教育机构拥有具备高等教育程度的教师和教育人员；② 为教师发挥创造力及提高其业务水平创造条件，对从事各级教育的教师及时地进行再培训，其程序由教育机构的创办者和章程确定；③ 吸引有才华的专家进入教育系统，他们能高水平地实施教学，进行科学研究，掌握新的工艺技术和信息体系，培养学生的高雅精神和高尚道德，培养业务水平高的专门人才；④ 教育工作者和科研工作者对青少年的教学、教育质量高度负责；⑤ 创造相应条件以便在高等学校中培养并稳住科学博士和副博士，从而扩大基础科学研究与应用科学研究规模，提高本科生和研究生的学术水平；⑥ 创造相应条件来竭力提高教师和教育领域工作者的威望和社会地位①。

2008 年 3 月，俄罗斯颁布了《2020 年前的俄罗斯教育——服务于知识经济的教育模式》，报告指出，俄罗斯将更新高校教师队伍，提高教师待遇。2008 年 7 月，普京总理签署通过《关于实施〈创新俄罗斯的科技人才和科学——教育人才（2009—2013 年）〉国家目标纲要》政府决议，提出鼓励和吸引优秀高校毕业生到普通教育机构工作的任务要求。同年，俄罗斯颁布《教育和创新经济的发展——2009—2012 年推行现代教育模式》，提出对教师和教育机构行政管理人员实行兼顾其工作质量和成绩的薪酬制度，并将月平均工资高于当地经济部门平均工资的教育工作者所占比例纳入国家纲要的指标体系。2010 年 6 月，《关于吸引优秀高校毕业生到俄罗斯联邦主体的国立和市立普通教育机构工作的保障》法令获得俄罗斯教育与科学部通过，这使得俄罗斯各联邦主体都有机会挑选优秀高校毕业生到其所辖的国立普通教育机构工作。

俄罗斯教育法规定，中小学教师每 5 年接受一次资格鉴定，以确保俄罗斯教育教学的质量，并符合国家和地区教育标准的要求。因为学校鉴定的结果会直接影响到学校的声誉、生存和发展，所以学校非常支持教师参加培训。中小学会给教师安排时间，并与当地的教师培训机构开展合作，对教师的教育教学方法进行有效的培训，以提高教师的职业素质。这与欧美

---

① 梁忠义，罗正华. 教师教育［M］. 长春：吉林教育出版社，1998：327-331.

国家所盛行的校本培训模式有所不同。新的教师鉴定和学校鉴定制度也引起了教育管理机关自身的变化，它们建立了与教师职业素质有关的研究和信息处理机构，许多地区的教育局都设立了学校鉴定和教师鉴定处、教育标准处、教育信息中心等机构，专门研究和完善教师职业素质标准。这些都为教师鉴定和学校鉴定的正常进行和科学决策提供了保障。

（二）俄罗斯教师职前培养政策

《俄罗斯联邦教育法》划分了国家教育体系，其结构和层次包括普通教育和职业教育两大块，使职业教育成为一个连续的培养体系。教师教育作为职业教育的组成部分也逐渐形成了连续的教师教育的培养体系。

1. 关于教师培养体系

俄罗斯为了适应世界教育发展的趋势及构建终身教育的体系，对教师教育进行了改革，在苏联师范教育的基础上有所创新。在不断的变革过程中，俄罗斯教师教育逐步形成了完整的师资培养体系，可以随时向教师提供继续教育和培训，推进了教师的专业化发展。俄罗斯教师教育主要由师范大学和师范学院来实施。师范大学主要是在一些实力雄厚、物质资源和师资条件较强的师范学院的基础上发展而来的。

2001 年俄罗斯联邦政府发布了《俄罗斯 2001—2010 年连续教师教育体系发展规划》，提出构建包括中等教师教育、高等教师教育、高等后教师教育及补充教师教育之间相互衔接的、连续的教师教育体系计划。2002 年 11 月，俄罗斯联邦全俄会议进一步明确了发展多层次专家培养体制的问题，逐步推行学士、硕士人才培养两级体制。高等职业教育层级结构主要由两个教育子系统组成：一个是按照"专业"或相近的专业方向培养某专业专门人才的文凭专家；另一个是按"方向"培养学士和硕士，并授予相应的资格证书及学位证书。

为了推动俄罗斯与欧洲教育一体化进程，实现到 2010 年在成员国内互相承认大学文凭及其他高等教育普遍标准的目标，俄罗斯国家杜马于 2007 年 11 月通过了在俄罗斯实施学士—硕士两级高等教育制度的联邦法律，开始实行新学制，但同时保留了五年制的俄罗斯高等教育传统"专业人才培养"学制。至此，俄罗斯教师教育形成了中等教师教育—高等教师教育—高等后教师教育和补充教师教育的连续教师教育体系。

为了保证整个教师教育体系的连贯性，实现中等师范教育和高等师范教育的有效衔接，提升教师培养质量，俄教育部门还推出了"中等师范学校—师范大学"一体化改革措施，采取师范大学与中等师范学校联合的方式，组建中等师范学校与师范大学综合体，双方通过制定相互衔接的教学大纲和教育内容、提高中等师范学校教师能力、开展科学研究合作和学术出版等方式，保持密切的合作。同时，为了保证教师培养质量，针对教师教育受大学综合化影响而导致的逐渐边缘化和薄弱化趋势，俄罗斯提出了保留和恢复部分师范院校的主张以稳定教师教育队伍，进一步强化了教师教育体系的独立性和自主性。①

　　俄罗斯教师教育按照教师教育政策的规划，逐渐形成了连续的教师培养体系，从苏联时期的封闭式教师教育体系向混合式的教师教育体系转变。这种转变顺应了世界高等教育的发展趋势，能够保障教师教育对经济和社会的需求做出灵活的反应，俄罗斯教师教育也因此呈现出多样性、可选择的特点。

　　2. 关于教师培养质量

　　为了提高教师教育质量，俄罗斯颁布了一系列的教师教育法规，出台了许多教师教育的相关政策。其中，与时俱进地制定的《国家教师教育标准》是教师教育改革的重要措施。

　　经过教师教育的改革和发展，第一代教师教育标准《高等职业教育国家标准》（1994 年制定）已经不能适应教师教育改革的需要。2000 年 4 月，俄罗斯重新制定出台了第二代教师教育标准。新的教师教育培养标准简化了原有的标准，明确了核心专业，缩减了内容要求，拓展了大学的权力范围。② 第二代教师教育标准为教师教育机构提供资源、技术和法规保障：① 保证连续教师教育体系在国家和社会内的优先发展；② 完善连续教师教育领域的法规依据；③ 形成连续教师教育体系发展的经济机制；④ 为教师教育体系工作人员、在普通教育机构工作的学员及毕业生等提供国家保护和社会保护。

　　2001 年 4 月，俄罗斯教育部发布了《俄罗斯 2001—2010 年连续教师教育体系发展纲要》，这是俄罗斯在教师教育领域所实施的国家政策基础，提出了完善教师教育的内容和保障教师教育质量的以下措施：① 加强教师教

---

　　① 夏辽源，曲铁华. 新世纪俄罗斯教师教育现代化面临的机遇、挑战及发展策略 [J]. 现代教育管理，2018（7）：62-67.

　　② 杜岩岩. 教师教育国家标准的制定与实施：俄罗斯的经验及启示 [J]. 大学·研究与评价，2007（2）：88-92.

育体系与社会需求的相互联系；② 改善师资的培养质量，使他们能在多种教育大纲和教科书条件下工作，也能在不同年制普通学校的侧重性专业教学条件下工作；③ 为评判教师教育质量研究制定科学依据和科学的实践方法，创造条件以保证师资培养质量的监控机制发挥作用；④ 政策方法的研究制定使得国家教育标准的联邦部分和地区部分及各层次的职业教育大纲相衔接；⑤ 保证各级、各层次连续教师教育体系中教育内容、教学手段、教学形式及教学方法具有衔接性；⑥ 研究制定理论、科学方法、实际操作方面的手段，以培养多种条件下的工作师资，并为落实这些手段创造条件，研究制定有关教育技术以培养教师做不同年龄集体的工作；⑦ 在连续教师教育体系的管理和运转过程中，发展相应的技术基础运用科学方法，以保障连续教师教育体系内教师信息技术水平的提高，鼓励运用新型信息技术师资的培养；⑧ 完善连续教师教育体系中师资的国家考核制度。

2009 年 12 月，俄罗斯教育与科学部颁布了第三代教师教育国家标准。新标准根据教师职业活动的类型，在教师教育内容上，分别就教育教学和文化—教育活动两个方面的能力提出要求。一方面，作为教育教学的执行者，教师应具备因材施教的能力，与社会、学生及家长之间的交流能力，使用新教学手段的能力，以及学会反思教学、实现职业自我教育和个性成长的能力。另一方面，作为文化活动的组织者，教师还需要具备创建良好社会心理氛围、组织文化活动空间的能力，制定和实施文化教育方案、普及文化知识和专业技能推广的能力。

（三）俄罗斯教师职后培训政策

俄罗斯现已形成从中央到地方完整的职后培训体系，包括最高级别的国家教师进修学院、次一级的各地区（联邦主体）进修学院，以及基层的各城市开设的市立教学法研究指导中心。《俄罗斯联邦补充教育法》规定，教师教育的在职培训属于职业补充教育范畴，目的是不断提高已获得教育职业资格的人们的技能等级和职业再培训水平，从而促进其业务能力和创造才能的发展及文化水平的提高。为进一步提升中小学教师教育培养质量，俄罗斯在深化教师教育改革的同时，不断强化中小学教师在职培训的力度。

1. 教师职后培训机构

俄罗斯职后教师培训延续了苏联的传统，各地区都设有教师进修学院和教学法研究中心，帮助教师熟悉教学大纲和教材，推广先进的教学经验及运用现代化教学手段进行教学活动等。师范院校设有提供中小学教师在职培训的专门机构：函授部、暑期进修班、夜校、业余进修学校，并开展专题讲座、教学经验交流会与教学观摩等活动。教师中心、教学研究室活动和教育技能学习属于大学后教育阶段，该阶段主要解决师范教学机构毕业生的职业适应性问题，帮助毕业生掌握先进的教育经验，提高教学方法论水平；将非师范专业高等教育水平的公民培养成师范类专门人才；等等。

2001 年，俄罗斯国家杜马出台了《俄罗斯补充教育联邦法》，立法的目的是保证公民获得补充教育的权利，并规定补充教育的领域。补充教育包含普通补充教育和职业补充教育。其中，职业补充教育是不断提高已获得职业教育的人们的技能等级和职业再培训水平，以促进他们的业务能力、创造才能及文化水平的提高的教育。教师的再培训属于职业补充教育的范畴。法律对于教师的再培训机构做了明确的规定，再培训机构包括综合大学、师范大学、师范学院、跨领域的地区教育中心、教师教育中心等。

目前，俄罗斯有 94 所教师业务进修和职业再培训机构（1 所教育工作者业务进修和职业再培训研究院，3 所俄罗斯教育部初等职业教育专家业务进修学院，90 所业务进修学院），承担教师的继续教育和业务进修任务①。除了比较正规的教师进修和再培训体系，综合大学、师范大学、师范学院、跨领域的地区教育中心、教师教育中心还定期为教师组织讲座、讨论、问题答疑、国际会议和教育讲演会，以便教师了解新的教学法著作和优秀教师的经验，吸引教师参加教研室的科学研究和副博士学位论文的写作等。不间断的远程教育也是提高教师专业技能的重要形式之一②。同时，俄罗斯通过出版和发行大量有关科学教学法、教学与科普的读物和期刊，为边远地区的教师获得有关科学、教育理论和教师实践方面的新信息创造条件③。

2. 职后培训的质量

为了克服教育上师资保障的不良倾向和提高教育工作者的社会地位及职业技能，《俄罗斯联邦发展纲要》在"俄罗斯的师资"子纲要的范围内制定措施，这些措施包括：① 制定师资培养体系的改革模式，包括改革其组织、结构、内容，使之在教育实践和教育创新过程中相融合，并通过实践

---

① 肖甦，王义高. 俄罗斯教育 10 年变迁［M］. 北京：北京师范大学出版社，2003：122.

② 朱小蔓，鲍列夫斯卡娅，鲍利辛柯夫. 20—21 世纪之交中俄教育改革比较［M］. 北京：教育科学出版社，2006：409.

③ H. X. 罗佐夫. 俄罗斯的教师教育：过去与现在［J］. 张男星，译. 大学·研究与评价，2007（4）：69-78.

来检验。② 扩大初等和中等职业教育体系中师资的规模并提高培养质量。③ 重组教师进修机构体系，对这些教育机构实行竞争基础上的财政拨款；实行以教师本人选择接受补充职业教育地点为基础，与进修者个人业务挂钩的进修拨款制度；④ 在国家规定的范围内，由国家提供费用，教师至少每 5 年参加一次提高技能的培训和进修。

俄罗斯杜马于 2000 年 3 月 15 日颁布了《俄罗斯联邦教育发展纲要》，确定了教育系统师资保障领域的基本发展方向：制定教育领域的师资政策的构想依据；发展教育系统工作人员、领导人员、其他人员，包括最高层领导人员的培养、再培训和业务进修体系；建立对各级各类教育机构及整个教育体系的教育工作人员及其他人员的需求进行预测的机制；在培养和再培训教育工作人员、教育科研人员上，形成跨地区、跨部门的合作机制；形成为地处农村地区、远东地区的教育机构及各民族学校定向培养教育工作人员的机制；制定并落实相应的措施，以对农村教育工作人员提供专项财政支持和社会支持；对教育工作人员、科研人员及教育机构和各级教育管理机关的领导人员进行鉴定，并提高该鉴定体系的效率；完善教育体系中劳动关系的法律基础。

《俄罗斯联邦教育发展纲要》政策的实施成效主要表现为：为各级各类教育机构提供教育工作人员的保障；保证教育机构和教育系统其他组织的教育工作人员、教育科研人员及其他工作人员的在岗率；为培养师资工作建立规范化的法律基础和科学方法基础；监控教育系统师资保障状况；防止教育机构的教育工作人员、教学科研人员、其他工作人员从教育体系中流失；更新教育工作人员的鉴定体系；通过大学后教育体系来提高教育工作人员的业务技能；落实俄罗斯联邦在师资和教育科研人员交流方面进行国际合作的国际合同；扩大教育机构和教育系统其他组织参加学术交流的国际项目；提高教育机构和教育系统其他组织的教育工作人员、教育科研人员及其他工作人员的职业技能和工作质量。

2001 年发布的《俄罗斯 2001—2010 年连续教师教育体系发展纲要》为了保障俄罗斯教师职后培训的质量特别提出以下措施：

（1）组织研讨会、讲习会、座谈会、业务进修班

筹备并举办有关连续教师教育问题的学术会、辩论会、研讨会、座谈会、讲习会。建立法规依据和财政基础，以便开展旨在提高教育职业威信和教师社会地位的竞赛活动。例如奥林匹克赛及其他措施等。

（2）出版教师教育体系的刊物，通过大众信息手段阐明教师教育问题

研制连续教师教育体系中教学书籍出版规划的形成和落实机制。组织建立连续教师教育体系中科学方法保障工作，例如多媒体教学手段等。完善质量和规格评价体系，从而为连续教师教育体系提供科研和教学方法保障，优化包括多媒体在内的教学手段及教育服务。研制有关措施体系，用以支持和发展连续教师教育体系内的行业出版工作。

俄罗斯独立后保持了苏联时期注重教师的职业培训和业务提高的良好传统，并在不断的改革过程中有所创新。目前，俄罗斯的教师培训体系向着多样化和灵活性方向发展，在进修内容上，逐步与普通学校的教师标准和新的经济条件下社会对教师的要求相适应，教师培训体系打破了苏联时期的统一组织、统一时间、统一形式、统一内容的特点，朝着更加灵活和具有现代性的方向发展。

二、俄罗斯教师教育政策的特点

（一）建构了个性化的教师教育观

俄罗斯教师教育政策继承了苏联解体前戈尔巴乔夫总统的"新思维"思想，对教师教育的结构、内容和方法等进行了根本性的变革，逐步形成了教师教育的个性化理念，打破了苏联时期教师教育"刻板单一"的形象，解放了教师的个性，强调教师个性化得以发展，学生的个性、倾向性才能得以充分发展。这一理念逐渐成为俄罗斯教师教育改革的灵魂。

《俄罗斯联邦教育法》对改革的主导思想加以肯定并通过法律形式将其确定下来，为俄罗斯教师教育改革创造了条件。2001 年发布的《普通教育内容现代化战略》中提出了"教师培养中个性化趋向教育的原则"，并进一步强调了现代教师个性化取向的两个基本特征：① 尊重孩子及其家长的尊严和权利，使之有机会选择教学科目、教学计划和修业的个人路径；② 在教育过程中创设能"启动"发展个性的机制情景，也就是促使学生能够自觉地做出决定，阐明自己的观点，自己承担责任。概括来说就是多让个人发展自己的经验，即个人经验。这些特征的背后都存在教师实际活动的不同做法：第一个特征要求教师履行人道准则，捍卫儿童的权利和自由；第二个特征要求教师在教育教学过程中创设适当的教育情境，由学生去探究，发展儿童个性。

教师教育的个性化构想，力图改变苏联时期师范教育把教师培养目标

简单定位于培养学科教学技能的做法，解决师范生在掌握学习活动与形成个人自主教育观念之间的矛盾。由此形成的教师培养新模式，提倡以自身掌握的教育方法论和教育手段为抓手，强调个性的自我发展、自我实现，讲授课程只是师范生个性发展的手段；师范生个人教育观点的形成可以通过自己选择的受教育方式来实现，并有机协调自我教育、反思学习、与师生的讨论、协同研究等各项活动。苏联时期的师范教育模式是"掌握好你的科目，把它讲清楚"，新模式要求"掌握好教学方法论，要严格遵守并灵活运用它"。显然，新模式新在提倡以自身掌握的教育方法论和教育手段为依托，强调实现个性的自我发展、自我实现，讲授课程不是最终目的，只是未来教师个性发展的手段；未来教师个人教育观点的形成可以通过自己选择的受教育方式来实现，并在这个过程中协调好自我教育、反思学习、与老师和同学的讨论，以及进行协同研究工作等各项活动；强调教师教育的个性、倾向性的观点，明确教育过程的中心任务是实现未来教师的个性化发展，最终培养出真正能够实现自身发展并促进学校发展的新型教师①。

（二）创建了连续教师教育体系

在苏联时期苏共中央就已经提出了要构建统一的连续教育体系的主张，希望从学前教育到大学教育形成统一、开放并且具有终身教育性质的体系。教师教育作为国民教育体系的组成部分，应该构建多级结构的教师教育体制。苏联解体后，俄罗斯延续并改革发展了教师教育体系，逐步构建了完整的、开放的连续教师教育体系：中等教师教育、高等教师教育、高等后教师教育和补充教师教育之间相互衔接的体系，包括中等教师教育机构、高等教师教育机构、高等后教师教育机构和补充教师教育机构（师资进修及再培训机构）等各类学校之间的教育培养培训网络，以及国家及地方的教师教育管理机构。

2001年4月，俄罗斯教育部发布《俄罗斯2001—2010年连续教师教育体系发展纲要》，为俄罗斯教师教育的发展确定了明确的目标及其前进的方向。该发展纲要作为国家教师教育的基本政策，确立了教师教育作为俄罗斯联邦教育领域优先发展的地位：要基于法律上、经济上、组织上的条件，造就有业务能力的、有社会积极性的、有创造性个性的教师，形成一个连续性的教师教育体系。近10年来，俄罗斯教师教育主要朝两个方向发展：

---

① 肖甦. 比较教师教育 [M]. 南京：江苏教育出版社，2010：165.

一是卓有成效地提高教师教育的教育教学质量，包括各级教师教育职前培养质量的提高，以及教育内容和教育结构的更新与发展；二是打造顺应时代发展要求的连续教师教育体系，包括通过立法保障教师教育体系发展及其不同阶段教育内容和教学形式、方法、手段等方面要具有衔接性和连贯性等。

2003 年 4 月，俄罗斯教育部出台的《教师教育现代化纲要》提出，教师教育的目的是在实施俄罗斯教育现代化的条件下，创建有效的教师教育动态运转机制，教师教育现代化的最终成果应该是创建一个更新的、符合社会对师资干部要求的教师培养、再培训和业务进修体系。《教师教育现代化纲要》是《俄罗斯 2001—2010 年连续教师教育体系发展纲要》的继续与补充。《教师教育现代化纲要》指出了俄罗斯教师教育现代化的几个基本方面：① 教师职业培养结构的最优化及其组织的完善；② 完善教师培养的内容和形式；③ 建立教师教育赖以更新的科学保障和教学方法保障。

2004 年 4 月 26 日至 29 日，以"教师教育现代化纲要实施进程"为主题的全俄高等师范学校、师范专科学校和中等师范学校副校长联席讲习会在莫斯科举办。与会者讨论了《教师教育现代化纲要》2003 年的完成情况及 2004 年的前景，讨论过程中强调了完善教师培养质量措施的及时性和迫切性，并向俄罗斯联邦教育和科学部提出了 11 条建议。

（三）实施了学科门类及专业的标准化

教师教育应为基础教育服务，引领基础教育改革，在传授和掌握知识的同时，使学生实现其个性化发展。然而俄罗斯的教师教育在转型之初，却始终处于"追赶式"的尴尬境地。在转型之初，俄罗斯出现了许多新型学校，为了能在新环境下生存和发展，这些新型学校纷纷对原有的教学计划和教育内容进行改革，不断引进新专业知识，创新教学范式。特别是 2002 年以来俄罗斯高中阶段实行的侧重专业式的教学改革，对俄罗斯教师教育内容提出了新的要求，新型的教师在必须具有相应的专业知识和掌握现代教学技能的基础上，实现由知识传授者角色向管理者、组织者、促进者、设计者和合作者角色的转变。现代俄罗斯教师教育正处于一种由大量的实验、创新、新范式构建和教学技术等诸多现代社会变革因素交织在一起的状态。其主要任务之一就是提升教育机构的人力资源水平和职业素养。俄罗斯的高等教师教育国际标准，是国家对教师教育的培养理念和目标的选择，实际上就是国家和社会对于当下及未来合格教师的要求的集中反映。

为了保障俄罗斯教师教育的培养质量，国家出台了相关的法律以确保培养质量。《高等职业教育国家标准》对教学内容，教育大纲、教学水平及课程设置做出了相应的规定。《俄罗斯2001—2010年连续教师教育体系发展纲要》确定了教师教育优先发展的国家战略。国家创设法律上、经济上、组织上的条件来培养有业务能力、有社会积极性和创造性的个性化教师，进而发展教师教育体系，提高教师教育质量，优化教师教育管理机制，并确定了教师教育在俄罗斯教育领域优先发展的地位。

（四）构建了高等教师教育国家标准

实施教师教育标准化是俄罗斯教师教育改革的新生事物。1994年8月，俄罗斯联邦政府出台了《高等职业教育国家教育标准》，为保障高等教育质量提供了法律依据，为俄罗斯延续和发展统一的教育体系创造了条件。俄罗斯联邦教育部领导和协调了制定教师教育国家标准的主要工作。同年，俄罗斯出台了第一代教师教育标准《高等职业教育国家标准》。标准要求教师的培养过程要对教育内容进行创新，并适应高等学校的发展要求；在教师的培养过程中，要重视教学法研究和教学计划的更新。这为教师教育改革提供了法律依据和政策支持。教师教育标准中包含了对教学内容、教育大纲和教学水平的要求，以保障教师教育的质量。经过5年的教师教育发展实践，2000年4月，俄罗斯出台了第二代教师教育标准。新的教师教育培养标准简化了原有的标准，明确了核心专业，缩减了内容要求，拓展了大学的权力范围[①]。参与教师教育标准制定的成员包括教育专家和重点师范大学的教师。有关专家就制定标准的理论依据、指导原则、内容结构、分类方法等问题进行了大量研究和论证，并且大范围地征求了大、中、小学教师和教育管理人员的意见之后，才最终确定和形成了文字。教师教育标准中的教育教学内容由联邦、地方和学校三个层次按一定比例规定：俄罗斯联邦规定的教育内容涵盖当今世界局势变化，以及欧洲和俄罗斯社会、历史、文化各方面；地方规定的教育内容中包括地方民族文化特色、地区社会经济发展现状等；学校规定的教育内容旨在满足学生的具体需求和教师的特长偏好，为师范生的自我认知和自我发展创造了条件。这是俄罗斯联邦整体与各地区利益、学校与学生利益之间的平衡点，因此，高等教师教

---

① 杜岩岩. 教师教育国家标准的制定与实施：俄罗斯的经验及启示 [J]. 大学·研究与评价，2007（2）：89.

育国家标准的制定以此为出发点①。

总之，俄罗斯高等教师教育国家标准是俄罗斯联邦面向社会转型及国际教育大环境，实施教师教育改革的必然产物。

（五）完善了教师教育培训网络

俄罗斯教师的继续教育呈现多元化、个性化、一体化等特征。负责教师继续教育和培训的主要机构是各共和国和边远区、州、直辖市的教师进修学院，以及师范学院和师范大学。培训方式有：举办教师技能提高班、公开课、学术研究会、教学法研讨会、教育教学经验交流会等。一些师范院校也经常组织研讨会，设有专门针对师范专业的再培训，以及专业定向的专训班和选修课程班。为提高俄罗斯高校教学工作的效率和教育工作者的职业技能，俄罗斯教育与科学部信息交流中心还每年定期为教师举办继续教育培训班。

2010 年，俄罗斯总统梅德韦杰夫为进一步发展教师队伍，发掘教师潜能，批准实施了国家教育创新方案《我们的新学校》。方案指出：俄罗斯将实行教师职业技能培训新模式，即个人模块化方案，教师可以在短期内掌握个性化的培训内容。在这种新模式下，教师可以自己决定将培训费用交给谁——职业技能培训学院、大学或创新学校。此外，俄罗斯还将进一步实现高等教师教育体系现代化，在每个联邦地区和城市创建大型的联邦教育中心②。

三、俄罗斯教师教育政策的启示

俄罗斯教师教育政策的调整与变革顺应世界教师教育发展的新趋势，对我国教师教育的发展具有重要的启示：

第一，应不断调整教师教育政策来适应教师专业发展的要求，并保障教师的专业化发展。建立教师资格和任用制度，对教师的培养和培训、考核、待遇、奖励等方面进行明确的规定，为教师专业化发展提供基本保障。通过教师资格制度和教师聘任制度来适应和配合教师专业化发展。

第二，应打破传统教师教育体系的封闭和垄断，建立开放的教师教育体系，实现教师来源途径的多样化，吸引优秀的人才从事教育事业。

---

① 肖甦. 比较教师教育 [M]. 南京：江苏教育出版社，2010：169.
② 姜占民，卢春月. 俄罗斯高校教师继续教育综述 [J]. 吉林省教育学院学报，2005（3）：10-11.

第三，要完善教师教育结构。教师职前培养的层次要上移，教师职后培训要加强。教师教育机构要实现由三级向两级或从旧三级向新三级过渡，逐步实现教师教育的高等教育化。

第四，把提高教师质量作为教师教育政策目标。教师教育改革的重心是加强教师队伍建设，大力提高师资质量，尤其要重视教师的职业道德建设、学历标准提升和教师教育教学能力的提高。

第四章

新时期教师教育政策制定的社会基础

20世纪90年代，我国教师教育的发展进入转型时期，这一转型是以更为广阔的社会转型为背景的。因此，要深刻理解和把握我国社会转型期及其后的教师教育政策，应在中国社会转型的大背景下，分析其给教师教育转型带来的挑战和机遇，明确教师教育转型的必要性和可行性，跟上新时期教师教育发展的时代潮流。

社会转型是一个全方位、多层次、宽领域的社会变革，对教师教育的影响也必然是多方面的。分析社会转型与教师教育转型之间的关系，揭示所有影响教师教育的社会因素并探讨它们的作用机制，只能停留在理论层面，在实践中并不可行。我们无法对所有影响教师教育的因素进行全面分析，只需要抓住主要的影响因素即可。在社会转型的诸多内容中，社会政治经济等方面的变革、基础教育的变革、中小学教师队伍变化及教师供求关系的变动3个方面因素对教师教育转型的影响是最为密切的。

第一节　新时期中国的社会转型与教师教育政策

关于新时期中国社会转型的内容，学术界从不同角度进行了全方位的研究。从社会学视角看，社会转型是中国社会从传统封闭性社会向现代开放性社会的变迁和发展；从经济学视角看，社会转型是传统经济向现代经济的转换、传统计划经济体制向现代市场经济体制的转轨、农业社会向工业社会乃至信息社会的转化；从政治学的视角看，社会转型是集权封闭管制导向的传统政治体制向分权开放透明服务导向的现代政治体制的转轨、刚性结构社会向弹性结构社会转化、伦理社会向法治社会的转化；从文化学视角看，社会转型是同质文化社会向异质文化社会的转型、生存方式与生存模式的转变或重塑，是农业文明向工业文明、工业文明向可持续发展文明的双重社会转化；从哲学视角看，社会转型是单一价值社会向多元价值社会的全面转型①。

新时期中国社会转型内容的不同理解，一方面源于研究者学术视角的差异，另一方面与研究者们对于"社会转型"的不同的理解有关。在中国，"转型"概念是 1992 年以后开始流行的②。它的典型含义是指体制转型，在我国特指从计划经济体制向市场经济体制的转变。但是，随着时间的推移和讨论的逐步展开，社会转型的含义也趋于复杂多样。郭德宏曾归纳出 10 种比较有代表性的观点③。分析这些复杂多样的观点，我们还是可以发现我国研究者主要在三种定义上使用"社会转型"这一概念④：第一，社会体制转变，即社会体制在较短时间内急剧的转变。比如新时期中国社会转型的主要标志是由计划经济体制向市场经济体制的转型，这种观点很具有代表性。第二，社会结构变动，即社会结构的重大转变。这种观点把社会转型看作社会的一种整体性变革，包括人民生活、科技教育、社会保障等方面在内的社会全方位的变革，这一变革的本质内容是社会经济结构的变化。它意味着社会经济和其他方面的结构发生了变化。我国社会学者较多关注的是社会结构的变动，结构解释比制度解释更为流行⑤。第三，社会形态变迁，即社会发展的阶段性转变。如陆学艺、景天魁等社会学者就从社会形态变迁的角度解释社会转型。他们认为社会转型"是指中国社会从传统社会向现代社会、从农业社会向工业社会、从封闭性社会向开放性社会的社会变迁和发展"⑥。

本书认为，社会转型是多维度的。因此，社会体制转变、社会结构变动和社会形态变迁都属于社会转型应有之义。只有这样基于宽广视角的理解，才更符合当代中国社会转型的复杂现实。因此，本书赞成学者宋林飞对于当代中国社会转型趋势的把握。宋林飞认为当代中国社会转型有以下

---

① 糜海燕，符惠明，李佳敏. 我国社会转型的内涵把握及特征解析 [J]. 江南大学学报（人文社会科学版），2009（1）：23-26.

② 李培林. 另一只看不见的手：社会结构转型 [J]. 中国社会科学，1992（5）：3-17.

③ 郭德宏. 中国现代社会转型研究评述 [J]. 安徽史学，2003（1）：87-91.

④ 宋林飞. 中国社会转型的趋势、代价及其度量 [J]. 江苏社会科学，2002（6）：30-36.

⑤ 王雅林. "社会转型" 理论的再构与创新发展 [J]. 江苏社会科学，2002（2）：168-173.

⑥ 陆学艺，景天魁. 转型中的中国社会 [M]. 哈尔滨：黑龙江人民出版社，1994：1.

4 种主要趋势：一是从计划型社会向市场型社会转变。在计划经济体制下形成的各种社会体制已经发生了重大变化，并且正在继续发生变化。人们的思想观念、社会政策走向、社会规范与制度都以市场化为核心进行着转变。市场型社会的特征日益显著，主要表现为社会竞争机制逐步替代少数人决定机制、审批型政府逐步转变为服务型政府。二是从农村社会向城市社会转变，也就是从农民社会转向市民社会。越来越多的农民变为市民，人口的城市化率不断提高，是这一趋势的主要潮流。三是从工业社会向信息社会转变。四是从贫困社会向富裕社会转变。以上第一种趋势主要是社会体制转型的向度，第二种趋势主要是社会结构转型的向度，第三、四种趋势主要是社会发展转型的向度①。这四大趋势不仅是当代中国社会转型的向度，也是当代中国社会转型的效果。这 4 种趋势都直接或间接地对教师教育改革提出了要求，同时也提供了可能。但是影响最大最直接的还是市场型社会更替原有计划型社会、信息型社会代替工业型社会这两种转型。

一、计划型社会向市场型社会转变与教师教育政策

从自然经济向市场经济转变是社会发展的一般规律和基本内容。当前我国社会转型一方面在遵循这个一般规律，即从自然经济向市场经济转化；另一方面又有其特殊情况，即曾经建立过较为完备的计划经济体制。因此，我国在经济转型的同时也完成了经济体制转轨的任务②。从我国当前所处的历史时期来看，经济体制的转换比经济形态的转换更为重要，任务也更为艰巨。其中的原因有以下两点：第一，计划经济在当时的历史时期发挥过重要的作用，因此，尽管这种体制已经不适应当今的社会发展，但其"功绩"一时还难以从人们的思想深处消除。第二，在计划经济体制基础上形成了以经济制度为基础的社会制度。计划经济时代的行政管理制度和体制、人事和劳动方面的管理制度和体制，以及教育、文化、科技、卫生、体育等方面的管理制度和体制，都是与计划经济体制相适应或相联系的管理制度和体制，都具有计划经济的特征，都刻上了计划经济的烙印③。因此，我

① 宋林飞. 中国社会转型的趋势、代价及其度量 [J]. 江苏社会科学，2002（6）：30-36.
② 刘祖云. 当前中国社会转型特征再探讨 [J]. 武汉大学学报（人文科学版），2002（6）：656-659.
③ 刘祖云. 当前中国社会转型特征再探讨 [J]. 武汉大学学报（人文科学版），2002（6）：656-659.

国实现从计划经济体制向市场经济体制的转轨是我国经济和社会发展的必然走向，这一转轨经历一个漫长的新旧体制的博弈和碰撞过程也是必然的。

陈云曾在 1956 年提出建立"三主三辅"的经营模式，可以说就是提倡在计划经济的基础上引进市场经济，但遗憾的是没有得到采纳和执行。自新中国成立到 20 世纪 70 年代末，计划经济体制随着客观经济形势的变化做出了一些调整，但是这些调整并未从根本上改变计划经济及其体制。直到党的十一届三中全会，党中央才明确提出要按照市场经济规律办事，但当时的目标并不清晰。20 世纪 80 年代初国家提出要大力发展社会主义商品经济。20 世纪 90 年代国家又提出建立"社会主义市场经济体制"。党的十六大提出完善社会主义市场经济体制，使经济体系更加开放，更具活力。党的十七大更是做出了建设各种生产要素市场的重大决策。由此可见，我国的经济体制改革经历了从高度集中的计划经济到有计划的商品经济、从计划经济为主市场经济为辅到计划经济与市场经济相结合，直至实行社会主义市场经济，基本完成了从计划经济向社会主义市场经济的转换。

历经 40 多年的艰难探索，伴随着经济体制的转轨，在原有经济方式基础上建立起来的各种社会关系也因此受到了严重的冲击，人们的生活方式和思维方式发生了巨变。社会转型过程中的一个关键目标就在于人的全面发展。社会转型向社会各个领域中的"人"提出了严峻的挑战与新的要求。教育作为培养人的社会活动在社会经济发展中处于优先发展的战略地位，而教师教育作为培养从事教育事业的人的社会活动，在教育领域中处于优先发展的战略地位。社会变革和人民日益增长的教育需求也对我国教师教育提出了新的挑战和更高的要求。一方面，新的历史形势使我国的教师教育面临着严峻的挑战；另一方面，社会进步和教育变革也促使我国的教师教育更快发展，为教师教育的变革提供了良好机遇。

计划经济体制下，我国社会实行的是以政府为主导的封闭运行体制，我们建立了与这种体制相适应的教师教育体制。当计划经济体制转变为社会主义市场经济体制后，教师教育体制就要相应地做出调整，我国原有教师教育体制对市场经济体制表现出明显的不适应。

市场的基本特征是自主性、竞争性、公平性、开放性和多元性，这就决定了市场经济体制下理想的教师教育体制必须具备以下特征：

第一，教师教育的供应方和需求方都是自主的。高等教育学校（机构）是教师教育的供应方，其有权自主地根据市场的变化确定招生数量、设置专业、设计课程等。教师教育的一端是学生，学生可以根据自己学习需求和能力选择学校，攻读自己感兴趣的教师教育专业；另一端是各级各类学校，主要是中小学，它们可以根据自己的师资状况和需求自主招聘和录用高等教育学校（机构）培养的毕业生。

第二，教师教育的供应方和需求方都是竞争性的。需求方中的学生竞争那些质量高的学校；供应方竞争更多、更好的生源，以及更好的就业状况和就业率。

第三，教师教育的供应方和需求方是公平的。这种公平性首先体现在双方关系的公平性方面，即高等教育学校（机构）和教师要公平地无差异地对待所有报考的学生，作为学生也要尊重学校和教师。教师教育专业机构培养的毕业生也要求信息公开透明，培养程序要公平公正。

第四，教师教育体系是开放的。允许有条件的大学举办教师教育专业，实现教师教育机构的多样化。

然而，计划经济体制下定向封闭的教师教育系统从学生录取、培养到毕业分配都是在政府行政指令下进行的。师范院校培养的教师类型单一，不能满足社会对多种类型教师的需要，尤其是对基础教育和职业教育教师的需要。学生的毕业与分配由政府包揽造成学校对招生和就业漠不关心。同时，师范学院的培养方案和课程内容常年不变，很少创新。教师教育模式封闭，造成教师教育垄断办学，没有良性竞争，不重视学生的意愿，师范院校的毕业生只能从事教师职业，等等。新要求和旧体制之间的冲突无法通过体制内部的微调来解决，对旧体制进行大刀阔斧的改革成为教师教育体制重新焕发生机与活力的必然要求。

社会转型在加速旧体制消解的同时，也为新体制的萌生和发展提供了动力。市场经济条件下，社会的进步和教育的变革使多元开放的教师教育体制的构建成为可能。具体表现在以下 3 个方面：

第一，教师教育体制转型的根本动力是经济的发展。教师教育体制的发展虽然受到诸多非经济因素影响，但从根本上来看，教师教育体制的发展最终取决于国民经济发展的规模和速度。自改革开放以来，我国经济的快速增长深刻影响了教师教育发展的规模、速度和程度。经济和产业结构的改变，促进了教师教育结构的调整。社会上各种经济力量活跃并逐步开始向教育事业渗透，使原先建构的教师教育举办主体呈现多元化特征。市场的介入推动教师教育走向活跃，从而打破了政府对教师教育的封闭性管理。以上这些因素最终共同促进了多元开放的教师教育体系的形成与发展。

第二，教师教育体系转型的基础动力是政府职能的转变。社会主义市场经济体制的建立和发展从本质上要求政府对教师教育的管理职能和介入方式做出相应的调整，政府对教师教育的管理模式由全面微观管理转向整体宏观调控，对教师教育的管控主要体现在制定发展规划、立法与调控教师教育的总体规划的上层建筑上，将政府行政职能中的一部分转变到对教师教育质量的监控和维护教育市场的秩序上来，实现直接管理模式向间接管理模式的转变。这种新型管理体制有利于充分发挥市场机制的作用，为多元开放的教师教育体制的确立提供较为宽松的政治环境。

第三，教师教育体系转型的直接动力是教育的变革。社会转型带来教育变革，教师教育是教育系统的一个重要组成部分，因此它的发展必然受到教育变革的影响。教育系统中与教师教育联系最为密切的无疑是基础教育和高等教育，基础教育工作者是教师教育培养的主要对象，而高等教育任务又是培养基础教育人才，因此，二者的变革对教师教育体制转型的影响最为直接。目前，我国基础教育工作者数量已能够满足需求，因此，对教师教育的要求已从层次较低的数量的满足转向较高层次的质量的提高。高等教育领域则要求改变传统的终结性的师范教育，发展终身教育指导下的一体化教师教育，逐步建立职前教育与职后培训相互衔接的教师教育体系。可以说，教育系统内部的变革构成了推动多元开放的教师教育体系的直接动力。

从经济视角看，从计划经济向市场经济的转型暴露了计划经济供需脱节，无法实现资源优化配置的主要弊端。从计划型社会向市场型社会的转型，使原有的封闭定向型教师教育体系无法服务于不同发展阶段的教师的弊端不断暴露，从而使教师教育体系向多元开放型转轨成为势在必行之局面。但是值得注意的是，以市场为取向的多元开放体制的优点固然多于行政取向的定向封闭体制，推行以市场为取向的多元开放的教师教育体制可能是我国教师教育发展的比较好的选择，但并不意味着开放的教师教育体制包治百病，能够克服目前所有的弊端和未来有可能出现的其他新问题，需明确教师教育体制的转轨并不是一蹴而就的，国家必须建立相应的教育法规，政府必须发挥其规划指导和监督调控作用，以便使这种体制逐步建立并日臻完善①。

二、工业社会向信息社会转变与教师教育政策

从社会形态变迁的维度审查探究，当前我国正经历着双重的社会转型。一方面是从农业社会向工业社会的转型。这一转型自鸦片战争以后便开始了，改革开放加速了这个转型过程。另一方面是由工业社会向信息社会的转型。20世纪70年代兴起的信息化与知识革命进程引起了全球范围内的巨大变化，也推动了我国新一轮的社会转型，伴随着全球化进程的深入，世界上大多数国家都被卷入全球化这一浪潮之中。随着全球化趋势的进一步发展，为了在新一轮的国际竞赛中占得先机，我国积极推进国民经济和社会信息化，投入并加速从工业社会向信息社会的转型。与发达国家"农业社会—工业社会—信息社会"的"二分范式"的顺向转型有所不同，在这近100年的历史进程中，中国实现了"农业社会—工业社会—信息社会"的"三分范式"的"双重社会转型"模式（见图4-1、图4-2)②。从社会的变迁和转型的演进探讨教师教育转型是一个重要的学术角度，由于本章主要探讨的是20世纪90年代开始的教师教育转型，因此相较而言，"三分范式"对其影响更深刻、更深远。

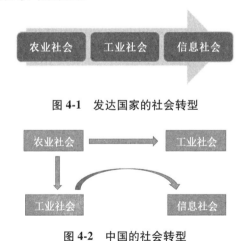

图 4-1　发达国家的社会转型

图 4-2　中国的社会转型

---

① 黄崴. 建立以市场为取向的多元开放型教师教育体制 [J]. 现代教育论丛, 2001（2）：15-17, 10.

② 王雅林. 全球化与中国现代化的社会转型 [J]. 中国青年政治学院学报, 2003（2）：102-107.

信息社会，即后工业化社会，是指超越工业化社会以后，信息在社会生产中起主要作用的社会。在农业社会和工业社会中，主要资源是物质和能源，大规模机械化是物质生产的最高水平；而在信息社会中，信息资源取代了物质和能源成为更为重要的资源，逐渐取代工业生产活动，国民经济以开发和利用信息资源为目的，社会的发展以数字信息为原料。信息经济在国民经济中占据主导地位，并构成社会信息化的物质基础。作为信息革命在经济领域的伟大成果的信息经济，是通过产业信息化和信息产业化两个相互联系和彼此促进的途径不断发展起来，以现代信息技术等高科技为物质基础，信息产业起主导作用，基于信息、知识、智力的一种新型经济。信息技术在生产、科研教育、医疗保健、电气工程及其自动化、地理信息系统、政府和企业办公自动化系统，以及家庭生活中的广泛应用，对经济和社会发展产生了巨大而深刻的影响，从根本上改变了人们的生活方式、行为方式和价值观念。

信息社会是以信息、创新为核心的社会。信息资本成为企业最重要的资源，财富的积累、经济的增长、个人的发展，均以信息为基础。强调以信息经济为主题的社会所推动的教育学领域最深刻的、意义最为重大的变革在于终身教育与终身学习观念的探索发展和逐步确立。"知识社会是属于社会范畴的概念，而学习化社会则是教育范畴的概念。知识社会要通过终身学习这一重要环节去实现。"① 20 世纪 60 年代末期以来，终身教育思想和观念已经在全世界范围内深入人心，不论是在发达国家还是在发展中国家，人们都广泛地讨论了关于实现终身学习、终身教育的可能性，以及众多观念和理论问题。1972 年，联合国教科文组织国际教育发展委员会首次比较完整地论述了"学习型社会"问题。建立学习型社会需要有相应的机制与手段促进和保障全民学习与终身学习。因此，建立终身教育体系和建设学习型社会成为世界各国社会与教育发展的一个重要目标。在我国，党的十九大进一步提出了建设终身学习的学习型社会的重要目标。终身教育体系和学习型社会的建设首先对教师与教师群体提出了新要求，它要求教师成为终身学习和终身发展的人，这就要求教师成为终身学习的典范，要求教师终身学习体系成为全民终身学习体系和学习型社会的典范。与此相一致，教师教育也确立了如下新原则：

---

① 厉以贤. 知识社会·终身学习·高等教育改革 [J]. 高教探索, 1999 (1): 5.

（1）连续性原则

把教师教育的视野扩展到教师一生的专业发展，教师教育要打破职前教育、职后培训各自为政和互相割裂、各不相干的局面，应通盘考虑教师的专业发展，保证教师一生都能受到连贯的、一致的教育。

（2）一体化原则

终身教育要求把具有促进教师专业发展功能的各种教育机构互相联系起来，形成一体化的教师教育体系。

（3）可发展性原则

可发展性要求教师具有自觉、综合的专业发展与更新能力，要求教师有前瞻性的专业发展眼光和不断要求进步的职业素养，教师教育要把教师的情怀、技术、知识和能力等方面的专业发展内涵有机地结合起来，实施知识、技能、情意一体化教育，并使教师成为终身学习者。

我国现有的教师教育体系中，职前职后教育隔离，教育机构各自为政，教育内容交叉、断层，资源配置不合理的局面与新时代的要求格格不入。因此，打破原有的终结性师范教育体系，实现向终身的一体化教师教育体系转变成为教师教育改革的当务之急。

另外，高度的信息化是信息社会的主要特征之一，数字化已经成为任何一个国家都无法回避的全球趋势。当前，我国正致力于不断缩小与世界教育发达国家之间存在的数字鸿沟（Digital Divide）。缩小中国与世界教育发达国家发展差距的必然抉择是实现教育信息化。要想实现教育的信息化，首先需要提高教师的信息化水平，提高教师主动、有效获取信息的能力。培养掌握现代信息技术的高素质教师是缩小中国与世界教育发达国家数字鸿沟的重要环节。因此，教师教育信息化既是教育信息化的重要组成部分，又是推动教育信息化建设的重要力量。

教育信息化要求对传统教育进行全方位深层次变革，具体表现在以下几个方面：一是从传统学习环境向新学习环境的转变（见表4-1）；二是教育对象从面向少数群体转变为面向全民；三是教学内容由单一、僵化变为多元而有弹性；四是教育时间由高度统一变为灵活，由一次性变为终身；五是教育空间由封闭走向开放；六是教学方式多样化，例如虚拟教室、视频会议教学、网上专题研习和网上合作学习等都是非常有发展潜力的教学方式。

表 4-1　从传统学习环境向新学习环境的转变

传统学习环境	新的学习环境
以教师为中心	以学生为中心
单一感官刺激	多感官刺激
单路径进步	多路径进步
单一媒体	多媒体
独立工作	协作工作
信息传递	信息交换
被动学习	主动探究式学习
事实性的、基于知识的学习	批判性思维，分析信息，做出决策
反射式回应	主动的、有计划的行动
孤立固定的人工情景	客观真实情景

资料来源：国家教育技术标准项目组面向学生的美国国家教育技术标准［M］. 北京：中央广播电视大学出版社，2002。

目前，我国教师教育信息化进程中还存在着教师教育内容落后、教师信息技术培训时间和范围有限、培训效果欠佳、教师教育方式和手段单一、现代化手段在教师教育中运用不足、未将信息技术素养和能力纳入学生评价的主要评价指标、缺乏激励教师应用信息技术的政策措施、缺乏教学资源和技术支持等方面的问题，难以适应时代发展的要求。因此，教师教育必须加快信息化进程的步伐，加大信息化建设力度，为推进教育信息化奠定坚实有力的基础。

第二节　教育变革与教师教育政策

社会变革促进了教育的变革，教育变革亟须新型教师的培养。从整个教育体系内部来看，教师的发展一方面基于一线教师所置身的基础教育领域；另一方面则主要有赖于高等教育机构，特别是高等教师教育机构对于教师的培养与培训。可以说，教师教育一方面直接服务于基础教育，另一方面又与高等教育的发展密切关联。因此，从新时期我国整个教育变革的需求看，教师教育的发展也表现为一种双重的适应性。一方面是对高等教育的适应性，另一方面是对基础教育的适应性。

一、基础教育变革与教师教育政策

新中国成立以前我国的基础教育十分薄弱。1949 年中华人民共和国成立后，国家对基础教育的发展非常重视，特别是 1978 年改革开放以后，我国基础教育事业更是进入了一个新的发展时期。这可以从一系列的政策和法规中体现出来。

1985 年中共中央发布的《关于教育体制改革的决定》中提出了"实行基础教育由地方负责，分级管理的原则"，极大地调动了地方各级政府办学的积极性，也极大地鼓舞了在职教师的工作积极性。1986 年颁布的《中华人民共和国义务教育法》是中国的基础教育走上法制化轨道的开端。1993 年中共中央、国务院颁布的《中国教育改革和发展纲要》指明了到 20 世纪末中国基础教育的发展方向和基本方针。1999 年初国务院批转了教育部制定的《面向 21 世纪教育振兴行动计划》，这一计划是教育战线落实"科教兴国"伟大战略的具体举措，是在落实《中华人民共和国教育法》及《中国教育改革和发展纲要》基础上提出的跨世纪教育改革和发展的施工蓝图。1999 年 6 月，中共中央　国务院发布了《关于深化教育改革全面推进素质教育的决定》，为构建 21 世纪充满生机活力的具有中国特色的社会主义教育体系指明了方向，其中明确规定了我国全面推进素质教育的指导思想和基本策略。2001 年教育部颁布的《基础教育课程改革纲要（试行）》拉开了我国基础教育新一轮课程改革的序幕。2004 年，国务院批转了教育部制定的《2003—2007 年教育振兴行动计划》，其中提出实施"新世纪素质教育工程"，为素质教育在新世纪的继续推进提供了依据。2006 年我国修订完善了《中华人民共和国义务教育法》，在基本普及义务教育的基础上，对基础教育的进一步巩固和提高做出了法律保障。2007 年，国务院批转了教育部制定的《国家教育事业发展"十一五"规划纲要》，其中指出了全面实施素质教育、贯彻实施义务教育法、普及巩固九年义务教育等发展基础教育的纲要。

我国基础教育事业在过去的 70 余年中取得了丰硕的成果。2023 年全国教育事业发展统计公报的数据显示，全国共有幼儿园 28.92 万所，在园幼儿（包括学前班）4 627.55 万人，幼儿园专任教师共 324.42 万人。全国共有小学 14.91 万所，在校生 1.07 亿人，小学学龄儿童净入学率达到 99.96%；小学全职教师 663.94 万人，全职教师合格率 99.99%，本科以上学历比例

74.53%。全国共有初中 5.25 万所，在校学生 5 120.60 万人；全职教师 402.52 万人，合格率 99.94%。全国共有普通高中 1.50 万所，在校学生 2 713.87 万人；专任教师 213.32 万人，合格率 99.03%。①

在迎接知识经济的挑战中，教育是百业之基。教育越来越成为具有先导性、全局性、基础性的知识产业和关键的基础设施，教育已经置身于国家优先发展的战略重点地位。基础教育作为整个国家教育事业最基本的组成部分，适应新时代发展的需要，必须继续深化改革，素质教育改革与基础教育课程改革是我国新时期对于基础教育所推行的两项重大改革。

课程是学校教育的"心脏"，对应试教育模式下的学科本位课程体系做出改变，建构与时代精神相契合的、旨在培养和提高人的素质文明的课程体系，是实施素质教育首先要考虑的领域。21 世纪初实施的基础教育新课程改革是我国当代素质教育的重大举措，它开启了我国素质教育改革的新征程。从整体上看，我国 20 世纪 90 年代以来的基础教育改革是以素质教育为导向的教育变革。素质教育作为一个宏观的、发展的概念，在基础教育不同领域、不同时期的改革中，其具体内容可能有所区别，但素质教育的基本特征是不变的。这主要体现在：第一，全体性。以往的传统教育过分注重选拔，是面向少数学生的"精英教育"；素质教育是全民性的教育，目的在于提高全国人民素质。第二，全面性。应试教育将人的基本素质各个要素割裂开来，只抓住了素质的一个方面——智力的培养；素质教育则重视人的全面发展，主张各类知识传授的有机综合与联系。第三，主体性。传统的应试教育常常缺乏对于学生的独立人格的真正尊重，学生在相当程度上处于被动地位；素质教育则更加追求人的独立个性品质的养成与发展，真正视学生为认知体、生命体，有助于在师生之间构建一种新型的和谐民主关系。第四，发展性。素质教育不仅仅注重学生知识和技能的培养，更注重学生学习能力、潜能和个性的发展。第五，开放性。传统的应试教育往往割裂了人的教育，把课堂作为中心，这样，教育便只局限于课堂和书本知识；素质教育要求打破学校局限，建立起学校教育、家庭教育和社会教育三者有机结合的教育网络，以及学科课程、活动课程和潜在课程相结合的课程体系。第六，人本性。素质教育秉持以人为本的基本理念，人的本性的表现可以体现在教育活动上。真正的素质教育以学生为中心，充分

---

① 教育部. 2022 年全国教育事业发展统计公报［EB/OL］（2023-07-05）［2023-07-20］. http：//www. moe. gov. cn/jyb_ sjzl/sjzl_ fztjgb/202307/t20230705_ 1067278. html.

研究青少年的心理、行为、特征、兴趣等，全面合理制订教育计划，再以正确的方式对待学生。①

从世界各国和我国教育改革的经验来看，素质教育的推行不能缺少高素质的教师。确立新型的教师观是造就高素质的师资队伍的前提，而新型的教师观意味着教师角色将发生转变，因此，新时期的中国教师应把实现自身角色的转变放在第一位，具体说来包括以下几个方面：

第一，教师要从"传授者"转变为"促进者"。传统教育中，教师是知识的象征，也是知识的传递者，是学生知识的仅有来源。但是，时代在发展，教师的职能已经从传授知识向引导学生获取知识转变，教师是学生学习与发展的促进者和引导者。

第二，教师要从"权威者"转变为"合作者"。传统教育中，教师是知识的权威，向学生传输知识就是教师的任务，学生不得不被动地接受教师所传输的知识。随着时代的发展，教师更多的是以合作者的身份参与学生的学习。

第三，教师从"复述者"转变为"研究者"。在传统教育中，教师作为有知识的复述者，在教育教学活动中却难以形成个人的思想和观点。新时期倡导反思型教师，需要教师成为研究型、专家型教师。

第四，教师由技术人员转变为富有人性的教育者。受科学主义思潮影响，人们习惯于从技术操作层面和功利主义的角度来认识和对待教育与教师角色。有一段时间，教师被看作工程师、技术人员，学校被视为可以批量生产的工厂，学生成为产品。新时期的教育是以人为本的教育。教育是人的教育，是人的事业。在教育工作中尽量体现和突出人性完善与发展的要求，是教师应该做到的。

基础教育的变革使教师角色发生了转变，而教师角色的转变必然会对教师教育提出新需求。这使得与原有基础教育发展相匹配的教师教育体系难以满足新时期教育发展的需要，表现出诸多方面的不适应性。

一是教师教育体制的不适应性。教师素质的可持续发展是新课程改革对教师的必然要求，这就需要教师教育职前、职后一体化，并且由教师在职培训的学历补偿型教育逐步向规范化、制度化的继续教育体制转变。从教师教育现状看，我国的教师教育长时间处于职前培养与职后培训相分离

---

① 周冰洁. 素质教育的基本特点及几个认识误区的探讨 [J]. 当代教育论坛, 2006 (6): 55-56.

的状态。教师的职前培养基本上由师范院校承担，职后培训、在职进修则由教育学院、教师进修学校等独立实施。这种局面在相当程度上阻碍了教师素质的可持续发展和各方面能力的系统性提高。

二是教师教育培养目标的不适应性。新时期教师教育的培养目标要立足于培养基础扎实、知识广博、能够适应未来社会需要的复合型、应用型、有后劲的人才。它更加强调创新能力的培养，注重个性潜能的挖掘。传统的高等教育培养是培养某一学科的高等专门人才，表现为传授专业范畴内的基本知识、基本理论和基本技能基础。教师教育的培养目标较低，小学教师的资格设定在中等教育水平，初中教师则定位在专科水平。这样的培养目标对培养高质量的师资队伍不利，不符合素质教育的要求。

三是教师教育课程的不适应性。课程体系缺乏灵活性和多样性、课程结构不尽合理、教学内容特别是教育类课程和教学内容相对陈旧、教学方法机械保守、教学手段落后等问题是我国当前高等师范（以下简称"高师"）教育课程设置的主要弊端。新教师素质的全面培养和能力提高或多或少会受此影响。因此，须在课程结构、课程内容及课程教学方式上进行全面优化，从而实现课程结构的多样化和规范化、课程内容的现代化和综合化，以及以自主、对话、研究为特征的课程教学方式。

除此以外，我国教师教育实习观念落后，实习时间过于集中且短暂，实习内容狭窄，重学科教学轻实践探索，实习管理不规范，实习评价不合理，等等，这些都与新时期基础教育的要求不相符。教师教育的评估方式不全面，缺乏变通，缺乏柔性测试方法，无法满足新时期教师素质评估的目的。

在此基础上，高等师范院校作为培养中小学教师的主营地，必须实施相应的改革，努力探索一条适应基础教育发展需求的新型教师教育发展之路，这也是师范类大学教育教学改革的紧迫课题。

二、高等教育普及化与教师教育政策

《面向 21 世纪教育振兴行动计划》明确规定了我国高等教育毛入学率在 2010 年要达到 15% 的目标，在"十五"规划中这一目标又被提前到了 2005 年。1999 年，我国高校正式实施连续大规模的扩招，标志着高等教育大众化进程的开始。

随着经济、政治和科技体制的改革，我国高等教育改革也不断深化。

进入 21 世纪后，我国高等教育扩大办学规模、提高教育质量和办学效益的改革举措不断推出并深化，高等教育大众化、多样化、综合化、国际化等趋势和特点非常明显。

20 世纪 70 年代初，美国著名教育社会学家马丁·特罗在《从大众向普及高等教育的转变》和《高等教育的扩展与转化》中提出了高等教育发展阶段划分的理论：当一个国家大学适龄青年中接受高等教育者的比例在 15% 以下时，属于英才高等教育阶段；比例为 15%～50%，属于大众化高等教育阶段；比例在 50% 以上，则属于普及化高等教育阶段。这一划分如今通常被作为国际通用指标来衡量一个国家的高等教育发展水平。我国高等教育的毛入学率在 1990 年只有 3.4%，1995 年为 7.2%，2000 年达到 12.5%，2002 年就达到了 15%，开始步入大众化高等教育阶段。据教育部高等教育司司长吴岩介绍，中国高等教育的毛入学率从 2012 年的 30% 提升至 2021 年的 57.8%，实现了历史性跨越，高等教育进入普及化发展阶段。①我国建成了世界最大规模的高等教育体系，高等教育普及化成为新时期我国高等教育发展的最显著特点。

1. 高等教育从英才阶段到普及化阶段，带动了整个教育系统的变革

教师教育作为高等教育大系统的一个有机组成部分，普及化的浪潮必然深刻地影响着教师教育的发展。2003 年，教育部组织专家对 10 个国家和地区的教师教育发展历程进行调研与比较研究，结果表明，高等教育入学率对教师教育变化发展的影响占比最大，高等教育入学率达到 15%～20% 时，是教师教育本科化、综合化发展趋势明显集中的时期。在我国，高等教育大众化和普及化所引发的教师教育变革也开始表现为高学历层次化和综合化的趋势。高等教育大众化和普及化使高等教育供求关系发生变化，促进了教师教育的布局结构向高水平方向调整。高等教育发展到英才阶段时，因为接受高等教育的人数不多，因此毕业生人数无法满足社会需求。随着高等教育的发展，扩大招生数量是必然选择，供小于求的局面逐渐被供需平衡乃至供大于求的局面所替代。在供大于求的情况下，竞争主要表现在学校是不是名牌、学校培养学生是否具有特色等方面。大学生就业由过去的"卖方市场"向"买方市场"转变。在今后很长的时间内，高等学校毕业生就业都将处于"买方市场"，在社会需求总量增加不明显的时期，

---

① 高等教育：从大众化到普及化 [EB/OL].（2022-05-30）[2023-03-20]. http：//dxs. moe. gov. cn/zx/a/jj/220530/1765191. shtml.

毕业生层次间的挤占岗位效应将会形成一个趋强的趋势，同层次、相同专业毕业生的名牌高校与普通高校之间的竞争、培养质量和特色的竞争将格外激烈。毕业生整体求职的成本和时间也将扩大和延长。

具体考察教师教育领域，毕业生供大于求局面的出现相当程度上的原因是师范院校过多。加之非师范生进入教师职业领域，师范生的岗位竞争就会更加激烈。为了解决这一问题，教育部下发了《关于师范院校布局结构调整的几点意见》，明确提出师范教育层次结构重心逐步上移的改革目标，即要从旧三级师范高师本科、高师专科、中等师范逐步向新三级师范高师研究生、高师本科、高师专科过渡。中等师范教育机构及其招生人数的逐年减少以至最终走向终结，高等师范教育机构招生人数的逐年增加，是我国教师教育结构向高水平方向调整的集中体现，也是我国高等教育大众化的必然要求。

2. 高等教育普及化使得高等教育多样化，要求师范院校办学形式及培养目标进行调整

马丁·特罗指出，高等教育系统的特点随着不同的发展阶段而改变，在英才高等教育阶段，高等教育具有高度统一性，而大众化高等教育阶段的主要特点之一是多样性。随着我国高等教育进入大众化阶段，高等教育的目标、体制和结构越来越多样和复杂，这就为我国教师教育的改革提供了一个平台。

与此相对应，高等教育的多样性也对各种类型和形式的教师教育沟通与结合提出了要求，需要教师教育职前与职后培养一体化，为初等教育、中等教育与高等教育所进行的教师培养，为普通学校与职业学校、专业学校、技术学校所进行的教师培养能相互融通。教师的学历教育、继续教育，全日制、半日制、在职进修、脱产学习、远距离教育等教育形式能日益结合。在这种趋势下，以往师范院校那种单一的培养体制已经无法满足时代发展的需求，师范院校的体制创新也提上日程。

3. 高等教育普及化对高等教育，包括教师教育的综合化改革起促进作用

随着高等教育普及化时代的到来，教育同经济、科技、社会发展的联系更加密切。高等教育的结构必须要与社会发展的需要相一致。新的时代要求综合型人才，高等院校的专业设置也一定要满足这种要求，必须对专业的综合化进行设置。高等学校综合化，是高等学校在社会主义市场经济

条件下，依照《中华人民共和国高等教育法》，面向社会，自主办学，求生存、求发展的必然选择。

为努力适应高等教育综合化的要求，许多综合大学开始设立教师教育学院进行教师教育，师范院校也开始尝试设置非师范类专业。然而，随着中小学教师供求关系发生变化，社会对中小学教师的学历要求慢慢提高，对教师教育机构的要求也随之提高，师范院校拓宽专业领域向综合性发展和综合大学等高校参与教师教育已经成为新时期的必然。师范院校综合性发展是提高教师教育质量的必由之路，世界教师教育发展史证明了这一点，中国教师教育发展也要遵循这一规律。

第三节　中小学教师队伍与教师教育政策

改革开放以后，我国中小学教师队伍建设主要分为 3 个阶段：恢复期（1978—1992 年），教师的重要地位得以确立；发展期（1993—1998 年），《中国教育改革与发展纲要》从 7 个方面分析了教师队伍建设，这是一个法制化的过程；成熟期（1998 年至今），教师队伍进入专业化的发展阶段。我国教育事业发展统计公报的数据印证了改革开放 40 多年来我国中小学教师队伍建设方面的成就。这一成就是教师教育发展所做出的贡献。

一、中小学教师供求关系的变化与教师教育政策

中华人民共和国成立以来，我国基础教育教师队伍经历了一个长期的规模与数量扩张过程。从 1949 年到 2020 年，我国人口（除港澳台地区）从 4.5 亿增长到 14.12 亿。与此同时，小学净入学率增长到 99.96%，初中毛入学率增长到 102.5%，高中毛入学率增长到 91.2%。从 1949 到 2020 年，小学在校生从 2 439.1 万增长到 10 725.35 万，初中在校生从 83.2 万增长到 4 914.09 万，普通高中在校生从 20.7 万增长到 4 163.02 万。为了满足基础教育增长的需求，教师教育系统持续向基础教育提供大批新师资。从 1949 年到 2020 年，小学教师从 84.9 万增长到 643.42 万，普通中学教师从 10.4 万增长到 386.07 万。[①] 这些数据表明，新中国成立以后的一段历史时期内，我国的中小学教师长期处于总量不足的状态，教师教育一直处于数量扩张

---

① 教育部. 2020 年全国教育事业发展统计公报［EB/OL］. （2021-08-27）［2022-03-20］. http：//www. moe. gov. cn/jyb_ sjzl/sjzl_ fztjgb/202108/t20210827_ 555004. html.

的过程中。现实也说明，如果没有教师教育的迅速发展，服务如此大规模的基础教育是很难实现的。进入 21 世纪后，我国中小学教师的供求关系慢慢发生改变，已从 20 世纪 90 年代的整体性紧缺向结构性过剩转变，这种供求趋势将为教师队伍结构性调整和较大幅度提高整体素质提供有利的时机。

中小学教师的结构性过剩，一方面在层次和结构上集中表现为小学教师相对过剩，初中教师略有富余，高中教师严重缺乏；另一方面，在师资分布上表现为中小学教师队伍存在着城乡之间、学科之间较严重的不均衡现象。结构性过剩现象的产生是多种因素综合作用的结果。

第一，我国人口政策导致的学龄人口结构因素。因为计划生育政策的成功实施和人们生育观念的改变，到 20 世纪末我国控制住了人口不断扩张的局面。小学学龄人口明显减少，初中学龄人口也开始减少，高中阶段的学龄人口开始进入高峰阶段。小学和初中学龄人口的减少必然会导致小学和初中教育的相对萎缩，使小学和初中在校生人数减少。而高中学龄人口的增长要求高中阶段教育规模持续扩张，使高中在校生人数持续增长。这使得我国教师供求关系由总量不足向结构性失衡转变，这一矛盾集中表现在小学和初中阶段，即教师数量出现结构性过剩，而高中阶段的师资总量无法满足需求。近几年我国生育政策的放开，也会导致学龄人口结构的变化，影响到不同层次师资供求的变化。

第二，高等教育普及化的影响。根据马丁·特罗提出的高等教育大众化指标，我国在 2020 年高等教育毛入学率达到 54.4%，这一数据体现了我国高等教育由英才阶段向普及化阶段转变的正式实现。高等教育普及化的实现为教师教育的高学历化和综合化提供了推动力，使我国的师资储备更加富余。到 2020 年，我国各类高等教育总规模达到 4 183 万，比 2019 年提高了 2.8 个百分点。从另一方面来看，高等教育普及化也使师资的质量显著提高。小学教师的学历结构在 1997 年时是以高中以下学历为主的，如今已经转变为以本科学历为主，2023 年本科以上学历比例达到了 74.53%。本科学历的教师成为初中阶段师资队伍的主导，2023 年初中教师学历合格率达99.94%。专科以下学历的教师群体已逐渐消失。高中阶段，2023 年学历为本科及以上的教师占比达 99.03%。随着教师学历的整体提高，我国提出了新的战略目标：以本科化为导向，逐步提升中小学教师的学历层次。总而言之，高等教育普及化为教师教育的战略性调整带来了巨大的影响，给予了这一战略所需要的良好而宽松的人力资源环境。

第三，教师职业对公众吸引力的增强。教师工资待遇、社会地位等因素直接影响着教师职业供求状况。改革开放以来，党和国家十分重视教师队伍的建设，为了提高教师这一职业的社会地位，党和国家针对相关问题采取过许多重大措施。一是大幅度提高教师的收入水平。2023 年 8 月 31 日，教育部举行新闻发布会，介绍高素质教师队伍建设进展成效。财政部科教和文化司副司长马宏兵在会上表示，保障教师待遇水平稳步提高：各级财政部门在持续增加教育投入的同时，优化经费投入结构，教育投入更多向教师工资待遇倾斜，着力巩固完善中小学教师待遇保障机制和收入分配激励机制，不断提高教师工资收入水平，切实保障教师合法权益。马宏兵表示，"2018—2022 年，我国专任教师从 1 672.85 万人增长到 1 880.36 万人，年均增长 3%。同期，国家财政性教育经费支出中教师工资福利支出年均增长 8%，占国家财政性教育经费支出的比例从 61% 增长到 63.4%，占比提高 2.4 个百分点"①。二是着力改善教师的住房条件。2022 年 4 月，教育部联合八部门发布《新时代基础教育强师计划》，承诺解决好教师队伍的住房困难问题。努力实现乡村教师在学校有周转宿舍，在县城有稳定住房。住建部曾采取一些举措帮助广大教师解决住房问题。截至 2021 年底，住建部通过提供公租房的形式为全国 26 万乡村教师及 36 万青年教师解决了住房困难问题，但未触及根源问题。此次发文明确提出通过住房保障体系来解决教师群体的住房困难问题。政策措施包括：① 符合当地规定的公租房准入条件、住房和收入困难的教师，可以申请公租房实物房源或租赁补贴；② 地方落实国家政策，支持学校利用自有存量土地和房屋来建设保障性租赁住房等，增加保障性租赁住房供给，帮助教师缓解住房困难；③ 年轻教师工作一段时间有了一定的积累以后，可以通过购买共有产权住房来拥有合适的住房；④ 发改委继续大力建设教师周转宿舍，力争改善乡村支教、交流和特岗教师的基本生活条件。从当前的政策可以看出，国家正在逐步为教师安心教学提供根本保障，解决广大教师的"急难愁盼"问题，从而增添教师的职业幸福感。② 三是国家针对教师队伍的建设先后颁布了一系列相关法律法规，

---

① 粟裕. 财政部：教育投入更多向教师待遇倾斜 不断提高教师工资收入水平 ［EB/OL］. （2023-08-31）［2023-09-02］. https：//baijiahao. baidu. com/s？ id = 1775713875256405832&wfr = spider&for = pc.

② 国家完善教师住房问题 ［EB/OL］. （2022-04-24）［2023-05-20］. https：//www. gzstv. com/a/9d26e1ff57474b39b90a42a2ed0bfb7a.

如《中华人民共和国教育法》《中华人民共和国教师法》《中华人民共和国高等教育法》和《教师资格条例》等，依法保障教师的社会地位，使教师这一职业更加稳定。这些举措使我国教师的经济地位和社会政治地位得到不断提高。正因如此，教师职业逐渐成为令人羡慕并且向往的职业。把越来越多的高层次人才的目光吸引过来，并让他们选择从事教师行业，这会为社会逐步提高对教师的素质和质量要求提供更大的可能性。

综上所述，在多种因素的共同作用下，现如今我国形成了中小学教师结构性过剩的局面，这一现象表明，我国教师教育在这一特定的时期内有希望摆脱长期以来疲于应对教师数量增长问题的状态，为提高教师素质和质量这一基本目标提供了可能。可以这样认为：中小学教师大规模的结构性过剩现象为大幅提高中小学教师以学历水平为核心的综合素质提供了难能可贵的历史机遇。

二、教师质量的提高与教师教育政策

现如今，我国中小学教师队伍建设顺利展开的重点和难点在于"质"的问题。一方面，教师质量是基础教育发展的生命线，在这关键的历史时期，只有提高师资队伍"质"的整体水平，才能真正做到促进基础教育的良性发展。另一方面，我国当前教师的综合素质还有待提高，与所期望达到的水平还有很大一段距离。因此，教师结构还有待进一步优化，教师质量和综合素质的提高还有很长一段路要走。

（一）教师的整体学历水平偏低

新中国成立以来，中共中央提出了"建设稳定、合格的教师队伍"的知识分子政策，并为改善新中国成立之初教师的"三低"（待遇低、地位低、质量低）局面出台了各项措施。1951 年，在第一次全国初等教育及师范教育会议上，时任教育部部长马叙伦在开幕词中明确指出中等师范学校的首要任务是培养小学和部分工农业余学校的师资。1953 年政务院颁布的《关于整顿和改进小学教育工作的指示》进一步指出，提高小学教师质量是办好小学教育的决定因素。到 1963 年，小学专任教师中初等师范学校、初中肄业以下学历仅占教师总数的 18.4%，比 1953 年降低了 29.9%。1962年，小学民办教师仅占教师总数的 20.2%。1978 年，小学专任教师中初等师范学校、初中肄业以下学历占比上升到 34.3%，民办教师更剧增到 65.4%①，此时，普通初中专任教师中中专、高中肄业及以下学历占比上升到 28.41%，普通高中专任教师中中专、高中毕业及以下学历占比上升到 46.8%。

改革开放以后，为了改善中小学师资队伍总体学历水平偏低的状况，国家采取了多种措施，例如增加在职教师的进修机会；为大部分民办教师提供严格的培训，使其通过考核后转为公办教师；大力发展师范教育；等等。经过 40 多年的不断努力，我国中小学教师的学历水平获得了显著提高。

首先，中小学教师学历层次整体大幅度提升。小学阶段的教师中，整体学历从 20 世纪 80 年代的最高层次为中等师范学校、高中及以上，最低学历层次为初等师范学校、初中肄业及以下，发展为 1997—2020 年最高学历层次为研究生，最低学历层次为高中以下。初中阶段教师，从 20 世纪 80 年代的最高学历层次为高等院校本科及以上，最低学历层次为中专、高中肄业及以下，发展为 1997—2020 年最高学历层次为研究生，最低学历层次为高中以下。高中阶段教师，从 20 世纪 80 年代的最高学历层次为高等院校本科毕业及以上，最低学历层次为中专、高中毕业及以下，发展为 1997—2020 年最高学历层次为研究生，最低学历层次为高中以下，直至 21 世纪之初最低学历提高到高中。由此说明，我国教师队伍的整体学历层次得到了显著提升，且仍在逐步提高。

其次，中小学教师中，高学历层次教师在所有教师中的占比逐渐增加。小学阶段，1981 年中等师范学校、高中毕业及以上学历层次教师占比为 51.8%。2022 年，小学阶段专任教师学历合格率 99.99%，生师比 16.19∶1；初中阶段专任教师学历合格率 99.94%，生师比 12.72∶1；高中阶段，普通高中教育专任教师学历合格率 99.02%，中等职业学校专任教师本科及以上学历比例为 94.86%，"双师型" 教师比例为 56.18%。由此可见，我国中小学教师学历合格率不断提高。②

从以上的数据及分析中可以看出，改革开放 40 多年来，在我国中小学教师队伍中，高学历教师所占的比例越来越大，低学历教师所占的比例日

① 《中国教育年鉴》编辑部. 中国教育年鉴（1949-1981）［M］. 北京：中国大百科全书出版社，1984：125.

② 教育部. 2022 年全国教育事业发展统计公报［EB/OL］.（2023-07-05）［2023-08-02］. http：//www. moe. gov. cn/jyb_ sjzl/sjzl_ fztjgb/202307/t20230705_ 1067278. html.

趋减少，学历层次有了大幅度提升。因此，可以毫不夸张地说，我国中小学教师队伍的学历水平有了质的飞跃。然而，与世界教育发达国家和地区相比，我国中小学教师的学历水平仍然明显偏低，这一点从各国的教师入职学历要求中可以看出：按照 1993 年颁布的《中华人民共和国教师法》规定，小学、初中、高中教师的合格学历标准分别为中等师范学校、专科与本科。而在 20 世纪，世界上一些教育发达国家和地区大都提出了小学教师学历层次达到大学本科水平的培养目标，有的国家甚至已经对中小学教师提出大学后和研究生层次学历和教育水平的要求。

目前，与国内其他行业的从业人员相比，我国小学教师的学历水平明显偏低。2000 年，我国小学教师总数为 5 860 316 人，其中具有本科学历的人数为 58 765 人，占总数的 1%；具有专科学历的人数为 1 116 057 人，占总数的 19.04%。小学教师中具有本科学历的百分比远远低于 2000 年管理人员中本科学历的百分比 11.39%、专业技术人员中本科学历的百分比 13.54%、办事员中本科学历的百分比 8.8%。2002 年，我国小学教师总数为 5 778 853 人，其中具有本科学历的人数为 124 678 人，占 2.15%；具有专科学历的人数为 1 786 756 人，占 30.9%。2002 年，我国小学教师中具有本科学历的比例，仍远远低于管理人员、专业技术人员和办事员中本科学历的比例。2002 年，小学教师具有专科学历的比例也明显低于管理人员、专业技术人员和办事员中专科学历的比例[1]。

（二）教师的专业化水平不高

1993 年颁布实施的《中华人民共和国教师法》以法律的形式明确了教师职业是一个专门化的职业。但是，我国教师的专业化水平与教育发达国家和地区相比还有较大差距；即使是与国内其他专门化职业如医生、律师和会计师等相比，教师的专业化程度也比较低。目前我国教师的专业化还处于探索阶段，与世界教育发达国家的教师专业化程度相比还有一定的差距。具体表现在以下几个方面[2]：

第一，专业意识薄弱。我国还有相当数量的教育行政工作者、校长和教师没有认识到或形成教师这一职业所应有的专业化意识，并没有将教师职业视为一种专业。在他们心中，教学工作是枯燥无味且简单重复的。这

---

① 中国教育与人力资源问题报告课题组. 从人口大国迈向人力资源强国 [M]. 北京：高等教育出版社，2003：143.

② 乔仁洁. 我国教师专业化的现状及发展策略探析 [J]. 教师教育研究，2007（9）：79-81.

样一种消极认识造成的后果是很多教师在工作中缺乏教育所需要的主动性和创造性。

第二，专业能力欠缺。我国很多教师的专业能力不足，不能良好地适应社会发展的需要。相当一部分教师安于现状，从不主动增强自己的教学实力，缺乏自我发展的动力，不努力提高实践能力，甚至有些人认为这些会给自己的工作增添不必要的负担。

第三，专业知识老化。部分教师缺乏终身学习的意识，从师范院校毕业后就停止了学习，没有意识到应该根据时代的变化及时更新自己的知识，学习更多教育方面的知识，导致自己的知识水平还停留在从师范院校毕业时的程度，无法跟上时代的脚步。

第四，专业研究不足。许多教师的科研能力较差，他们把主要精力放在了完成教学任务上，并没有花足够的时间去进行教育教学研究，甚至在部分老师的心中，科研与教学是相互对立的，从未把对教育教学的研究视为提高自身水平的途径。

（三）教师队伍存在结构性的矛盾

教师队伍的结构性矛盾体现在两个方面：一方面，表现为高中及高等教育阶段师资出现结构性总量不足的现象，小学和初中阶段却恰恰相反，呈现出结构性过剩的局面。另一方面，结构性矛盾还表现为中小学教师队伍存在城镇与乡村之间、不同学科之间较为严重的不均衡现象。这里，我们主要探讨城乡之间和学科之间的不均衡现象。

第一，城乡之间的教师队伍结构性差距较大，协调失衡。2009 年 9 月 11 日，时任教育部部长周济在国务院新闻办公室发布会上介绍了新中国成立 60 年来教育事业发展成就等方面的情况，在回答记者提出的关于农村地区教师整体素质偏低等问题时，他表示，经过 60 年的努力，我们已经建立起一支有 1600 万人的教师队伍；现在城乡之间教育还存在着比较大的差距，最重要的差距就是教师队伍的质量。① 城乡教师队伍的差距主要表现为：① 数量不均衡。从数量上来看，各地学校师资数量整体上呈上升趋势，这是政府大力支持的结果。然而，城乡师资配置越发不均衡。更多优秀教师流入城市，使城乡师资的数量差距越来越大。② 质量不均衡。这主要体现在学历水平的差距，以及骨干教师的聚集和流失上。③ 结构不均衡。这主

---

① 教育部. 城乡之间教育最重要的差距是教师队伍差距［EB/OL］.（2009-09-11）［2023-05-20］. https：//news. ifeng. com/mainland/200909/0911_ 17_ 1344746. shtml.

要体现在城乡教师的性别结构和职称结构的不合理上。根据这些实际情况，我国中小学阶段城乡教师的结构性失衡状况可见一斑。

第二，中小学教师学科结构存在不合理现象。学科结构是不同专业及学科的教师构成状态及不同学科教师的数量、比例关系。根据开课情况，中小学主要有以下学科：语文、数学、英语、政治、历史、物理、化学、生物、地理、信息技术、文学、美术、体育、音乐、社会、自然等。受开课尤其是考试的影响，长期以来，不同的年级中不同的学科有主科、副科之分。在小学，语文、数学是主科，其他科目为副科。在初中，语文、数学、外语是主科，其他科目为副科。在高中，语文、数学、外语是主科，其他科目的情况根据考试要求来判断：如果高考要考则为主科，否则为副科。在如今的社会，不论是学校、家庭还是学生都很重视主科，投入的时间、经费、精力较多，副科则相对不被重视。因此，当前中小学校中主科教师一般比较充足，副科教师却会出现人手不够的问题，中小学信息技术教育教师、心理教育教师、综合课教师比较缺乏。另外，我国小学阶段的外语教师数量也相对不足。

中小学教师队伍整体学历偏低、专业化水平不高，以及结构性失衡使得我国教师队伍整体质量偏低，教师综合素质水平不高，严重阻碍了教育改革的发展进程，使教育难以与社会经济发展齐头并进。因此，必须采取相应措施改善这一现象。在教育发展的新时期，教师教育机构作为培养教师的摇篮，担负着提高师资队伍的学历和专业化水平、优化教师结构的使命。教师教育机构必须承担相应的责任，而这首要条件就是实现教师教育机构自身的调整与变革。

当代社会是市场主导型社会和信息化社会，当代的教育是以人的全面发展为目标的基础教育和以大众化为特征的高等教育。这种社会和教育改革理念，为我国教师教育的转型提供了良好条件与适宜的外部环境，使教师教育的观念革新、制度创新和结构更新有了更大可能。但是，如今的教师教育情况不容乐观，因为从目前种种现象来看，我国教师教育的理想与现实之间还存在着很大的差距，教师教育观念、体制、结构依然落后，中小学师资队伍总体质量仍旧呈现水平偏低的现状，这也使得教师教育的转型显得格外必要。因此，我国教师教育要认清形势，抓住机遇，敢于并善于对自身进行全方位、多层面的改革，以便在提升自己的同时，满足教育与社会转型的需要。

新时期教师教育政策的理念与目标

社会的转型与教育的发展，势必会促进我国的教师教育进行相应的变革。在对教师教育变革的目标与政策取向进行研究与界定时，既要考虑社会转型，特别是教育整体的影响和要求，又要考虑到新时期教师教育发展的规律和特点，梳理出指导新时期教师教育发展与改革的基本理念，进而以此为基础系统分析与研究教师教育的目标及相应的政策措施。

第一节　新时期教师教育政策的理念基础

思想是行动的先导，理念是政策的指南。只有形成正确的教育思想和理念，才能制定正确的教育政策举措。当前，教师专业化、终身教育和教育均衡发展这 3 个基本理念以其自身重要的价值特性，对各国教师教育变革产生了深刻影响，也成为我国新时期教师教育政策研究与制定的基本理念。当然，新时期教师教育政策的制定也要能够走出传统的理念误区，遵循实践理念。

一、教师专业化理念

1. 教师专业化理念的主张

溯根求源，教师专业化的实践是从 17 世纪 80 年代在法国诞生的"教师讲习所"开始的。"教师讲习所"不仅是国际师范教育的开始，也可以称为教师专业化的发端。因为从此时开始人们不仅认为教师需要专门的培养，也设置了专门的培养机构和课程。但是在相当长的时间里，师范教育的主要内容仅仅停留在职业技能的训练上，师范教育的理论思考和研究并未受到关注，教师要像医生、律师一样成为专业人员的思想也没能形成。

到了19世纪末20世纪初，由基础教育的发展而引发的师范教育制度普遍建立后，教师质量问题逐渐受到重视，教师专业化的思想萌芽也开始孕育。第二次世界大战之后，特别是20世纪60年代以西方国家为代表的世界发达国家的教育面临种种问题与责难之后，关注与提高教师质量的需求引发了国际社会对教师及教师培养的研究。顺应这种形势，联合国教科文组织和国际劳工组织在1966年发布了《关于教师地位的建议》，这一报告在教师专业化历程中具有里程碑意义，它明确提出，应把教育工作视为专门的职业，这种职业要求教师经过严格的、持续的学习，获得并保持专门的知识和特别的技术。报告问世后，教师专业化的思想广为传播，并且逐渐成为教育改革与发展、教师队伍建设，以及教师教育的指导思想和基本理念。1996年，联合国教科文组织召开第45届国际教育大会，大会进一步提出，在提高教师地位的整体政策中，专业化是最有前途的中长期策略。在国际组织的倡议下，加之学者的研究与呼吁，各国政府部门也对此做出了相应的呼应，推进教师专业化成为社会的广泛共识①。

从历史上典型的专业，如医生、律师的发展历程和社会学的视角来看，一种职业要获得专业的地位，一般来说至少应该具备以下3个方面的特征：第一，专门性职业具有不可或缺的社会职能，即只有具备不可替代的社会职能，才能获得社会的认可和尊重，才能成为具有较高社会地位和经济地位的专门性职业。第二，专门性职业具有完善的专业理论和成熟的专业技能，也就是说，专门性职业的地位是建立在其具有不可或缺的社会职能基础上的，而其社会职能的实现需要有完善的专业理论和成熟的专业技能为保障，只有这样才能更好地发挥其社会职能，并拒绝非专业人员的进入。第三，专门性职业拥有高度的专业自主权和权威的专业组织，专门性职业的专业活动需要以系统的专业理论和成熟的专业技能为保障，非专业人员不具备专业理论与技能，不仅无法从事专业活动，也没有资格干预或评价专业人员的专业活动，因此专业活动只能由专业人员和专业组织来负责。

教师专业化理念的提出及其成为政策制定和实施的基础，需要基于两个社会条件：① 教师队伍建设从关注数量满足向关注质量提高转变，因为解决师资数量不足的问题无需教师专业化的涉入，而要提高教师队伍的质

---

① 张福建. 论教师专业化的实施途径 [J]. 教育评论, 2003 (3): 34.

量，实现教师专业化是根本前提，也是重要途径。第二次世界大战之后，各国的教育得以迅速地恢复与发展。随着规模的扩张，教育质量问题逐渐突显出来，特别是到了 20 世纪 60 年代中期，一些西方发达国家因为出生率下降致使教师需求量减少，而教育的质量问题并没有得到很好解决，公众对教育水平低下的抱怨引发了对教师及教师教育的批评，切实提高教师质量成为必然的选择。② 高等教育的快速发展为提高教师质量奠定了基础。接受长期的教育与训练是提高教师质量的重要途径，学历层次的提升虽然不能保证每一个受教育者都能达到预期的质量目标，但从整体来看，学历层次与质量之间具有较高的正相关。20 世纪以来，世界上教育发达国家的教师教育，从中等教育水平的师范学校教育发展到高等教育程度的师范学院教育，从师范院校的独立培养转变为综合大学的本科教育加大学后专门的教育课程训练，特别是二战之后，伴随着发达国家高等教育大众化步伐的加快，通过高等教育培养高质量的教师成为可能，因此 20 世纪 60 年代教师专业化的理念得以迅速兴起与传播。教师也像医生、律师等经典专业一样，需要在高等教育体系中培养，教师教育也逐步形成了教育学士、教育硕士，甚至是教育博士的高端培养体制。这一转型，是教师质量的提升，是教师教育层次的提高，也是教师专业化的实质性推进。

教师专业化的发展，经历了两个发展阶段，也有着两种不同的发展取向：

第一，追求教师群体专业化阶段（20 世纪 60 年代至 80 年代）。在这一阶段，促进教师专业化是通过群体专业化的策略来进行的，从提高教师的专业地位和社会认可来提升教师的专业化程度。比如，通过订立严格的专业规范制度来提高入职标准。目前，学历标准已成为教师专业化水平的重要指标。美国、德国、英国、法国、土耳其、澳大利亚、新西兰，以及北欧诸国对小学教师的学历要求都与中学教师的学历要求相同，最低学历标准都需要大学本科以上，其中多数国家在大力推动研究生阶段的教师教育，力图将中小学教师的培养提升到硕士研究生层次。其中较为典型的是北欧的芬兰。芬兰早在 20 世纪 70 年代就将小学教师的最低学历要求提升到了硕士研究生学历层次，其高标准的要求极大地提升了教师的质量和社会声望。因为有较高的学历要求和较好的社会声望，芬兰教师教育机构的录取率在10% 左右，与医学、工商管理等最具竞争力的专业几乎并驾齐驱。芬兰的教师选拔制度非常苛刻，即便是幼儿园教师也要有硕士学位，中小学教师甚至需要有博士学位，并且要求每个教师都拥有研究、教学和思考的能力。芬兰也因此成为国际媒体和国际社会的目光焦点，成为全球教育工作者的"朝圣地"。

第二，追求教师个体专业化阶段（20 世纪 80 年代之后）。这一阶段，人们逐渐发现群体专业化忽视了教师个体内在的成长与发展，忽视了教师个体的主观能动性，于是教师专业化关注的重点由教师群体开始转向教师个体。教师个体的专业化也经历了一个重心转移的过程，先是强调教师个体的被动专业化，后来才转向强调教师个体的主动专业化①。以英国和美国为代表的教育发达国家为促进教师专业发展，纷纷倡导构建大学—中小学合作的教师教育模式。1992 年 5 月英国开始推行"以中小学为基地"的教师教育模式。在这种模式下，教师的校本研修成为继续教育的主要形式。美国则运用"专业发展学校"的形式来推动教师专业化的发展。"专业发展学校"努力创造机会促进在职教师的发展，加强面向学校实际的合作研究。大学与中小学合作进行教育研究，其目的不仅在于解决中小学的实际问题，还在于推动中小学教师与大学教师双方的专业发展，因而具有互惠性。这种基于大学—中小学合作伙伴关系的、具有功能整合性质的教师教育机构在近些年来表现出强大的吸引力，为世界上许多国家效仿和借鉴②。

2. 教师专业化理念与我国教师教育政策

我国学术界对教师专业化的关注始于 20 世纪 80 年代，但早期研究主要是对国外教师专业化理论与实践经验的介绍和移植，并未产生广泛影响。随着社会改革和教育改革的不断深入，到 20 世纪 90 年代中期，教师专业化问题被提上日程，对我国教师教育改革产生了广泛且深刻的影响，成为我国教师教育政策制定与实施的指导理念之一。分析我国新时期教师教育政策可以发现，从对教师职业属性的认识到教师职前培养、任用、职后培训，以及教师职前、入职、职后教育一体化等政策都直接或间接体现了教师专业化理念的相关内容。具体来讲，教师教育政策中主要包括以下几方面教师专业化理念的内容。

第一，教师职业具有专业性。长期以来，我国将教师职业定位为"非专业"或"半专业"，随着对教师专业化认识的不断深入，这一传统认识得

---

① 叶澜，等. 教师角色与教师发展新探 [M]. 北京：教育科学出版社，2001：208.
② 邓涛，于伟. 基于一体化的教师继续教育改革：国际经验及启示 [J]. 东北师大学报（哲学社会科学版），2009（3）：8-14.

以更正，教师是一种专门性职业的共识及教师的专业地位已经在相关政策中得以确立。1986年，国家教委下发了《中、小学教师考核合格证书试行办法》，要求中小学教师具备《教材教法考试合格证书》和《专业合格证书》，并将其作为履行中小学教学职责的前提保障。虽然国家教委的出发点是解决教师的学历资格问题，但以规定教师的能力基准和基本资格为切入点，且文件中的许多具体规定，实际上已经开始确认教师工作在学科专业和教育专业两个方面的专业性。1993年，我国颁布了《中华人民共和国教师法》，《中华人民共和国教师法》在我国教育法规和政策文件中第一次明确提出"教师是履行教育教学职责的专业人员"，体现了国家对教师职业专业性的定位，也是从法律角度对教师专业地位的确认。随后的1996年全国师范教育工作会议，明确从教师专业化理念出发，对教师培养提出了针对性要求，"要深化教育教学改革，提高师范教育专业化水平"，"师范教育的专业化水平就是学术性与师范性的统一"，既要求有学科方面的专门知识、较高的学术水平，又要求有师范专业所特有的理论知识、技能和能力。提高师范教育专业化水平，一方面，要加强学科建设包括基础学科、教育学科的建设，加强教师职业技能的专门训练；另一方面，要加强教育科学研究①。1999年出版的《中华人民共和国职业分类大典》，将教师分类为"专业技术人员"。这一转变既是在教师专业化理念的引领下产生的，也是对教师专业化理念的反映，因为承认教师职业的专业性是教师专业化得以成立的前提。

第二，教师职业具有双专业性。教师专业化理念认为，与其他专门性职业不同，教师职业具有双专业性，也就是说，教师职业需要基于两方面的专业知识，一方面是执教科目的实体性知识，另一方面是教育教学的条件性知识。该理念终结了我国师范教育中长期存在的"学术性"与"师范性"谁主谁次的论争，厘清了二者统一共存的关系。对教师专业性的这一新认识要求突破原有的封闭型教师教育体系，建立开放型的教师教育体系。我国新时期的教师教育开放化政策正是这一理念的反映。1986年原国家教委颁发的《关于基础教育师资和师范教育规划的意见》提出："综合大学和有条件的其他高等院校要把为中等教育培养师资作为重要任务之一"，"非师范院校也应根据需要承担培养某些专业课师资的任务。"这是我国建立开

---

① 黄伟娣. 教师职业属性与高师教育专业化［J］. 杭州师范学院学报（人文社会科学版），2001（2）：107.

放性教师教育体系的政策萌芽。从 1996 年全国第五次师范教育工作会议上颁布的《关于师范教育改革和发展的若干意见》，到 1999 年中共中央、国务院《关于深化教育改革全面推进素质教育的决定》，我国教师教育开放化政策经历了从无到有、从试点到推广的发展历程。之后，2001 年国务院《关于基础教育改革与发展的决定》、2002 年的全国教师教育工作会议及《教育部 2003 年工作要点》等文件中也进一步强调了教师教育开放化的重要性。教师教育开放化政策正是教师专业化要求的体现。

第三，专门的职业认定制度。资格证书制度是职业专业化的标志。教师专业化的发展也要求教师职业具有专门的职业认定制度。在这一理念的指导下，我国教师教育政策逐步摒弃了原来将学历教育替代专业资格证书制度的做法，确立了教师资格证书制度。1995 年颁布的《中华人民共和国教育法》规定，"国家实行教师资格、职务、聘任制度，通过考核、奖励、培养和培训，提高教师素质，加强教师队伍建设"。随后由国务院颁布的《教师资格条例》明确规定，"中国公民在各级各类学校和其他教育机构中专门从事教育教学工作，应当依法取得教师资格"，"不具备教师法规定的教师资格学历的公民，申请获得教师资格，应当通过国家举办的或者认可的教师资格考试"。为更好实施《教师资格条例》，教育部于 2000 年颁布了《〈教师资格条例〉实施办法》，对实施教师资格证书的责任主体、具体程序、操作办法等做了详细的规定。这些相继出台的关于教师职业资格的政策法规，不仅标志着我国教育政策制定者不断深化了对教师职业专业性的认识，也标志着我国教师专业化进程的实质性开始。

第四，延长培养年限，提高教师学历。延长年限、提高学历是世界各国广泛采用的促进教师专业化发展的措施之一。该措施一方面有利于教师知识和能力的发展，另一方面有利于教师地位的提高，这是教师专业化理念在教师教育实施中的反映。我国在高等教育层次办教师教育的政策正是这一理念的体现。1999 年中共中央、国务院《关于深化教育改革全面推进素质教育的决定》提出调整师范院校的层次和布局，建设全面推进素质教育的高质量的教师队伍。2002 年《教育部关于"十五"期间教师教育改革与发展的意见》提出要积极稳妥、因地制宜地推进各级各类师范院校的布局、层次和类型等方面的结构调整，使教师教育机构的办学层次由"三级"向"二级"适时过渡，提高新师资的学历层次。另外，国务院及相关部、委陆续出台系列政策法规，强调以教育硕士的培养模式来实现教师队伍整体学历水平的提高，如国务院学位委员会颁发的《关于设置和试办教育硕士专业学位的报告》、国务院批转的《面向 21 世纪教育振兴行动计划》、教育部颁布的《关于做好为农村高中培养教育硕士师资工作的通知》及《关于成立"全国教育硕士专业学位教育指导委员会"的通知》等。

除此之外，"教师专业化是一个持续发展的过程"这一理念在我国教师教育政策中也有所体现，主要体现在对教师继续教育的重视和教师教育一体化政策之中，这两项政策同样体现了终身教育理念中的教育连续性理念。

综上所述，我国新时期教师教育政策体现了教师专业化理念多方面的内容。同时，由于我国特殊的国情和教情，教师教育政策中的教师专业化理念又表现出了鲜明的特色。首先，教师群体专业化和教师个体专业化并行推进。欧美教师专业化过程先后经历了教师群体专业化和教师个体专业化两个阶段，而我国自 20 世纪 90 年代中期以来颁布的教师教育政策中虽然明确规定了教师是一种专门性职业，但并没有对教师专业化的发展阶段加以划分，而是教师群体专业化和教师个体专业化并行推进，这是后发优势，也是后发特点。其次，教师培养多元化。教师专业化要求教师教育体系走向开放，在这一理念引导下，国家对原来的教师教育体系进行了改革，但并没有彻底否定师范大学的作用，而是初步形成了师范院校和综合大学共同培养师资的混合型教师教育体系，教师培养和来源呈现出多样化的特点。由此可见，我国的教师教育政策不仅体现了教师专业化理念的相关内容，而且形成了自己的特点。但是教师专业化内涵非常丰富，它不仅要求教师教育政策从理念上认可教师专业化，还要从制度、组织、模式、知识体系等层面提供相应的政策引导。因此，我国教师教育政策中的教师专业化理念还需进一步完善。一方面，教师教育机构的认定制度、教师教育课程的认定制度、教师进修制度等需要加以制定；另一方面，已经实施的教师资格制度尚存在学历标准偏低、专业标准时代性和特色不够、资格分类不完善、一次认定终身受用等弊端。

二、终身教育理念

1. 终身教育理念的主张

迈入 20 世纪，特别是进入 20 世纪 50 年代之后，人类社会发生了巨大的改变，以致一些传统的理论不再适应社会发展，亟须科学的进步、技术的改进和知识的更新。

在这种背景下，一个人成年前获得的知识和技能可以应对终生的观念已过时。为此，在1965年12月联合国教科文组织召开的第三届促进成人教育国际委员会会议上，法国著名教育家保罗·郎格朗以终身教育为主题做了学术报告，明确提出了终身教育思想。他把终身教育界定为："我们所说的终身教育是一系列很具体的思想、实验和成就，换言之，是完全意义上的教育，它包括了教育的各个方面，各项内容，从一个人出生的那一刻起一直到生命的终结时为止的不间断的发展，包括了教育各发展阶段各个关头之间的有机联系。"① 保罗·郎格朗对终身教育的论述强调了终身教育不是量的叠加，而是一个人一生中所受的连续的（纵的）、各方面的（横的）教育的全部总和，是过程的"连续性"和"整体性"的有机结合。

终身教育思想极大地扩展了传统教育的内涵与外延，对学校教育进行了重新理解和定位。学校教育只是教育的一部分，既不是完全的教育，更不是唯一的教育。终身教育才是完全意义上的教育。

2. 终身教育理念与教师教育政策

终身教育思想揭示了人的学习的连续性和整体性。这个"一般原理"的提出被认为"可以与哥白尼式的革命相比"，"是教育史上最引人注目的事件"。终身教育思想是国际上流行的教育思想，得到了世界各国的高度重视，并且已经广泛地体现在各国教育实践中。我国政府在1993年的《中国教育改革和发展纲要》中第一次提到终身教育的理念，1995年颁布的《中华人民共和国教育法》中明确提出"建立和完善终身教育体系"。教师教育政策作为教育政策的子系统，也受到终身教育理念的引领，新时期制定的教师教育政策中体现了终身教育理念某些方面的内容。

从上述对终身教育的界定中可知，教育的连续性与整体性是终身教育理念的核心内容。之所以说我国新时期的教师教育政策受到终身教育理念的引领，主要是因为我国教师教育政策中体现了终身教育、强调教育的连续性这一核心内容。终身教育强调教育是一个连续的过程，具体到教师教育领域，就是指教师教育不仅要重视教师职前培养阶段，还要重视教师职后培训阶段，而且两阶段要具有连续性。

我国教师教育政策中对教师继续教育的高度关注，以及教师教育一体化政策的颁布正是这一理念的集中体现。

----

① 保尔·朗格朗. 终身教育引论 [M]. 周南照，陈树清，译. 北京：中国对外翻译出版公司，1985：15-16.

第一，对教师继续教育的关注。由于 20 世纪 90 年代以前我国教师总体数量严重不足，培养重点在于教师数量的补充，整个教师教育的重心在职前培养阶段。20 世纪 90 年代之后，我国教师数量不足问题得到一定程度的解决，尤其是受到终身教育理念的影响，教师教育的重心逐步转向了职后培训阶段，教师教育政策中对教师继续教育的高度重视正是这一点的集中体现。1991 年颁发的《关于开展小学教师继续教育的意见》正式开启了我国小学教师的继续教育，也建立了我国教师继续教育的基本框架。1999 年，国务院批转了教育部《面向 21 世纪教育振兴行动计划》，提出实施"跨世纪园丁工程"，即在"3 年内，以不同方式对现有中小学校长和专任教师进行全员培训和继续教育"。1999 年，教育部还颁发了《中小学教师继续教育规定》，对教师继续教育的指导思想、实施范围、责任主体、具体类型、教学机构、教学时间、条件保障及奖惩措施等做了具体规定，从而启动了声势浩大的、覆盖全国的中小学教师继续教育工程。[1]

第二，教师教育一体化政策的颁布与实施。在终身教育理念指导下，分离式教师教育体系的弊端不断暴露，教师教育一体化应运而生。2001 年国务院颁布的《关于基础教育改革与发展的决定》第一次在政府文件中以"教师教育"替代了长期使用的"师范教育"概念，提出了"完善以现有师范院校为主体、其他高等学校共同参与、培养培训相衔接的开放的教师教育体系"。2002 年教育部颁发的《关于"十五"期间教师教育改革与发展的意见》对教师教育概念做了全面的界定，"教师教育是在终身教育思想指导下，按照教师专业发展的不同阶段，对教师的职前培养、入职教育和在职培训的统称"。2004 年国务院批转了教育部《2003—2007 年教育振兴行动计划》，该计划明确指出"改革教师教育模式，将教师教育逐步纳入高等教育体系，构建以师范大学和其他举办教师教育的高水平大学为先导，专科、本科、研究生三个层次协调发展，职前职后教育相互沟通，学历与非学历教育并举，促进教育专业发展和终身学习的现代教师教育体系"。这一规定表明，我国新时期的教师教育应该是一个连续的、一体化教师职业发展过程。2003 年教育部组织实施了"全国教师教育网络联盟计划"，以现代远程教育的构建为基础整合资源，充分调动各级各类高等学校机构举办和支持教师教育的积极性，构建以师范院校和其他举办教师教育的高校为主

---

① 时伟. 当代教师继续教育论［M］. 合肥：安徽教育出版社，2004：146-149.

体，以高水平大学为核心，区域教师学习与资源中心为服务支撑，社会力量积极参与，职前职后教育一体化，教师教育系统、卫星电视网与计算机互联网相融通，学校教育与现代远程教育等各种教育形式相结合，学历教育和非学历教育相沟通，系统集成，优势互补，共建共享优质教育资源，覆盖全国城乡的教师教育网络体系。

由上述可知，我国新时期教师教育政策体现了终身教育理念的相关内容，并且鉴于我国教师教育发展的特殊性，终身教育理念在我国教师教育政策中的表现也具有一定特点，即先后实现了教师教育重心由职前培养转向职后培训、职前教育与职后培训由分离转向一体化的双重转变。但是，教师教育一体化本身蕴含多方面的内容，它不仅包括职前培养、入职教育和在职培训的一体化，还包括管理体制、教育机构、教育内容、教育理论和实践的一体化，而我国教师教育政策中强调的是教师职前教育与职后培训的整合这一方面。因此，本书认为我国当前教师教育政策并没有全面体现终身教育的全部内容。在强调终身教育理念中教育的连续性方面，政策只从宏观层面强调了要实现职前职后一体化，而未从微观层面涉及管理体制、教育机构、教育内容等的一体化；对于终身教育理念中教育的整体性方面，比如大学与中小学合作等，政策中也较少涉及。

三、教育均衡发展理念

（一）教育均衡发展理念的主张

"均衡发展"的概念最初是经济学领域提出来的。19 世纪 70 年代，法国经济学家瓦尔拉斯在其著作《纯粹政治经济学要义》首创了"一般均衡理论"，他提出，市场上任何商品的供给、需求和价格都不是孤立存在的，而是相互影响、相互依存的，当市场上商品的价格恰好和这些商品的供给和需求相等时，市场就呈现"均衡状态"①。后来，以英国经济学家马歇尔为代表的新古典经济学派进一步把这一理论扩展到整个经济系统，提出"局部均衡理论"②。经济领域内的均衡发展，主要是指通过对资源的合理配置来实现市场需求与供给的相对均衡，在此过程中，经济活动的各种成分之间，特别是各种对立的、变动着的力量也能够保持平衡，形成相对稳定的状态。这种思想突破了狭隘经济发展观，是一种以人为本，充分体现民

---

① 鲍传友. 义务教育均衡发展：内涵和原则 [J]. 国家教育行政学院学报，2007（1）：62.
② 鲍传友. 义务教育均衡发展：内涵和原则 [J]. 国家教育行政学院学报，2007（1）：62.

主和公平的发展观。这种发展不是单纯的增长与扩展，而是体现均衡本质和充分兼顾平衡、协调意蕴的发展，是全面、健康、和谐、可持续的发展①。将这一均衡发展理念运用到教育中，就是通过法律、法规确保公民能享有同等的受教育机会和受教育权利，通过政策调整教育资源配置，从而为公民提供相对均等的教育机会和条件，使每个学生享有平等的受教育机会和受教育过程②。20世纪末以来，随着世界经济和文化的发展，教育的质量和公平越来越成为国际社会关注的重要问题，教育公平日益成为现代教育追求的价值取向，成为世界各国教育发展的目标。教育均衡发展的思想表现出动态性、可持续性和整体发展性，成为教育现代化的核心理念。

对于教育均衡发展的内涵，不同的学者有着不同的界定。有学者认为，教育均衡发展是指受教育者接受相同数量和质量的教育，其基础是教育资源配置的均衡，包括初中教育在内的义务教育阶段是教育均衡发展的重点③。也有学者认为，从个体角度来看教育均衡，就是指受教育者的权利和机会的均等；从学校角度来看教育均衡，是指区域间、城乡间、学校间，以及各类教育间教育资源配置均衡；从社会的视角来看教育均衡，则是指教育所培养的劳动力在总量和结构上与经济、社会的发展需求达到相对的均衡④。概括来说，教育均衡发展的最终目标，就是要通过对教育资源的有效、合理配置来办好每一所学校，教好每一个学生，最终促进全体公民和全社会的教育公平。

教育均衡发展涉及各级各类教育，但是基础教育因其在教育体系中的基础性地位而为各国所关注，成为教育均衡发展中优先予以保障的部分。我国学者翟博从以下8个方面对基础教育均衡发展的内涵进行了具体阐释：一是基础教育入学权利和入学机会实现均等发展，即适龄儿童受教育机会的均衡，有能力就读的残疾儿童等弱势群体都享有均衡的受教育机会，这是实现教育均衡发展的前提；二是基础教育在区域间实现均衡发展，即在省域之间、市域之间、县域之间、乡域之间统筹规划，这是实现区域教育均衡发展的基础；三是基础教育在城乡间实现均衡发展，这是实现城乡教育均衡发展的基础；四是基础教育在学校间实现均衡发展，包括学校布局

---

① 于发友. 县域义务教育均衡发展研究［D］. 济南：山东师范大学，2005：17.
② 王璐，孙明. 英国教育均衡发展政策理念探析［J］. 比较教育研究，2009（3）：7.
③ 朱家存. 教育均衡发展政策研究［M］. 北京：中国社会科学出版社，2003：5.
④ 翟博. 教育均衡发展：理论、指标及测算方法［J］. 教育研究，2006（3）：16.

和规模均衡合理，学校教育经费投入、设备设施、师资配备、生均教育资源、学生生源均衡等多方面，这是实现学校教育均衡发展的基础；五是基础教育在学生间实现均衡发展，包括校内各班级在设施、师资、生源、管理等方面的均衡，这是实现群体间教育均衡发展的基础；六是基础教育在不同类别、不同级别教育间实现均衡发展，这里包括基础教育内部普通教育与职业教育均衡发展，也包括初等教育、中等教育与高等教育均衡发展；七是基础教育在教育质量上实现均衡发展，包括课程设置、教学水平和效果的均衡；八是基础教育结果在学校教育间实现均衡发展。基础教育均衡发展的基础是学校的均衡发展，因为学校是教育教学的基本实施机构，学校均衡发展是教育均衡发展的基础。①

（二）教师教育政策中的教育均衡发展理念

新中国成立以后，特别是改革开放以来，党和政府始终重视保障广大人民群众的基本教育权利，维护社会公平。我国教育发展在取得辉煌成绩的同时，由于历史与现实的原因，教育失衡的问题依然严峻。这一问题引起了政府和社会的高度重视。国务院《关于基础教育改革与发展的决定》中指出，"我国基础教育总体水平还不高，发展不平衡，一些地方对基础教育重视不够"。因此，促进基础教育的均衡发展成为新时期指导教育改革与发展的核心理念之一。我国教师教育政策中对城乡和区域教育均衡发展的关注，是教育均衡发展理念的重要体现。

由于经济发展的不平衡性及教育基础的差异，我国城乡之间和区域之间的教育存在着严重的失衡。导致教育发展失衡的原因很多，师资失衡是主要瓶颈之一。有学者指出，促进义务教育均衡发展必须加强教师队伍建设，加强教师队伍建设是促进义务教育均衡发展的根本。我国教师职前培养和职后培训两阶段的相关政策均体现了以师资促进均衡发展的理念。在有关职前培养的教师教育政策中，师范生免费教育政策最具代表性。2007年3月5日，温家宝总理在第十届全国人民代表大会第五次会议上作政府工作报告，报告提出为了促进教育发展和教育公平，要建立相应的制度体系，在师范大学实行免费师范生教育。2007年5月14日，国务院正式通过了有关免费师范生教育的相关培养办法及相关制度。同年颁发的《教育部直属师范大学师范生免费教育实施办法（试行）》中规定，"免费师范生入学前

---

① 翟博. 教育均衡发展：理论、指标及测算方法 [J]. 教育研究，2006（3）：17.

与学校和生源所在地省级教育行政部门签订协议，承诺毕业后从事中小学教育十年以上。到城镇学校工作的免费师范毕业生，应先到农村义务教育学校任教服务二年"。这一政策表明，政府的政策目标是通过免费政策来培养和鼓励更多的优秀师范生毕业到中西部、到农村去工作，以促进基础教育的整体均衡发展，这也是教育均衡发展理念在教师教育政策中的反映。2004 年启动实施的"农村学校教育硕士师资培养计划"，旨在在具有推荐免试研究生资格的大学中，选拔部分优秀应届本科毕业生到农村学校工作并攻读教育硕士，源源不断地培养大批高学历、高素质、专业化的农村骨干教师，为加强农村教师队伍建设和全面提高农村教育质量发挥重大作用。

除此之外，教师职后培训政策也集中反映了义务教育均衡发展的理念。为了促进区域间教师继续教育均衡发展，我国教师继续教育政策正逐渐向农村地区、西部地区及民族地区倾斜。"2003 年，《国务院关于进一步加强农村教育工作的决定》：加强农村教师和校长的教育培训工作。构建农村教师终身教育体系，实施'农村教师素质提高工程'。"[1]《2003—2007 年中小学教师全员培训计划》中提出，中小学教师全员培训要配合"两基攻坚计划"和"农村远程教育工程"的实施，坚持"面向全员、突出骨干、倾斜农村"的方针，以"新理念、新课程、新技术"和师德教育为重点，组织实施新一轮中小学教师全员培训[2]。2005 年，教育部推进中小学教师全员培训，培训的特点就是向农村贫困地区倾斜[3]。2007 年《教育部办公厅关于组织实施 2007 年暑期西部农村教师国家级远程培训的通知》提出"中西部农村教师专项培训计划"，要求大力加强农村中小学教师培训，促进农村教师教育质量的提高。2007 年制定的《国家教育事业发展"十一五"规划纲要》提出"提高农村义务教育师资水平"，通过"实施农村教师培训计划，到 2010 年，使中西部地区的农村教师得到一次专业培训"。2010 年发布的《国家中长期教育改革和发展规划纲要（2010—2020）》中强调要以农村教师为重点，提高中小学教师队伍整体素质，并对我国农村地区和边远地区教师培训问题进行了专门论述。

---

① 杨润勇. 新形势下我国农村地区教师教育政策调整的思考与建议［J］. 教师教育研究，2007（4）：30.

② 教育部师范教育司. 加强与改革教师教育　服务基础教育：教师教育文件、经验材料选编［M］. 北京：高等教育出版社，2005：258.

③ 符德新. 教育部推进中小学教师全员培训［EB/OL］.（2005-09-09）［2023-03-20］. https：//www. edu. cn/edu/ji_ chu/ji_ jiao_ news/200603/t20060323_ 139374. shtml.

由上述可知，我国通过教师职前培养和职后培训政策促进城乡、区域间的教育均衡化，是教育均衡发展理念的反映。教育均衡发展理念已经成为我国教师教育政策制定与实施的主要指导理念之一。但是，由于我国经济和社会发展所处的特定阶段，以及我国将均衡发展理念用以指导教师教育政策制定时间较短，因此我国教师教育政策中对这一理念的体现仅仅集中在城乡教育均衡发展和区域教育均衡发展两个维度，对其他维度几乎未涉及。一方面，这种情况的存在有其合理性。各国专家公认教育发展失衡的最主要原因是城乡差距，它是发展中国家教育发展和实现教育现代化的瓶颈。从我国教育发展的实际来看，在教师培养从数量补充转向质量提高的总体背景下，农村师资数量依然严重紧缺且老龄化严重。对于区域教育均衡发展的重视则源于我国特殊的国情，由于市场经济体制对教育发展和师资力量的分配产生了巨大影响，大批中西部教师流入东部，农村教师流向城市，给当地的基础教育发展带来许多困难，加剧了区域之间教育发展的失衡。我国教师教育政策中突出教育均衡发展中的这两个维度，可以说是抓准了重点和主要矛盾，因此具有合理性。另一方面，这种情况的存在有其弊端。这主要是因为教育均衡发展是一个内涵丰富的指导理念，除了城乡和东西部地区之间教育均衡发展之外，还包括省域之间、市域之间、县域之间、乡域之间的失衡问题，以及不同类别、不同级别教育间的失衡问题，而这些并未在我国目前的教师教育政策中体现出来。

教师专业化、终身教育和教育均衡发展这 3 个教育发展的基本理念自 20 世纪下半叶以来在世界范围内得以广泛传播并日益受到重视。身处全球化背景之中，我国教育也深受其影响。新时期的教师教育政策中多方面凸显了三大理念的内容，并且由于我国特殊的国情和教情，三大理念在我国教师教育政策中表现出鲜明的特色。但是，由于我国对三大理念研究深度与广度的限制，以及将其用于指导教师教育政策制定的时间较短，因此我国教师教育政策中对三大理念内容的涵盖还不完善。可以说，我国教师教育政策在制定时已经认识到了三大理念的重要性并且已经将其作为我国教师教育政策制定的指导理念，但是这一探索尚处于起步阶段，成就与问题并存，或许成就将成为我们继续探索的动力，问题则成为我国教师教育政策进一步完善的重要突破口。

四、教师教育政策的制定要遵循实践理念

在教师教育政策研究中，"怎样提出政策研究的问题以及提出什么样的

政策研究问题，政策研究问题的解决是如何推演的，最后又怎样应用教师教育政策研究的成果"都关涉到深层次的思维方式问题。分析研究中的思维要素，比较政策研究的不同模式，需要进行反思和分析传统的教师教育政策研究思维方式的合理性和矛盾性，倡导教师教育政策研究思维方式转向以"实践为中介"的教师教育政策研究阶段。

（一）传统教师教育政策研究：形而上学的性质定位

从已有的教师教育政策的研究阶段和过程来看，传统的思维方式是在形而上学的整体思维方式的框架中，以确定性的思维为研究的原点，以政策理论中思维的一元式、二元对立式、后现代式、假辩证式回答为思维中介，追求确定性政策效果的过程（见图 5-1）。

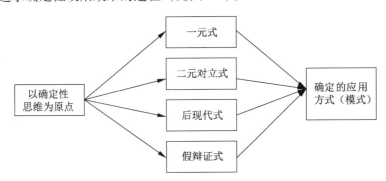

图 5-1 传统政策研究中的思维方式

在这种传统的思维方式中，确定性的研究原点在于寻求能够对实践具有完全指导作用的确定性理论。传统的、整体的形而上学的思维方式认为教师教育政策研究一定能指导教师教育实践，反过来，教师教育实践也一定要按照教师教育政策研究的要求去做。因此，从性质上来看，传统的教师教育政策研究的思维方式是确定性的形而上学的发展过程。

1. 传统的教师教育政策研究思维方式的历史合理性

这一研究的思维方式具有历史的合理性，表现为：

一是这种思维方式具有悠久的发展史。从人类历史上长期的研究活动来看，几乎都是这样的研究方式，所以人们一直很熟悉、很悦纳。也正因为如此，所以人们也很难从这种思维方式中跳脱出来。

二是这种研究具有深厚的思维根基。形而上学的思维方式对"终极的真理、价值和解释"的追求符合人们思维的至上性、无限性的特征。人的本性当中有一种得到确定性的渴望，每当我们追问"到底怎么样""真的是……""究竟怎么样"的时候，往往有一种说不出的痛快，所以，人的本性当中有对确定性的追求，这在教师教育政策研究的过程中就成为真实的确定性目标。从总体上看，这样的研究方式符合人们对于"教师教育政策研究"客观性的追求。正是对于确定性的追求，才使得我们的许多研究一步步上升到以分析哲学思想为指导的，看起来是"悬思邈想"的研究阶段。但是我们回过头来看的时候，它确实符合人的思维当中确定性的需求。

这种思维深深地影响着教师教育政策研究者。许多研究者坚定地认为政策要么是好的、对的，要么是坏的、错的。而且越是忠诚的、坚贞的工作者就越要找到到底哪一种才是正确的，是需要我们真正坚持的政策，哪一种是坏的、不正确的认识，是需要我们驱除的。一般的教师教育政策研究者主观地认为只有这样才是为教师教育的发展走向真正的"科学"化做出真正的贡献。这种从非常好的、非常必然和正常的出发点出发的想法和目标，能够得到绝大多数人的认同，大家觉得这样的工作必须做，而且一旦完成，其意义将重大而深远。所以，长久以来，只要有教师教育政策研究的地方，这样的思维方式就很流行，深得民心，所以才会使得这样的非此即彼的思维方式大有市场，并广泛、长期、稳定地成为一种人们几乎无可辩驳的正确的思维方式。

2. 传统的教师教育政策研究思维方式的局限性

这种研究的思维方式具有自身无法克服的内在矛盾：

一是顺着形而上学的思维方式继续研究已经行不通了。我们从上述对教师教育政策研究的分析中可以看出，沿着以确定性为出发点、追求确定性结论的思维方式的研究，已经到达极致了，到了思维逻辑和语言分析的层次，研究的思维方式再也无法继续抽象下去了。所以，思维方式就自发地转向实践了。这样虽"自然"地符合了研究思维方式的转向，但转向却是在没有"明晰"的思维方式的指引下进行的。

二是对教师教育政策抽象性质的研究解决不了自身对于确定性的追求，反而使自身陷入了无法解决的恶性循环。对于政策性质的提问及回答，起点就是一种追求确定性的提问方式。从其回答上来看，一元式和二元对立式的回答遭到了普遍的否定。具体说来：

第一，一元唯上与二元对立的、非此即彼的回答方式行不通。

这种思维方式长期以来一直占据着人们的理论思维，不管人们有没有意识到，这种一元唯上与非此即彼的倾向都非常明显。这种一元唯上与二元对立式的回答在当今已遭到了普遍的否定，原因在于政策研究者从其"屡战屡败"的研究过程和结果中，已经意识到这样的想法是不可能实现的；而且哲学在这个问题上已经做出了回答，二元对立已从理论上被驱逐出了思维的领地。

第二，后现代的、虚无的、无立场的、非此非彼的回答方式行不通。

形而上学的非此即彼的思维方式还没有得到人们清晰的认识和梳理。20世纪末，特别是20世纪90年代以来，后现代的、虚无的、非此非彼的思维倾向排山倒海般向人们扑来。后现代的回答，没有原则的虚无主义在根本上就是与追究确定的出发点和结果的要求不符的。人们肯定是要继续追问"不是这样，不是那样，那是什么样？"，所以，在确定性的思维框架中，这种不停的追问和含糊的回答只会造成无休止的矛盾，只会造成理论上的困扰，是解决不了教师教育理论的发展进程中的重重矛盾的。

第三，折中、假融合、表面兼顾的回答方式行不通。

当代的政策理论，大多数人都认识到只执一端是不正确的，持一种对立性的思维方式，抑或没有立场的虚无的思维方式是不符合时代发展的趋势的，所以十分流行且被大多数人认为有道理的是"融合"性的观点。这种观点认为：主观有主观的好处，客观有客观的好处，所以要实现二者的融合。这种观点最容易"蒙混过关"，是政策研究最危险的敌人，也是我们当前最难辨别和打败的"敌人"。因为它看起来那么的"合情合理"。但是，只要我们认真地追究和反思一下就会发现，即使我们给了自己这样的回答，我们仍然没有摆脱政策研究的困惑。因为"既有主观又有客观的"回答，会遭到我们同样的、继续的追问："既有主观也有客观，到底哪部分是主观，哪部分是客观？"这样，我们又陷入了无休止的恶性循环。因此，在形而上学的大的思维框架中，所谓的假的"辩证法"只能是在缺乏思想的地方的搪塞之词，经不起任何的推敲和缜密的追问。

三是造成了很多无法解决的"政策难题"。首先，政策理论的性质问题到现在仍没有一个清晰的回答，到底是主观的还是客观的？政策理论与实践的关系，到底政策理论怎样才能指导实践？怎样才能实现二者的"结合"？这一系列的问题都成为一直以来的理论难题而无法解决。所以，我们是否应该思考对这些问题的提问方式和其中所蕴含的真实意义？如，我们是否可以在形而上学的思维方式下追究这样确定性的结果且能够得到答案？在形而上学的思维方式下，政策理论应用于政策实践，所谓的"指导"和

"结合"的真实意义是什么，是完全的指导和照做吗？我们是否只有在新的思维方式下重新考虑这些问题，才会别有一番天地？

（二）马克思实践哲学的理论基础

马克思是现代实践哲学的开创者。马克思有着更广阔的理论视野，他认为不应把实践仅仅理解为伦理、政治等领域的活动，还应该把经济领域和其他一切领域中的实际活动都理解为实践。

马克思认为，人的生活世界是统一的，人的实践活动也是统一的。因此，他不赞成康德把此岸世界现象界与彼岸世界本体界割裂开来，从而也把不同的实践活动割裂开来。在马克思看来，在整个实践活动中，构成其统一之基础的就是生产劳动。人们为了创造历史，必须能够生活，而为了生活，就要先解决衣、食、住等问题。"因此，第一个历史活动就是生产满足这些需要的资料，即生产物质生活本身。"[1] 也就是说，马克思是在生存论的本体论的基础上统一全部实践活动的。

实际上，马克思的生产劳动概念同时蕴涵着两个不同的维度。当人们从人与自然界的关系的角度，即人改造、控制自然的角度去考察问题时，生产劳动就成了"认识论解释框架内的实践概念"；而当人们从人与人之间的生产关系乃至整个社会关系的角度，即人改造社会生活和政治制度的角度去考察问题时，生产劳动又成了"本体论解释框架内的实践概念"。同时，我们还应认识到，在马克思的实践概念中，本体论的维度是根本性的，认识论维度是植根于本体论维度的。人们一旦忽视本体论维度，从单纯的认识论维度去理解并解释马克思的实践概念，尤其是他的生产劳动概念，必定会舍弃其实践概念的本真含义。

归纳起来，我们可以从以下几点来把握马克思的实践概念：第一，马克思实践哲学的本质是生存论的本体论，其实践概念本质上是"本体论解释框架内的实践概念"；第二，马克思扬弃了前人关于两种实践的观念，把实践概念理解为一个涵盖人类全部社会生活的统一的概念，使人的各种活动不再处于离散性的状态下；第三，生产劳动构成马克思实践概念中的基础性的层面，并且从本体论而不是认识论的角度加以把握。

由此可见，实践是生成的，是形塑的，不是通常意义上我们所理解的与理论相对立的客观的那一面。教师教育政策形成和执行的过程本身就是

---

① 马克思，恩格斯. 马克思恩格斯全集（第3卷）[M]. 北京：人民出版社，1960：31.

一种实践过程，我们不应把政策文本仅仅理解为与那种实践行动相对应的理论范畴，而是要对它们进行实践解读，将实践理论作为教师教育政策的理论基础与研究视角进行分析和研究。

（三）面向实践的教师教育政策研究思维方式

语言哲学大师维特根斯坦说："洞见或透识隐藏于深处的棘手问题是艰难的，因为如果只是把握这一棘手问题的表层，它就会维持原状，仍然得不到解决。因此，必须把它'连根拔起'，使它彻底地暴露出来；这就要求我们开始以一种新的方式来思考……难以确立的正是这种新的思维方式。"[①]也许，这就是我们可以采用的一个新起点。

我们发现以往政策研究思维方式的局限性在于——把对于终极的真理、解释和价值的本体论的承诺与指向当作了现实目标苦苦追求。因此，在认清政策理论的悖论本性的前提下，完成教师教育政策研究的思维方式的转换就成为水到渠成的事情了。

那么，教师教育政策研究实践转向的含义到底是什么？简而言之，是一种以实践为中介的"中介"思维。"中介"首先是一个哲学概念。在黑格尔哲学中，中介概念表示的是从"绝对理念"过渡到对方的桥梁，是彼此联系的中间环节，它是黑格尔辩证法的合理内核之一。马克思主义哲学在改造黑格尔辩证法的同时，也改造了中介概念，主要是"通过中介连接对立"，并上升为认识事物之间关系的思维方式和方法论。库恩在科学哲学研究中所提出的"关于在对立的两极保持必要的张力"的思想，正是这种中介思维的表现。中介思维是对"两极思维"和"还原思维"的一种超越，从"两极到中介"是人们对思维方式的迫切呼唤。

那么，思维方式应转换成为什么样子呢？我们对于思维方式的阐述不能停留在只给出一个定义或者定位，而在于阐述其中深刻的发生机制和过程。因此，在由悖论性思维介入并转换的教师教育政策研究思维框架中，同样必须回答"教师教育政策研究怎样提出问题？提出什么样的问题？怎样分析和发展理论？如何应用和实施理论？"等问题。

（四）对教师教育政策研究思维要素及其机制的思考

转换教师教育政策研究的思维方式，我们还有必要澄清在这一思维过程中各个思维要素及其相互之间的关系是什么，与以往的不同之处在哪里。

---

① 转引自布尔迪厄，华康德. 反思社会学导引［M］. 北京：商务印书馆，2015：1.

1. 怎样提出问题？提出什么样的问题？

在某种意义上，提出问题比分析和解决问题更重要。因为问题在提出时就已经预设了解决的方法和路径。所以有人说，提出的"问题"就是化了妆的问题的"答案"。"问题的提问方式"在教师教育政策研究中也占有相当重要的地位。那么，转换了之后的研究，应该如何提出问题呢？

首先，在以往的教师教育政策研究的思维方式中，对于政策理论性质的提问和回答是制约教师教育政策的关键性和核心性的问题。在这个问题上的不同回答，将构成人们研究教师教育政策的根本思想。对这一问题的追问具有历史的合理性，也符合人们对于"思维客观性"的追问的本性。人类对于至高的"真"的追求是人之为人的要求，教师教育政策研究和其他研究一样，研究者的目的也是探索本领域乃至整个客观世界的真理。正如意大利著名哲学家维柯所说："至于（研究）目标，今天只有一个，即真理，它是一切研究中任何人都要追求、称颂和尊崇的。"①

因此，在转换了之后的思维方式中，我们仍然是从"政策理论的性质如何"出发来提出问题的。

其次，正如在任何一个政策研究的发展阶段都以不同的形式出现一样，在认识到政策理论的悖论本性之后，我们已经将"政策理论的性质如何"的问题衍生为以实践为中介的提问方式。因为，我们已经知道，"悖论的问题不再是一个理论上的问题了，而是一个实践上的问题"。所以，我们对于政策理论性质的提问必须转化为"××理论在解决××问题时的主观性和客观性如何"。

应该指出的是，这样的提问方式是在发生了"实践为中介"的转向之后出现的自觉的提问方式。它是第一阶段的"不提问"到第二阶段的"直接提问"，再到第三阶段的"形式逻辑式提问"之后的必然上升，这种提问方式的变化并不是简单的几个字的改动，它蕴涵了深刻的理论前提：

第一，它是在认识到并承认悖论的前提下提出的。

第二，将"政策理论性质问题的直接提问"真正地当作了本体论的承诺和指向，存在于思维的后台；而将"××理论在解决××问题时的主观性和客观性如何"的提问当作了现实的提问，存在于思维的前台。这样，就使其既符合和满足了人类对于"确定性"和"终极性"的追问，又借助了实

---

① 利昂·庞帕. 维柯著作选［M］. 陆晓禾，译. 上海：商务印书馆，1997：67.

践的中介自觉地实现了提问上的变革。

第三，它已经为问题的推演和应用预示了发展的轨道和方向，即实践中介的轨道和方向。

2. 教师教育政策研究怎么推进和衍生？

教师教育政策研究提问方式的转变决定了其研究的问题域发生了根本性的变化，从抽象的、形而上的研究进入了以实际问题为对象的实践研究。这样，研究的推演就是在一个一个问题的解决的过程中实现的，且通过这样的推演方式解决了一些原有的思维框架内自身无法克服的矛盾。

第一，以往的两种追问方式在"具体问题"中得到统一。也就是说，问题的解决始终贯穿着两条主线。一是理论背后形而上学式的承诺的指向和彻底追问的痛快，它在暗处，是以隐性的思维存在的；二是包含政策理论悖论本性的实际问题，只有在这个现实的层面上才能够提出"这一理论在解决什么问题时的主观性如何、客观性如何"，它是作为显性的问题存在的。这样一来，就使得原有研究的思维框架中无法融合、共存以致思维混乱的两种"追问"，以一明一暗的方式合理地共存了，符合了人所特有的"二重性"本性。

第二，以往遵循"一元式"和"二元对立式"思维来推进问题解决的路线将自动退出历史舞台。因为，一元式和二元对立式的思维路线是政策研究发展阶段中的第一、二阶段的特征，之所以会有这样的回答和推演方式，根源于人们对于政策理论性质的认识偏差，以及反思能力的水平较低。而现在，我们最初的提问便是在承认了悖论的前提下进行的，就不会再产生诸如此类的回答和演进的方式了，从而避免了问题解决的困扰。

第三，以往的"后现代式"和"假辩证式"的问题演进方式将抓到"救命稻草"——实践，从而完善成为真正的辩证式的研究过程。后现代式的演进方式是"怎么都行，主观也可以，客观也可以"，引入了悖论的理论之后，这样的回答在理论上有着必然性，原因在于"悖论的问题不是理论上的问题，而是实践中的问题"。因此，在原有的思维框架中，在理论层次上回答只能是这样的，而这样的回答同时也决定了其在整个思维框架中是无意义的，因为它会导致像先前所分析的那样的不可避免的"恶性循环"。"假辩证式"的思维路线也一样，在理论上不得不做出这样的回答之后，又不可避免地与整体的形而上学的框架形成无法融合的冲突——反复追问的"同义循环"。因此，要将这样的问题上升为有意义的问题，就必须抓住唯一的"救命稻草"——实践,只有"面对具体问题分析政策理论性质的主客观性"的时候,才能够使问题本身具有合理性,也才能够使追问具有了意义。

3. 怎样看待教师教育政策研究的结果和运用?

"只有用实践的观点才能回答认识论所要回答的'思维和存在的关系问题',从反省人类关于世界的认识到探索历史文化的'水库'——语言,无论是对语言的'分析',还是对语言的'解释',同样是哲学的历史性进步,但是,只有从实践出发才能真正理解语言的逻辑性与人文性,使'语言转向'获得坚实的实践论基础。"①

所以,在政策理论产生之后,其对于实践的作用便不再表现为"完全的指导",而只是一个"反思"的过程。政策理论与政策实践的"距离"是政策理论悖论本性所决定的。意义只在于这个距离要根据不同的具体的政策理论实践来理解。因此我们说,它改变了我们对于政策理论与政策实践关系的根本看法。

总的说来,从提出问题到问题的推演及理论结果的应用,形成了一个以悖论性为出发点和目的地,具备整体性和综合性的思维方式,它解决了以往教师教育政策研究的思维方式无法克服的矛盾。研究者的思维只有在这样的框架中进行才有意义。笔者认为,对于政策理论主客观性的追问作为一种思维的指向性和承诺,在实践中追问才有意义。对人类存在的矛盾性的认识,必须诉诸对人类存在的实践性的理解;以理论的方式反思人类存在的矛盾性,必须升华为对人类存在的实践性的反思。

(五)教师教育政策研究者应有的研究态度

教师教育活动永远蕴涵着人类完善其自身为目的的理想和愿望,这只是教师教育发展的一方面的事实;与此同时,教师教育的理想在展开的过程中又总会偏离最初的设想。理想总会被改变,总有着具有巨大张力的另一方面特性。换句话说,对教师教育理想的追求是永恒的,但无法完全实现也是永恒的。教师教育的发展就是在这样的张力中向前推进着。

面对教师教育政策研究中存在的困惑问题,我们应该怎样看待呢?

其一,承认合理性困惑。政策理论的悖论性内在地规定着政策的实施不能完全按照人的理想进行,教师教育发展的过程不能完全受人的主观控

---

① 孙正聿. 哲学通论 [M]. 上海:复旦大学出版社,2007:53.

制，因而也就不能够完全知道今天的行为会对明天造成什么样的结果，从而也就不能完全知道实现明天的设想需要今天怎么做。这种困惑是一种源于人的理性有限性的必然，因而在这个意义上产生的困惑称为合理性困惑，也称为必然性困惑。对待合理性的困惑，不要消极地等待，而是要积极地去做自己所能做的一切事情。因此，对待合理性困惑，首先要承认其存在，其次是以坦然的心态积极地对待，在二律背反的张力当中尽可能去"为自己所能为"。

其二，消除人为性困惑。人为性困惑并不直接源于政策理论的悖论本性，而是由人们对待"由悖论直接产生的合理性困惑"所采取的态度决定的，是以一种夸大或缩小合理性困惑的态度对待政策研究的问题。其表现为：在社会稳定发展的时期，看不到问题，好大喜功，展现出一种忽略困惑的"无困惑"状态；而在社会处于转型时期，矛盾激增时，就出现一种怀疑、否定一切的夸大的人为性焦虑。人为性的困惑是需要"尽可能"去消除的。首先，将"困惑"区分为"合理性"和"人为性"两种，这是一种理论上的划分，在实际的教育实践过程中，不存在哪一种困惑是合理性困惑、哪一种困惑是人为性困惑的问题，而是在每个政策研究的问题当中，都必然同时存在这两种困惑。因为，既然是合理性困惑，就其产生的原理来说，就必然存在于每一个问题中，人为性困惑则是与合理性困惑相伴而生的，所以，每一个政策活动的困惑都必然既有合理性的成分，又具有人为性的成分。其次，存在于每一个政策研究的问题中的合理性困惑和人为性困惑的程度到底有多深，这不是我们人类的思维能够精确把握的，所以，只要我们力求用一种坦然的心态去对待，并在此基础上尽可能地消解人为性困惑就可以了。

所以，教师教育政策研究者在研究态度上要做到：

① 具备热情的人文眼光，积极努力地探索，力求正确选择最大限度地实现人的理想与愿望的可能性道路。尤其需要强调的是，即使在教师教育研究前进的道路上出现了与所想所料不一致、有时感觉希望很渺茫的时刻，也不要对自己的努力产生怀疑，不要失去继续探索的信心和劲头。因此，要防止否定一切的思想倾向，要坚定人类教育的理想和信念，坚信历史就是在这样的循环上升中前进的。

② 具备冷静的、社会的、历史的眼光，即对待教师教育发展的过程，不要认为什么事情都会像自己所想象的那样完全按照计划发展，即使出现

了否定性因素，也应觉得无所谓，问题会解决的，没什么大不了的。在这种心态下，也许教师教育的发展会完全改变了模样。因为接纳教师教育研究中的否定性因素，并不等于无视"问题"的存在。因此，悖论性原理要求我们承认教师教育中出现的"问题"，之后要正视"问题"，保持一个"问题解决的过程正像问题产生的过程一样是缓慢的、长期的"的正常心态，客观地分析其弊端，把教育的发展引向积极的方向。

总之，社会在改革发展，如何看待教师教育发展至关重要。对待教师教育中已有的弊端，要在接纳它的基础上实施改革，而不是否定一切；对新时期教师教育的憧憬与理想，要在坚信追求的前提下，考虑每一阶段的可能性和可能有的局限性，才不至于在遇到挫折和麻烦时怀疑自己对追求教育发展所做出的努力。应把热情的人文眼光与冷静的社会历史的眼光融合起来，以坦然的心态解决合理性困惑，尽可能地消除人为性困惑，让教师教育的发展一路走好。

第二节　新时期教师教育政策的目标

按照公共政策学的观点，政策目标就是政策所要实现的期望值，它对于特定政策的制定、运行和评估具有一定的约束性和控制力。处于新时期的教师教育应有一个清晰、稳定且一致的政策目标，由此衍生出具体的政策内容。笔者认为，我国教师教育政策目标的制定，既要针对转型时期我国教师教育面临的实际问题，同时也要顺应国际教师教育改革的潮流及未来的发展趋势，将建构多元、高端的现代教师教育体系，培养造就优秀教师作为追求的目标。这一目标包含以下几个核心概念。

一、多元的教师教育

世界各国的教师教育，根据师资养成机构的不同，形成一元或多元的养成模式。英国的教师养成机构，历经了师范学院改制或并入多科技术学院，以及多科技术学院改制为大学的变革，目前教师培养的工作由大学与高等教育学院来完成。日本的教师教育，也于二战后从师范院校的一元养成模式改为开放性的养成制度。法国的教师教育却与多元化的教师教育改革浪潮背道而驰，坚持主张教师培养必须在高等师资培育学院来完成。

一元化的教师教育模式深受德国教师培养体系及其改革的影响。德国教育部长洪堡德（K. W. Humboldt）根据新人文主义精神对各级各类学校进行了一系列改革。1802 年和 1805 年公布的初等义务教育法案，在学科内容上，减少了宗教神学课，增设了实用知识的学科，如博物、史地、自然常识，使学生能学到更为广泛和有用的文化知识；在教学方法上，废除体罚和死记硬背，采用实物的直观教学法；在初等教育方面，特别注重教师培养的数量和质量，努力改进培训工作，一方面邀请瑞士教育家席勒到普鲁士办师范学校，用裴斯泰洛奇方法培训教师，在教师教育过程中积极贯彻裴斯泰洛齐的教育思想，另一方面在 1808 年的时候，他还派遣了 17 名教师到瑞士跟随裴斯泰洛奇学习，以便在德国更好地发展教师教育。洪堡德注重对中学教师的培养，他指出中学教师必须参加教师资格考试，考试成绩合格者才可以拿到教师资格证书，然后才可以任教；并且还规定教师的考核工作由"教育代表团"承担，考核科目包括语文、科学、历史等所有文科中学所开设的科目，这意味着不接受文科中学教育的牧师便不能进入中学任教。德国文化教育学的代表人物之一斯普朗格（Eduard Spranger）认为普通的大学并不能担负教师培养的职责，所以应成立全新的"教育家大学"来培育陶冶国民的教育家。斯普朗格的观点得到当时德国教育部部长贝克尔的赞成，在贝克尔的支持下，普鲁士在 1926 年建立了第一批 3 所师范学院；到 1931 年已经设立 15 所师范学院。师范学院的建立被称为德国教师教育史上的一次革命。它使德国师资培养水平提高了一个层次。

德国教师培养体系的改革推动了德国教师教育的发展，并为许多国家教师教育发展提供了可借鉴的模式。我国与日本借鉴德国的教师养成模式建立起一元封闭的教师教育体系。然而，许多学者对于一元化的教师培养模式始终质疑，以德国为例，斯普朗格的观点遭到许多学者的批评。有许多学者认为师范学院不足以解决教育理论与教育实践落差的问题，相反，过度重视文化陶冶与人格教育不但将减缩教育学理论课程，同时也可能轻视和教学训练有关的实践课程。也有学者认为，单独设立教师教育机构有使教育研究及教师教育与整个学术发展脱节的危险。还有学者认为，作为一门科学或学术的教育学仅能在大学中发展，否则在孤立的师范院校中其将会沦为"次级科学"。教师团体则认为，为了提升本身的专业地位，教师教育应放在普通大学进行。

事实上，教师教育政策应一元还是多元的论争由来已久。一元化教师教育体系使得教师培养的目标定位比较低，导致教师的知识和能力比较欠缺，且缺乏创新意识。不仅如此，单一的教师培养模式对社会的变革和新的需求反应也较为迟钝，课程的开发与设置显现滞后，这就会造成师范毕业生适应性较差、视野狭窄，不利于教师队伍的发展和教育质量的提高。第二次世界大战后，教师的数量已经基本满足需求，因此，提高教师教育的质量成了当时的主要问题。一元化的师范教育体系越来越不适应时代的潮流，许多国家开始了新的教师培养模式的探索，教师教育的师范性逐渐减弱，师范教育体系以外的高等教育机构开始越来越多地承担起培养教师的任务。于是，先前形成的比较单一、独立、封闭的师范教育体系开始解体，教师教育朝着多样性、灵活性、开放性和综合性的方向发展。第二次世界大战以后，美、英、德、日等国相继进行了师范教育改革，实现了教师培养的多元化。

20世纪80年代起，美国教师教育培养逐渐形成了包括综合性大学模式、文理学院模式、专业发展学校模式和选择性教师教育模式等在内的多元化的教师培养格局。多渠道、多层次、多类型培养教师，可以满足社会不同层次的需求，提高教师教育的质量。综合大学举办教师教育的优势在于学科门类齐全，学科之间融合性好，有动力去改革教师教育课程设置和教学体系，拓展学生的知识面，有利于学生形成较强的专业理论基础。随着基础教育课程改革的深入，对中小学教师的素质要求也从单一技能型向研究型、专家型转变，"多元化"的师资培养模式可以关注学生综合素质、综合能力的培养，使学生具有广博的基础知识、扎实的专业基础、现代化的教育理论和教育实践技能，从而适应课程改革的需要。

多元化的师资培育政策不仅顺应世界教育潮流，同时也符合自由开放的社会趋势。多元社会要求教师队伍来源多元化，并不是只有教育专业的学生才能任教，学习任何专业的人经过法定的程序都可以成为教师。这种教师教育政策使得对教育工作有热诚的大学毕业生也能从事教职，并为师资培育机构引入竞争，注入活力。

就我国而言，多元化的教师教育政策具体包含4项目标。

1. 实现教师培养机构的多元化

不断拓宽教师来源渠道，实现教师培养机构的多元化是世界各国教师教育发展的一个趋势。目前，我国已经打破了师范院校包办教师培养的一元化教师教育格局，综合性大学也加入了教师培养的行列。但是，我们现在宣称已经实现了"教师培养机构的多元化"还显得过早。第一，我国教师教育机构的准入、评估及退出机制尚不完善，怎样通过有效的制度建设确保参与教师培养的各类机构都能达到较高的水准，是今后教师教育政策应关注的重要问题。第二，我国承担教师教育的机构，"体制内"的多，"体制外"的少，社会力量和民间团体参与不够；"学术单位"多，"实践单位"少，一线的中小学校参与教师培养的广度和深度都显不足，这也是今后教师教育政策进一步完善的重点。第三，我国真正的高水平综合性大学较少参与教师培养，教育学院未真正承担起教师教育的重任。

2. 招生入学制度的多元化

目前，我国大陆地区师范专业的学生来源比较单一，大多数院校，不管是师范院校还是综合性大学，都是从高中毕业生中招生。相比之下，我国台湾地区师范生的来源就显得非常多样化，具体包括以下 4 种：① 招收高中、高职毕业生在师范院校或教育大学学习 4 年；② 大学毕业生进入"学士后教育学分班"修读 1 年职前教育课程；③ 持国外大学以上学历者向举办教师教育的大学申请参加半年教育实习，成绩及格者由大学发给修毕职前教育证明书；④ 甄选大二以上学生及硕（博）士生到一般大学设立"师资培育中心"修读 2 年职前教育课程。多元化的教师教育政策要求实现师范生来源的多样化，使有志于从事教育工作的青年获得更多的从业机会。

3. 教师教育范式的多元化

一定的教师教育都是基于一定的理论假设而确立起来的，由此形成不同的教师教育范式。多元化的教师教育政策应保证各种教师教育范式的存在与发展。对于教师教育具体包含哪些范式，学者们有不同的研究。美国学者翟奇纳（Zeichner）提出了教师教育的 4 种基本范式：① 行为主义范式（behavioristic）。这一范式强调教师的培训着重于达成外显的教学行为。行为主义范式注重特定的教学知能、可观察的教学技巧或能力的发展与培养，强调培养所谓的"经师"。② 人本主义范式（personalistic）。这一范式强调教师教育应着重培养教师作为"人"的一面，重视人的发展与人的理想。因此，教师教育就要促进教师心智、品格的成长和健全，讲究个人认知或心理的成熟、自主，重视对各种专业知识、能力、信念和态度的反思与经验重组。人本主义教师教育范式注重教人的层面，强调培养"人师"。③ 传统艺徒范式（traditional-craft）。这一范式就是将传统的工艺学徒制（apprenticeship）运用到教师教育当中，采取师父带徒弟的形式培养教师。教师培养就是发现一些良好的教学形式，由有经验的教师（师父）根据这些形式进行示范教学，学徒通过观察、模仿来学习、获得教学技巧。这是一种典型的传统师资训练方式，强调为学徒提供标准化的教学形式和程序范本，安排教学示范，从而训练出具有教学技艺的"教书匠"。④ 探究分析范式（inquiry-oriented）。这一范式把教师养成视为一种认知的改变过程。教师的认知发展是一个循序渐进的过程，需要教师提供适当的课程、遵循一定的方式促进教师认知结构发生改变，改变的最好方法就是探究，即对教学的情境条件、教学成败的影响等做综合客观的探究和分析。这种范式把教师视为主动积极的角色，教师能探究教学行为的因果影响或作用，便能对教学的方式、成效和教学的对象、情境做明智的评析和理解，从而更容易成为健全理想的教师。

考尔德海德和罗克（Calderhead & shorrock）根据教师职业准备理念的不同定位，将教师教育描述为以下几种范式：① 学术型。强调教师的专业知识，把教师自身所受教育的质量等同于其职业能力。在这种定位中，坚实的人文教育是关键。② 实践型。强调教师的教学艺术与课堂技能。在这种定位中，实际课堂教学经验和见习形式的学习是关键。③ 技术型。强调教师的知识和行为技巧。技术型职业准备受行为主义教学形式的启发，与微格教学和能力型教学方法相联系。④ 人性型。强调课堂人际关系的重要性，视"学习教学"（learning to teach）的过程为"成长"的过程。因此，教学准备的关键是试验并发现个人力量。⑤ 批判探究型。视教育为社会变革的一个过程，认为学校的作用在于弘扬民主观念和减少社会不公正。批判探究型的关键是促进教师进行反思性实践，使他们成为社会变革的力量。①

我国有学者将国际上的教师培养范式概括为 6 种：① 知识范式。具备一定的知识是教师的必备条件，因此，教师培养非常重视文化知识的传授，认为教师的专业化就是知识化。② 能力范式。教师不仅仅要有知识，更重要的是要有把知识表达出来，传递出去，教会学生学习的能力，要有与学生进行沟通、共同处理课堂事务的能力。③ 情感范式。仅仅拥有知识和能力不足以成为好教师。当教师的知识水平达到一定程度时，影响教师教学水平和教学质量的则是情感性因素，教师能否热爱教学工作、关心学生的情感发展是关系到教学成败的重要条件。④ 建构论范式。受认知理论和建

---

① 任学印. 教师入职教育理论与实践比较研究［M］. 长春：东北师范大学出版社，2005.

构主义哲学思潮的影响，建构论范式论者认为知识是不固定的，是不断扩展的，是在学习者和教学者之间互动共同建构的。因此，他们强调教师是成长过程中的人，需要不断地建构自己的知识体系，把知识变成完全个人化的而不是外在于自己的东西。⑤ 批判论范式。强调教师不仅要关心书本知识，还要关心学科之外的社会政治、经济和文化的合理性，应当主动地介入社会生活并保持一种独立的立场，主张培养教师的独立思考能力。⑥ 反思论范式。主张教师的成长应该培植起"反思"的意识，不断反思自己的教育教学理念与行动，不断自我调整、自我建构。①

多元化的教师教育政策应鼓励教师教育范式的多元化。各类教师教育机构所采用的教师教育范式或有不同，有的注重实践，强调中小学在教师培养中的重要功能；有的注重能力养成，对于"三字一话"教学基本功表现出异乎寻常的重视……这些基于不同的理念和假设而衍生出来的不同的教师教育范式都应受到尊重，因为这种多元化的教师教育范式的存在，正是教师教育工作复杂性的体现。

4. 教师教育模式的多元化

多元化的教师教育范式必然衍生出不同的教师教育模式。由于我国基础教育发展存在巨大差异，全国中小学校教师的需求必定是多层次和多层面的，根据不同地区的发展条件和不同层次的制度环境，教师教育的模式和类型也应是多元化的。针对不同的培养对象和不同的培养需求，应该设计不同的培养项目，这些项目在培养目标、课程设置、学分要求、学制长短等方面都可以不同。

例如，目前我国本科层次小学教师的培养就已经形成多元化的培养模式，代表性的有如下几种类型：

第一种模式是首都师范大学、南京晓庄学院等院校的分学科、分方向培养模式，根据小学课程的特点设置专业方向。首都师范大学设置了小学数学教育、小学语文教育、小学英语教育等 7 个专业方向，培养对任教学科有专攻的小学教师；南京晓庄学院则设置了小学文科教育和小学理科教育两个专业方向，前者培养能承担小学语文、社会等文科课程教学的师资，后者则培养能承担小学数学、科学等理科课程教学的师资。这类模式设立专业基础课，各个专业方向必修，然后再根据不同的专业方向设计课程。

---

① 国际上的六种教师培养范式 [J]. 江苏教育，2002（5）：44.

第二种模式是东北师范大学、四川师范大学等的依托教育系设立小学教育专业，突出教育类课程。这一模式对于小学语文、数学等具体学科的教学并不过分重视，而是着重培养具有一定教育理论素养的小学教师。

第三种模式是大连大学等院校的综合培养模式，不分方向，也不突出教育类课程。这一模式培养的是"万能型"的教师，要求培养的学生具有广泛的适应性。

再如，我国近些年兴起的研究生阶段的教师教育也具有多种实践模式，如"4+2"模式、"3+3"模式、"4+1+2"模式等。

5. 教师教育课程的多元化

不同的教师教育范式的存在，必然会在教师教育课程上有所体现。就教师教育而言，课程设计之高下，直接关系到所培养的师资的质量。多元化的教师教育应该有多元化的教师教育课程，避免课程设计的单一和僵化。目前，我国正在研制教师教育课程标准，但是这并不意味着教师教育课程将走向统一，职前和职后教师教育机构都有权根据自身特点及学习需求自行开发课程，形成自己的特色，提升自身的竞争力。

将"多元化"列为教师教育政策的重要目标，从更深的层面讲是为了实现教师培养的专业化与优质化。多元化的教师教育政策可以通过自由竞争提升师资素质，并适应社会多样化的需求，因此，多元化的实质是将市场机制引入教师教育中，通过建立开放的市场及引导市场主体通过竞争来提高教师教育"产品"的质量，满足教育市场上不同"客户"的需求，并运用市场力量对师资数量进行调控。但必须指出的是，多元化并不必然地带来教师培养的优质化与专业化，若缺乏相应的规则建设及必要的行政管制，多元化也可能陷入混乱，这样的例子在很多国家和地区都发生过。

二、卓越的教师教育

T. 胡森和T. N. 波斯尔思韦特在《国际教育百科全书》中指出，"一般而言，世界各国对培养医生、工程师和农学家之类专业人员的模式大体相似。然而，常常只限于师资培养的师范教育则完全取决于一个国家的经济发展水平和社会状况"[①]。究其原因主要在于两个方面：第一，社会生产力的发展必然要求劳动力不断提高教育水平。提高劳动力的教育水平，要依

---

① T. 胡森，T. N. 波斯尔思韦特. 国际教育百科全书（第九卷）[M]. 贵阳：贵州教育出版社，1990：16.

靠办学层次的提升，更依靠各级各类学校教师素质的提高，而教师素质的提高又依赖于教师教育的水平和质量。第二，社会经济发展的水平制约着基础教育、教师教育的发展水平，影响教师供给的数量、质量和结构。随着我国改革开放的深入，经济和社会发展进入了一个新阶段，逐步提高中小学教师的学历层次已成为我国社会生产力发展的必然结果。在经济发展的有力支持下，我国已经完成了从三级师范教育体系向二级教师教育体系的过渡。进一步提高中小学教师的学历层次，实现教师教育的卓越化，是新时期教师教育政策的重要目标。

将教师教育卓越化列为教师教育的政策目标主要基于以下几点考虑：

第一，从教师教育发展的一般规律来看，对师资培养的要求会经历一个从数量到质量、从低学历到高学历的发展过程。逐步提高中小学教师的学历起点，实现中小学教师的高等教育培养是国际教师教育发展的必然趋势。

第二，我国社会经济的发展为教师教育高端培养提供了外部条件，尤其是高等教育大众化的实现，为教师教育的高端化提供了契机。

第三，教师专业化水平的提高需要教师同时具备扎实的通识知识、学科知识，以及教育专业知识，而延长学习年限、提高学历水平，是兼顾教师各方面知识发展的需要。

当前，世界各国都把教育放到了促进社会发展的优先战略位置。人们对教师的专业发展和成长给予了极大的关注，教师的专业发展和成长已成为教师教育改革的方向和主题。最基础的教师专业化政策举措就是提高教师职业的准入学历。各国在教师专业化发展过程中都出现了教师准入学历提高的趋势，教育发达国家开始提出所有中小学教师都必须具备大学毕业或同等学力的要求。我国对教师任职应当具备的学历标准、学科知识的学历标准和教育专业培养标准都逐步提高，师范院校招生条件也逐步提高。

美国在 20 世纪 30 年代就有两个州规定小学教师要具备学士学位，至 70 年代具备学士学位则成为全国的统一规定。1986 年美国卡内基工作小组发表的《国家为培养 21 世纪的教师做准备》、霍姆斯小组发表的《明天的教师》，以及 1989 年复兴小组发表的《新世界的教师》等一系列报告均对教师素质提出了更高的要求，提出以教师的专业性作为教师教育改革和教师职业发展的目标，建议教师培养从本科水平过渡到研究生教育水平。20 世纪 80 年代以后，美国提高了师范教育专业的录取标准，师范生必须先接受 4 年的大学教育，然后接受年 1～2 年的教育专业训练。另外还延长了修业年限，师范院校的修业年限由过去的 4 年延长至 5～6 年，5 年制的教学硕士学位课程在全国得到推广，美国各州把硕士学位作为中小学教师的准入条件①。

欧盟各国的教师教育也出现了"修业层级硕士化趋势"。欧洲贸易联盟教育委员会（European Trade Union Confederation of Education，ETUCE）强烈建议"波隆纳历程"的 46 个签署国，不论哪个层级的教师（从学前教育到高级中等教育），职前教育都要修业至硕士层级。欧洲贸易联盟教育委员会更以芬兰为例指出，芬兰中小学教师均具有硕士学位，这提升了教师职业的吸引力与社会地位，教师更以其高度的专业性，显著提升了学生的学习成效，学生在国际学术竞赛中的表现令世界惊艳。芬兰学生多次在国际 PISA（Programme for International Student Assesment）阅读、数学、科学等素养竞赛中稳占鳌头，且学校间学生表现相当平均，未见两极化的现象。

就我国目前的现实而言，实现教师教育的卓越化面临两项基本任务。

1. 推动小学教师、幼儿园教师培养的本科化进程

小学教育和学前教育的重点在于发展儿童的个性，形成人生的基本态度，掌握基本的学习方法。教师教育教学的难点不是精通并传授学科知识内容，而是是否有能力使学生达到"乐学"的状态。由于儿童的自我意识发展水平较低，自控能力较差，因此对小学教师、幼儿园教师的引导能力和促进能力要求更高。学前教育和小学教育的教学就知识本身来说并不难，难点在于怎样把知识传授给接受能力还比较低的儿童，让每一个孩子都学会，即"如何教"比"教什么"更重要。从这个视角看，学前教育专业、小学教育专业应比中学教育专业的"师范性"更强。我国师范教育体系的建立借鉴了西方的模式，其发展经历了一个曲折的过程。在相当长的时间内，人们形成了"中师培养小学教师，师范专科培养初中教师，师范本科培养高中教师"的狭隘认识。实际上，学前教育专业、小学教育专业更应该强调"师范性"，更应侧重于学生职业素养、教学技能及师德的培养。从世界各国教师教育发展的历史来看，美国早在 1942 年就实现了小学教师培养的本科化、即使像巴西这样的发展中国家，也在 1996 年实现了小学教师培养的本科化。与发达国家相比，我国幼儿园、小学教师培养的本科化、

①　龙宝新. 论当代美国职前教师教育改革的动向［J］. 扬州大学学报（高教研究版），2016（2）：3-9.

硕士化亟待加速推动。

随着社会经济的发展及人民生活水平的提高，我国的教育也有了前所未有的大发展，与过去相比，今天的儿童在求知欲、知识面、思维能力等诸多方面都有了更强的表现。然而，长期以来，我国幼儿园、小学教师的学历层次偏低、质量不高的问题依然存在，幼儿园、小学教师的知识储备、能力水平等诸多方面也都很难适应儿童身心发展的需要，教师队伍的整体水平也无法满足教育的要求。因此，提高幼儿园、小学教师的学历层次，进而提高小学教师的整体素质，是提高教育发展水平和实现教育均衡发展的必然选择。

2. 大力推动研究生阶段的教师教育

从教师教育的历史发展来看，师范生可以在不同的文化基础上接受教师教育，可以是小学文化基础，也可是初中文化基础、高中文化基础，又或大学文化基础。教师教育要同时解决"教什么"与"怎样教"的问题，是一种"双专业"教育。如果学制与综合大学相同，高等师范院校的学生就要相同的时间内完成两种专业教育，其后果必然是师范生在"学科专业性"和"教育专业性"上都没有得到充分的发展。因此，研究生阶段教师教育模式正是解决这种矛盾冲突的有效途径。通过延长学制提高学历的做法——大学本科阶段学习文、理各学科专业知识及提升人文和科学素养，研究生阶段学习教师专业训练课程，学生就能够以厚实的理论底蕴和文化底蕴为基础进行教师专业训练，有利于掌握教育理论，在更多的教育实践中获得积极的体验，在更高层次上实现"师范性"和"学术性"的整合，兼顾学科专业发展与教师专业训练。

从美国教师教育发展的历程来看，美国的师资水平与教师培养的学历层次有着密不可分的联系，当前最主要的综合性大学模式以研究生阶段的教师教育为主，其代表性模式为"4+1"或"4+2"。与此同时，在教师专业化运动的推动下，美国各州提高了教师的入职资格，美国大多数州把硕士学位作为成为中小学教师的基本条件，并给予获得博士学位的教师以优厚的待遇，从而力图将整体的教师学历水平稳步提高到较高的层次之上。

国际教师教育的发展表明，教师教育的重心正在逐渐从本科层次向硕士生层次转移。我国对研究生阶段教师教育进行了积极探索。1997 年我国开始招收工作 3 年后的中小学教师在职攻读教育硕士专业学位。2009 年国家推进专业学位制度改革，从应届本科毕业生中招收教育硕士。强化学士后与硕士层次教师培养，招收已具有坚实的专门学科知识背景的大学毕业生，接受2年教育专业学习，一方面，可解决教师培养中学术性和师范性的矛盾，实现学科专业水平和教育专业水平的同步提升；另一方面，将教师职前课程延至学士层次之后，学生在学习教师教育课程时就已经拥有了特定的专长，将来即使在教职市场求职不顺，仍可有其他选择的空间。

三、优质的教师教育

教师教育层次的提高，从根本上来说是为了提高教师的质量。联合国教科文组织国际教育委员会在报告《教育——财富蕴藏其中：国际21世纪教育委员会报告》指出，"我们无论怎么强调教学质量亦即教师质量的重要性都不会过分……各国政府应努力重新确认基础教育师资的重要性并提高他们的资格"[1]。

我国力图实现教师教育由数量扩展向质量提高的转变，提出建立以师范院校为主体，综合大学积极参与的教师教育体系。因此，我国在2012年发布了具有普遍意义的全国范围内的幼儿园、中小学教师专业标准，并以教师专业标准为依据，进一步制定相应的教师教育课程标准和教师教育机构资质标准，以此确保教师教育的办学水平和教师培养质量，为实现优质的教师教育提供制度保障。

洪成文教授研究了欧美发达国家教师教育质量保证制度的建设发现，影响教师教育质量的因素很多，但从过程上来看，主要有4项基本因素，即"机构的、师资的、过程的和结果的"。也就是说为保障教师教育的质量，需要建立教师教育机构的资格认可和质量认证制度、教育学院或师范院校教师的专业管理制度、教师教育课程审定及淘汰制度、教育临床实习制度[2]。

为此，在今后教师教育的进一步改革和发展中，我国教师教育质量保证制度的建设要达成如下目标[3]：

1. 制定国家教师教育标准

世界许多国家为了确保教师专业化的进程和教师教育的质量，并为教

---

① 教育——财富蕴藏其中：国际21世纪教育委员会报告 [M]. 联合国教科文组织总部中文科，译. 北京：教育科学出版社，1996：139.

② 洪成文. 国际教师教育质量保证制度的最新发展 [J]. 比较教育研究，2003（11）：32-36.

③ 何玉海. 试论《教师教育标准》的构成与结构要素 [J]. 教师教育研究，2007（1）：36-40，11.

师教育的质量管理和监控提供法律依据，都制定和实施了《教师教育标准》。《教师教育标准》是由国家的公认机构制定并由国家标准权威管理部门批准的文件。它为教师教育活动制定了规则，制定了教师教育活动的质量指标，要求从事教师教育的高等学校和教师教育培训机构遵守，以确保教师教育活动的最佳秩序和效果的实现，同时也是教师和未来教师应备素质指标的衡量尺度。《教师教育标准》应该包含教师教育资质标准、教师教育专业类标准、学科规划与设计类标准、课程规划与设计类标准、教育技术与技能类标准、质量控制与评价类标准。

2. 建立教师教育认证和质量评估机构及相应的制度

随着教师教育体系的开放，参与教师培养的机构越来越多，为了保证教师培养的质量，我国应尽快建立教师教育机构认可制度，只有那些通过认可的机构才有资格培养和培训教师。开放型的教师教育体系需要对教师教育机构的办学水平进行评估，制定统一的教师教育认可标准，制定教师教育教学全面质量管理体系，鉴别教师教育机构的教育质量，促进对教师教育机构培养计划的评价，提高教师教育专业化水平，激励教师教育机构之间的良性竞争。

3. 以教师教育课程标准完善课程评价制度

对提供教师教育课程的高等教育机构进行课程评价，能够有效地规范教师教育课程的实施，同时也淘汰那些没有达到认证要求的教师教育机构，保证教师教育的质量。为保证教师教育课程的专业水准，教师教育认证机构要依据《教师教育课程标准》对各高校的教师教育课程进行审定，并根据鉴定结果向教育部建议各教师教育机构的毕业生能否得到教师资格证书。

新时期教师教育政策的价值主题

近年来，我国教师教育政策价值目标是构建开放化、一体化和高端化的教师教育体系。那么，为什么要推进教师教育开放化、一体化、高端化的改革？教师教育开放化、一体化、高端化的内容是什么？我国教师教育开放化、一体化、高端化的改革取得了哪些成效，存在哪些值得反思的问题？这些都是本书要着重探讨的问题。

第一节　教师教育政策的开放化

新中国以苏联的教师教育体制为蓝本建立了独立设置的教师教育体系，独立的师范院校负责中小学教师的培养，师范院校只开设师范类专业，师范生享受国家规定的优惠政策，毕业后由国家统一分配到中小学任教，不得调离教育系统。这是一种封闭定向型的教师教育体系。但是到了20世纪90年代，我国定向型教师教育赖以存在的社会主义计划经济已经转变为社会主义市场经济。因此，必须按照社会主义市场经济下教师教育发展的规律进行相应的改革。

一、封闭型教师教育体系弊端日益显现

随着时代的发展和教育改革，独立封闭的教师教育体系的弊端日益显现，这主要表现在以下几个方面：

（1）对政府的依赖性强

按照政府的教育政策，中小学教师必须由师范院校培养，从而形成了师范院校对教育工作的垄断，同时，也导致师范院校对政府的依附性日益

增强。政府对师范院校的"限制性政策"和"保护性政策"削弱了师范院校的竞争压力和改革动力。

（2）学科与培养模式单一

师范院校开设教育学、心理学、学科教学论课程和实行教育实习是师范专业培养学生的统一标志和基本模式。师范院校中的单一学科教育导致师范毕业生缺乏综合能力。与综合大学的毕业生相比，师范毕业生的"学术性"不强。同时，种种原因又使得一些师范院校的学科课程设置与综合大学相关专业的课程设置相同，由此导致师范生的教育专业训练严重不足，没能很好地体现教师教育对"师范性"的高要求。

（3）科学研究功能受到制约

从政府确定的办学功能出发，师范院校主要面向基础教育，为基础教育发展服务。为此，师范院校的科学研究功能受到了限制，主要围绕基础教育中的一些理论与实践问题来进行。长此以往，科研部门和社会对师范院校就可能形成偏见。由此造成的消极后果是多方面的，最为直接的是师范院校师资配置水平偏低，教师的学历和职称偏低，这种情况同样也会反过来制约其科研能力的发展。

（4）面向社会自我发展能力弱

由于师范院校的专业设置主要是面向中小学教师的需求，毕业生只在教育系统工作，缺乏与社会各行各业的联系，因此形成了教育的内循环系统。师范院校既缺乏与社会各行各业的联系，也缺乏为社会各行各业服务的能力，难以像其他院校那样争取到企业的开发项目和经费支持。这极大地限制了师范院校自身的发展。

（5）学生缺乏竞争意识和创新能力

由于过分强调师范文化固有的模仿性和规范化，师范毕业生往往学术研究能力较弱，创新能力不足，依赖性较强，竞争意识弱。

总体来说，传统的教师教育面临着前所未有的危机和挑战，要使我国教师教育走出困境，必须实施体制创新，其主要方向是构建开放化的教师教育体系。

二、教师教育开放化的政策内容与实践

（一）教师教育开放化的政策内容

1999 年 1 月 13 日，为贯彻落实党中央科教兴国战略，国务院批转教育部《面向 21 世纪教育振兴行动计划》，该计划提出"要拓宽教师来源和渠道，向社会招聘具有教师资格的非师范类高等学校优秀毕业生到中小学任教，改善教师队伍结构"，这就使教师职业不再成为师范院校学生的专利，强调教师教育要具有开放性的特点。

1999 年 3 月教育部印发《关于师范院校布局结构调整的几点意见》，强调要以独立设置的师范院校为主体，进一步拓宽教师来源渠道，鼓励综合大学参与教师培养，通过教师资格证制度优化教师队伍。

1999 年 6 月 13 日，中共中央、国务院《关于深化教育改革全面推进素质教育的决定》明确指出，鼓励综合性高等学校参与教师培养，例如可以让综合性高等学校和非师范院校参与教师培养等。

2001 年 5 月 29 日，国务院《关于基础教育改革与发展的决定》提出了完善教师教育体系的发展计划，并明确提出初步形成适应基础教育改革和发展的教师教育体系，从整体上"完善以现有师范院校为主体、其他高等学校共同参与、培养培训相衔接的开放的教师教育体系"，"鼓励综合性大学和其他非师范类高等学校举办教育院系或开设获得教师资格所需课程"，并"以有条件的师范大学和综合性大学为依托建设一批开放式教师教育网络学院"，提倡"逐步实现三级师范向二级师范的过渡"，这就使教师教育在整体上实现了高等教育化。

2002 年 2 月 6 日，教育部出台《关于"十五"期间教师教育改革与发展的意见》，明确了教师教育体系建设的总思路，即要求师范院校培养规模、结构要合理，初步形成多种形式共同参与的反映终身教育思想的开放的教师教育体系。"十五"期间要办好一批不同层次的示范性师范院校，包括师范大学、本科师范院校、师范高等专科学校、中等师范学校、教育学院、进修学校和其他高等学校参与的教师教育体系。"十五"期间要有计划、有步骤、多渠道地将中小学新教师培训纳入高等教育体系，逐步将教师教育培养层次分为专科、本科、研究生，要求扩大教育硕士的培养规模，增加教育硕士的数量，并且适当招收应届毕业生，旨在扩大教师中硕士的比重，这就意味着新增的中小学教师都将拥有大学学历或文凭，这就使教师教育的学历水平实现了质的飞跃。

2003 年 11 月，在教育部师范教育司倡导支持下，100 多所举办教师教育的非师范院校在厦门参加"全国非师范院校教师教育工作研讨会"，研讨在新时期如何进一步积极参与和加强教师教育，提高教师培养培训质量，构建灵活、开放的教师教育体系。会上通过了《非师范院校积极参与教师教育的行动宣言》。与会者一致表示，在我国教师教育发展的重大历史转折时期，非师范院校将不辱使命，与师范院校一道，为造就一支高素质专业化的教师队伍做出积极的贡献。

1999 年 9 月，教育部发布《中小学教师继续教育规定》，进一步提出鼓励综合性高等学校和非师范类高等学校参与中小学教师培养。

（二）我国教师教育开放化的途径

在上述教育改革政策的推动下，我国的教师教育改革开始逐步迈入开放化的轨道。其途径主要有两个：

1. 师范院校的综合化改革

（1）形式上的综合化：师范院校的合并与更名

面对教师教育制度的弊端，在市场经济体制的推动下，师范生缴费制度、就业制度和培养模式采取渐进的方式进行了一系列改革。

师范院校在我国教师教育体系中处于极其重要的位置。起初，对于师范院校的更名，国家教育行政部门一直采取慎重态度。1984 年，原河南师范大学更名为河南大学。这是新中国成立以来唯一更名为综合大学成功的师范大学。1994 年福建师范大学更名为福建大学的请示未被批准。2000 年上海师范大学申请更名为上海城市大学、2001 年南京师范大学申请更名为金陵大学、2003 年福建师范大学再次申请更名为福建大学的请示均未得到批复。一些师范大学认为更名既有利于学校的发展定位，也有利于提高教师教育的质量。但教育行政部门认为，国家已经取消了高等学校的科类划分，师范大学就是综合大学。"师范大学"名称本身包含"高水平大学"和"教师教育优势"两个属性。高水平师范大学群体的存在，有利于提高教师教育的水平，有利于社会对教师的关注。

但进入 20 世纪 90 年代之后，随着相关政策的出台，师范院校的合并与更名迈入了快车道。1999 年中共中央、国务院颁布的《关于深化教育改革全面推进素质教育的决定》加快了师范院校综合化进程。从 1982 年江苏师范学院改为苏州大学开始，师范院校合并与更名速度明显加快，许多高等师范院校并入其他学校或更名为综合大学。

（2）实质上的综合化：师范大学的学科、专业与培养模式改革

在推动师范院校迈向综合化改革的轨道过程中，我国政府还积极鼓励师范院校进行体制改革，调整培养目标、课程结构、专业设置，改革教学

方法和培养模式，实现实质意义上的综合化。对于一些实力较强的师范大学而言，尽管仍保留着师范大学的名称，但它们仍然期望抓住难得的改革机遇，通过学科结构、专业设置和人才培养模式的改革向综合大学迈进。如北京师范大学在 2006 年学校第十一次党代会通过的"十一五"发展规划中提出，在 21 世纪将建设成为一所综合性、有特色、研究型的世界知名高水平大学。

学科结构的综合性。进行学科结构的综合性调整，要求师范院校在保持教师教育学科优势的基础上，进行学科结构性调整，适当地增加适应社会需要的应用性学科、新兴学科和交叉学科，以实现学科结构的综合性。当然，不能将学科结构的综合简单地理解为放弃师范院校的教师教育特色，而是要保持教育学科的优势，并且将其作为师范院校的主干学科，在大学教育学院层面上得到进一步加强。

专业设置的综合性。近年来的教师教育改革政策积极鼓励师范院校调整专业设置，支持师范院校设置一些非师范性专业，通过增加非师范类专业向多学科综合性方面转变，扩大师范生的就业范围，增强师范院校的社会竞争力。这些新开设的非师范类专业多是一些社会上急需的专业。非师范专业的开设一方面满足了社会和经济发展的需要，另一方面也促进了学校学术性的提高。当非师范专业的比例达到一定程度时，师范院校也就成为综合性的高等学校了。

人才培养模式的综合化。在传统四年一贯制的基础上，许多师范院校近年来都在试行人才培养体制改革方案，采取诸如"2+2"模式、"3+1"模式、"4+1"模式、"4+2"模式等，即修习 2 年、3 年或 4 年的学科专业课程和通识教育课程后，分别用 1 年或 2 年的时间集中学习教育类理论知识，参加教学实践，再根据修习总年限、学分等分别获得学士、硕士学位。

无论选择何种人才培养方案，都面临教育专业与学科专业的双专业性的问题，目前流行的做法是，将专业教育放在学科专业学院进行，将教师教育放在教育学院进行。新型的师范院校在培养目标上不再拘泥于培养教师，而是培养各级各类专门人才。新的人才培养方案不仅提高了学生的层次，也适应了社会发展的要求，有助于师范院校办学重心的上移，这对师范院校转型为综合性大学具有非常积极的意义。

2. 其他高等学校参与教师教育

长期以来，有少数综合性大学、艺术院校、体育院校和民族院校一直参与教师教育工作。我国综合性大学举办教师教育有过 3 次探索。20 世纪 20 年代 "高师改大" 运动为第一次，抗战期间的国立大学办师范学院是第二次，如今的开放化举办教师教育是第三次。① 在国家教师教育开放化政策的推动下，高水平综合性大学也开始积极地参与到教师教育事业中来。

（1）综合性大学参与教师教育局面的形成

综合性大学学科门类较多，专业齐全，特别强调系统理论知识，教学科研并重。综合性大学参与教师教育的状况主要表现在以下两个方面：

① 传统意义上的综合性大学以各种形式参与教师教育。成立教育学院或教育科学学院。个别研究型大学成立教育学院或教育科学学院，通过培养研究生层次的教育管理和教育研究人才的方式参与教师教育。如北京大学在原来高教所基础上成立了教育学院，培养研究生层次的教育研究人才和教育管理人才，与此同时，该院还从事中小学教师的继续教育。清华大学、武汉大学、兰州大学等院校也在原来的高教所基础上成立教育科学学院，培养高层次的教育研究和教育管理人才。高水平的综合大学参与教师教育，使师范教育能够分享综合大学在大学文化、教学质量和科学水平方面的优质资源，从而提高师范生的整体素质和综合能力，使师范生具有更为广阔的知识背景和更为灵活的知识运用能力，这无疑有助于提高教师教育的质量，为基础教育教师队伍建设提供高质量的、多元化的师资渠道。就教师培养模式而言，综合性大学可以普遍实行 "文理学院" "教育学院" 的专业教育和教师教育分离的培养模式，从而为我国教师培养模式的探索提供本土化的有效经验。此外，实力强的综合大学在社会上比一般性的师范大学和学院具有更高和更广泛的认知度，这种象征性的符号影响力有助于提高师范生的社会接受性。高水平综合大学参与教师教育，形成了与师范大学竞争的局面，有助于两类院校通过竞争性的发展提高教师培养质量。

成立师范学院或开设培养学科教师的专业。有的综合大学成立了专门的师范学院，以培养中小学教师。这在新建的大学中体现更为明显。深圳大学成立了专门的师范学院，教师培养在师范学院进行。山西大学、延安大学、汕头大学、江汉大学、吉首大学等也都有培养教师的专业。

② 部分师范院校与非师范院校合并成为综合院校，保留了教师教育功能。有的综合院校由师范专科学校升格合并而来，但教师教育已经不是其

---

① 王运来，高慧敏，谢雯. 试谈综合性大学开办教师教育的三次探索［J］. 江苏高教，2019（2）：41-48.

主业。如延边大学、宁波大学、集美大学、南通大学、江苏大学、聊城大学等均是合并了师范专科学校或教育学院后形成的综合性大学。重组后的学校综合性是其主要特点，教师培养只是其中一个职能，甚至成为附属专业。

也有一部分师范专科学校与同类学校合并升格为综合性地方学院，教师培养仍是其主业。这类院校主要是由师专、中等师范学校、教育学院合并成为的综合性学院。南京晓庄学院、邯郸学院、衡水学院等均如此。虽从名称上看是综合学院，但其主要职能依然是培养中小学教师。

（2）职业技术院校开始参与教师教育

20 世纪 80 年代后期以来，我国建立和改制了一批学校为职业技术师范学院，专门培养中等职业学校的教师，如北京联合大学职业技术师范学院（2023 年更名为北京联合大学师范学院）等。近些年，随着国家大力发展职业教育政策的出台，各省出现了不少高等职业学校。这些高职院校中相当一部分是合并了原来的中等师范学校或直接由师范学校改制而成的，教师培养的职能得到保留，开设了社会上比较需要的教师培养专业。与其他学科的教师相比，学前教育和小学教育是多数职业技术院校开设的教师培养专业，我国职业技术院校开始涉足教师培养，特别是中小学教师的培养。

（3）体育、艺术等专门院校参与教师教育

随着教师教育开放化浪潮的出现，一些体育、艺术类院校为了扩大学生的就业面，纷纷设立培养师资的专业。如北京体育大学设有教育学院，沈阳体育学院设有体育教育系，上海体育学院设有体育教育学院，武汉体育学院设有体育教育专业，均培养体育教师。中央音乐学院、中国音乐学院设有专门的音乐教育系，以培养中小学音乐教师。上海音乐学院设有音乐教育系，武汉音乐学院设有音乐教育学院，培养音乐教师。山东艺术学院设有音乐系、美术学院、戏剧系、音乐教育系、职业教育学院等，培养艺术师资。广州美术学院设有美术教育系，培养美术教师。湖北美术学院设有美术教育系，培养中小学美术教师。可见，不少体育、艺术类院校设有专门的体育教育、音乐教育、美术教育专业，专门培养中小学体育、艺术教师。

除了通过师范院校的综合化改革、其他高等机构参与教师教育等途径来推进教师教育的综合化，我国还采用教师资格证书方式来实现教师教育综合化。教师资格证书方式，即所有非师范类各级各类学校包括高等学校毕业生从教前，必须到国家指定的师范院校修读教育类课程，取得从教证书。随着我国教师资格制度的全面推行，政策已经允许学校面向社会招聘非师范类院校的毕业生成为中小学教师，这样就可以使符合教师资格标准的所有社会成员都有成为教师的可能，扩大了教师的来源。

三、教师教育开放化政策的成效与问题

1999 年以来的高等院校专业结构和布局调整，使教师教育的办学层次明显提高。我国教师教育初步形成了以独立师范院校为主体，其他教育机构共同参与，多渠道、多规格、多形式地培养和培训中小学教师的师资教育体系，但还存在一些问题。

（一）成效：初步形成多元、开放的教师教育体系

开放性的教师教育体系的优越性是显而易见的，这主要体现在以下几个方面：

（1）多元、开放的体系有利于通过竞争性发展提高教师培养质量

实行教师教育开放化改革之后，师范院校"一统天下"的情况得以改变。由于有了不同类型院校力量的介入，师范院校的课程设置、专业设置、培养方案及发展空间等受到了前所未有的冲击和挑战。很多师范院校开始主动反思、强化竞争意识、谋求改革与发展，这对于教师教育质量的全面提高、促进师资人才市场的建立和完善等有着深远的意义。

（2）基础教育师资队伍的来源渠道得以拓宽

多元、开放的教师教育体系下，综合性大学等非师范院校也开始参与教师教育，并不断地向基础教育输送自己的毕业生。这说明基础教育的师资供给渠道得到了拓宽，不仅如此，其师资质量也得到了改善。众所周知，综合性大学具有的名牌效应、名师队伍、学术氛围等会吸引许多优秀生源，这从入口上能提高师资队伍的潜在质量。同时，在师资培养过程中，综合性大学也有自己学术上的优势，其毕业生的知识面比较广，视野开阔，这对于提高中小学的学科教学质量和促进学生发展都是有好处的。综合性大学毕业生在走上中小学教学工作岗位后，会给中小学教师队伍注入新的活力，不同来源的教师队伍可以相互交流、相互借鉴，使师范院校的文化和综合性大学的文化同时作用于教师专业发展，这必将有效促进基础教育师资队伍整体水平的提升。

（3）提高了教师教育体系的整体实力，增强了教师教育的学术性

在多元、开放的教师教育体系下，综合性大学也有机会参与教师教育。和独立设置的师范院校相比，综合性大学的潜在优势在于学科门类多，有学科之间互为支撑与融合的学科优势，有业务精、水平高的教师队伍人才优势，有适合教师教育需要的各类物质资源优势，也有历史悠久、积淀深厚的文化优势①。因此，综合性大学的毕业生一旦走上基础教育工作岗位，可以坚实的专业基础、宽广的视野、较强的科研能力和较高的综合素质来追求自己的专业发展和带动身边教师的发展，这有利于建设高素质、专业化的教师队伍。

（4）中小学教师队伍的学历层次得到了提高

随着我国高校毕业生就业市场的变化，以及教师资格证书制度的进一步完善，未来将有更多的硕士、博士层次的毕业生进入基础教育师资队伍。特别是我国很多高校包括综合性大学开始开展教育博士专业学位教育，可以预计，未来教师队伍的学历层次会得到稳步提升。

（二）教师教育开放化改革中存在的问题

1. 师范院校自身的综合化改革面临如何解决综合化与师范特色之间的冲突的问题

从我国推进教师教育开放化的改革历程来看，师范院校自身的综合化改革是重要的路径之一。从近年来的师范院校改革来看，各级师范院校都在积极朝综合化的方向发展。最为明显的是，教育部直属的师范大学都已成为实质意义上的综合性大学。一些省属或地方性的师范院校也不断增强自己的综合性。师范性特色在"综合化"过程中则被淡化了，一些师范院校办学定位模糊和教师教育边缘化的倾向令人忧虑。

湖南师范大学原校长刘湘溶认为，师范院校的综合化改革必须思考如何在追求综合化与保持师范性特色之间求得平衡。他提出："我国教师教育正面临根本性转变，为适应这一转变，师范院校一是必须以学科建设为核心，积极推进综合化进程；为此，应扩大学科覆盖、突出学科重点、提高学科层次、激发学科活力、优化学科队伍。二是必须以为基础教育服务为己任，弘扬教师教育之特色。"② 他的这番话中折射出这样的思想：师范院

---

① 顾明远，檀传宝. 2004：中国教育发展报告——变革中的教师与教师教育 [M]. 北京：北京师范大学出版社，2004：200.

② 刘湘溶. 综合与特色：关于师范院校改革与发展的思考 [J]. 教师教育研究，2004（3）：17.

校的改革一方面要努力追求综合化，另一方面必须努力张扬自己的师范性特色，不能忘"本"。

在师范院校提高办学层次、综合发展的情况下，如何进一步强化教师教育的责任，如何保持和发扬教师教育的优势和特色，师范院校如何平衡综合化与师范特色性之间的冲突，在目前仍然是值得研究和实践探索的课题，也需要教师教育政策的支持和规范。

2. 综合性高校举办教师教育存在着动力不强、缺乏支持和监管等问题

当前，我国综合性高校举办教师教育还存在着诸多问题，如综合性高校举办教师教育的积极性并不高，缺乏举办教师教育必要的条件与环境，教师教育开放化速度仍显缓慢，等等，这些问题如果得不到有效解决，必将影响到教师教育开放化的进程和效果。

综合性高校教师教育办学资格审查和质量监督滞后等导致教师教育质量下滑，教师教育存在被弱化和边缘化的危险。毋庸置疑，教师教育开放化离不开综合性高校的积极参与，但这不意味着我们可以舍弃原则和放松要求。然而，现实情况却是，教师教育办学资格审查和质量监督严重滞后，由此导致了许多负面问题。首先，开放化的改革过程中严格的教师教育办学资格认证的缺位，导致许多不具备条件的综合性高校也盲目举办教师教育项目。同时，一些师范院校在扩展为综合性高校之后，把办学资源和力量更多地放在非师范专业上，热衷于扩大非师范专业，忙于提高办学层次，因而部分师范院校不是发挥综合学科的优势来优化师范专业，而是削弱师范专业的教师力量去加强其他新建立的学科，这不仅弱化了师范专业，甚至可能退化为不合格的教师教育机构。对于这种情况，我们尚无严格的教师教育办学资格审查认证制度来发挥筛选作用。鱼龙混杂、良莠不齐的教师教育机构导致全国各地的教师教育质量差别很大，但是，同样缺乏相应的教师教育质量监督机制来客观评价这种差异，这不仅严重挫伤了部分优秀教师教育机构的积极性，同时也可能导致整体教师教育质量的下滑，教师教育面临着被弱化和边缘化的危机。

（三）进一步推进教师教育开放化的方向

我国教师教育体系逐步从封闭走向开放的历程已经有30余年的历史，但构建开放的适合我国国情的现代教师教育体系我们仍需继续努力。未来的教师教育开放化改革的中心有两个：第一，继续鼓励和支持符合条件的综合性大学积极举办教师教育。第二，加强师范院校自身的改革，并发挥

师范大学在教师教育方面的示范和基地作用。要通过这些改革来加强教师教育，决不能以任何形式和借口削弱教师教育。第三，学习和借鉴教育发达国家的教师教育办学经验，同时推陈出新我国教师教育的文化特色，找准教师教育开放化的突破口，敢于领先，制定中国化的教师教育政策。

第二节　我国教师教育的一体化

教师教育一体化在政策意义上往往指纵向视角的一体化，是基于终身教育理念，根据教师专业发展理论，对教师职前、入职和在职教育进行设计，建立起教师教育各个阶段相互衔接，既各有侧重，又有内在联系的教师教育体系，是将原本分散的、割裂的职前培养、入职教育和在职培训整合为一体化的教师教育体系①。理论上明晰了教师教育一体化的内涵，具体到教师教育政策实践中，我们应该从教师教育观念一体化、教师教育目标一体化、教师教育内容与方法的一体化、教师教育管理体制与实施机构一体化等方面做起。近年来的教师教育改革政策中对这些方面都直接或间接给予了关注和体现。

一、时代变革对教师教育一体化的必然诉求

20世纪50年代以后，人类知识总量迅速增长，知识更新的速度越来越快，知识的有效使用周期也越来越短。在这种背景下，人们接受一次性教育毕业后就业的局限性越来越明显。1965年12月，联合国教科文组织召开国际成人教育会议。法国著名教育家保罗·朗格朗以终身教育为题做了学术报告，并在此后的几年里，配合联合国教科文组织大力推进终身教育活动。1972年，联合国教科文组织国际教育委员会发表了报告《学会生存——教育世界的今天和明天》，报告强调"只有采纳了终身教育的思想，教育才能变成有效的、公正的、人道的事业"②，并建议把终身教育作为世界各国制定教育政策的主导思想。

---

① 张贵新，饶从满. 关于教师教育一体化的认识与思考［J］. 课程·教材·教法，2002（4）：58-62.

② 联合国教科文组织国际教育发展委员会. 学会生存：教育世界的今天和明天［M］. 北京：教育科学出版社，1996：179.

（一）基础教育改革与发展对教师教育一体化的呼唤

1. 中小学教师学历补偿已基本完成，教师在职培训与进修成为教师继续教育重点

到 20 世纪 90 年代末期，我国经过艰辛的努力，基本上完成了教师补偿学历教育的任务，教育部已在 1999 年及时明确提出"中小学教师培训工作重心从学历补偿教育转向继续教育"。这个工作中心的转移为实施教师教育一体化政策奠定了基础。

2. 中小学教师队伍逐渐饱和，教师教育主要矛盾由数量满足转向质量提升

中华人民共和国成立以来，我国基础教育和教师队伍经历了一个长期的规模与数量扩张过程。我国的教师长期处于总量不足的状态，教师教育一直处于数量扩张的过程中，师资的水平和质量问题则被暂时性地掩盖了。但是到了 20 世纪末期，由于计划生育政策的多年实施和人们生育观念的改变，我国人口不断膨胀的局面被有力控制。小学和初中学龄人口的下降必然会造成初等教育和初中层次中等教育的相对萎缩，小学和初中的在校生人数下降。相反，高中学龄人口的增长则要求高中阶段教育规模持续扩张，高中在校生人数持续增长。基础教育规模的变化导致我国中小学教师的需求量逐步减小，供求由总量不足转变为结构性失衡的矛盾，这一矛盾表现在小学和初中阶段就是教师数量出现结构性过剩，高中阶段教育的师资总量不足①。

在基础教育师资数量需求得到基本满足的情况下，师资质量的重要性日益突显了出来。因此，教育行政部门及师范院校应该在继续满足师资数量的同时，将工作重心转移到提高教师质量上来。教师教育主要矛盾的变化预示着我国以发展职前教育为主、职后培训为辅的、条块分割的教师教育体系的时机逐步成熟了。

3. 素质教育和新课程改革对高素质教师的需求推动了教师教育一体化改革

1999 年中共中央、国务院颁布的《关于深化教育改革全面推进素质教育的决定》中明确规定了我国全面推进素质教育的指导思想和基本策略。素质教育改革要求面向全体学生，培养学生的创造性，尊重学生的主体性，

---

① 中国教育与人力资源问题报告课题组. 从人口大国迈向人力资源强国［M］. 北京：高等教育出版社，2003：61.

实现每一个儿童的全面、和谐、均衡发展。培养高素质的学生必须先有高素质的教师，培养有创造性的学生必须先有有创造性的教师。素质教育的顺利实施需要培养一大批具有创造性和人文精神的研究型、反思型教师。2001 年颁布的《基础教育课程改革纲要（试行）》开启了我国基础教育新一轮课程改革的序幕。基础教育新课程改革是我国当代实施素质教育的重大举措，提出了新的课程改革目标，并对教师提出了具体、明确、高标准的新要求：教师要做学生人生的引路人，要成为教学研究者和反思者，要成为课程的建设者和开发者，要成为社区教育、文化、科学事业的共建者。

为了应对这种挑战，教师教育既要充分重视教师职前教育的基础性和发展性，同时还应当充分重视教师的入职教育和在职教育，使教师在一体化的教师教育体系中获得持续的专业发展。这种对一体化的应然要求与条块分割的实然状况产生了矛盾和冲突。很显然，改革与发展的希望当然在于追求教师教育的一体化。

（二）一体化：摆脱传统教师教育困境的希望所在

考察中国教师教育的历史发展可以发现，教育学院与师范院校长期以来一直是并列式的存在。由于历史的原因，我国教师教育体系形成培养和培训分离的二元结构。教师职前培养主要在师范院校，包括部属师范大学、省属师范大学、师范学院、师范专科学校、中等师范学校，而职后培训主要由教育学院或教师进修学校举办，二者自成体系，有自己的机构和运行机制，缺乏相互合作和自觉联系。这种状况的长期存在制约了我国教师教育的健康发展。具体来说，我国传统的教师教育体系存在如下弊端。

1. 职前与职后教育分离，不利于整体设计教师教育

第一，从管理体制上看，教师职前教育和职后教育归属于不同的管理机构。由于教师职前教育的性质是国民教育系列，因此按照我国管理制度的规定，它主要由教育行政部门来进行管理。而教师职后教育的性质属于成人教育，其主管机构不甚明确，往往政出多门、多头管理，缺乏宏观指导。这种管理机构上的不同归属直接导致了两者听命于不同的部门，各自在互不干涉的环境下分别从事着教师培养和教师培训的工作，这给整体设计教师教育带来困难，进而制约了教师教育的质量提高和健康发展。

第二，从培养目标上来看，职前教育和职后教育的培养目标各不相同，缺乏整合性和联系性。就教师职前教育来说，它主要为各级各类学校培养合格的师范毕业生，以解决满足它们对师资的需求，至于教师未来的专业

发展，教师职前教育并不关心，也很少介入。因此，它们鲜有机会了解自己所培养的人才是否适应基础教育发展的需求，也很少思考如何根据反馈信息来及时调整和完善自己的培养方案。其后果是，教师职前教育与中小学教育教学实际需要之间的不相适应问题日益突出，与教师专业发展实际需要之间的差距越来越大，从而招致社会对教师职前教育较为广泛质疑和批评。教师职后教育主要以学历补偿和各种类型的培训为主，即通过函授教育、脱产进修等方式促进教师的学历达标，通过短期培训等方式来促进教师的知识与教学技能的更新，提高教师的从业素质。但是在中小学的教师培训实践工作中，职后教育很难做到基于职前教育进行提高式的发展，往往是简单地模仿和重复职前教育。职后教育在课程设置、教学方法、教学评价等方面都与职前教育没有什么差别，这导致了教师职后教育不仅忽略了教师作为成人的学习背景与工作经验，也很难顾及来自教学一线教师的终身专业发展需求，更无法做到与职前教育协商配合来整体设计教师教育体系。对此，顾明远教授指出"应该把教育学院并入师范院校，实行职前和在职教育的统一。目前是管理体制阻碍着这种合并"[1]。

2. 教师职前教育机构与职后教育机构水平倒挂现象严重，不利于教师在职提高

从理论上来说，教师职后教育应当服务于教师教学和专业发展水平的不断提升，帮助教师逐步迈向专业成熟，因此相对职前教育来说，职后教育应当为教师提供更高水平的教育，但实际情况正好相反。长期以来，我国政府比较重视普通高等教育的发展，在各种投入上都向普通高校倾斜，成人教育则主要靠本行业或本地区去发展，因此普通高校办学水平明显高于同级成人高校，教师教育领域的院校也同样如此。一般情况下，教师进修学校的办学水平不如中等师范学校，地区教育学院不如师专，省属教育学院不如师范大学和师范学院。同时，就职后教育的自身发展来说，其发展的空间小，功能单一，从而导致其水平难以提升。我国的教师教育就陷入这样一个窘境：办学水平较高的师范院校承担教师职前培养任务，办学水平较低的教师进修院校承担在职教师的"培训与提高"任务，教师职前教育与职后教育之间存在着严重的水平倒挂现象，职后教育的办学水平要

---

[1] 顾明远. 论教师教育的开放性 [J]. 高等师范教育研究，2001（4）：4.

远远低于职前教育①，其弊端是显而易见的。

3. 教师职前教育与职后教育重复建设，资源浪费严重

教师职前教育和职后教育作为教师教育的重要组成部分都应当受到重视和关注，对它们分别进行投入和建设是必要的。但在办学实践过程中，职前教育和职后教育在很多方面十分相似，因此，教师教育重复建设的问题就很难避免，从而导致教师教育投入很难实现到预期收益，资源浪费情况十分严重。

长期以来，我国教师职前教育和职后教育之间缺乏自觉的联系，教育内容缺乏整合和有机联系，教师的专业成长被割裂开来，职前教育仅仅作为教师入职之前的一种知识预备与储备，与职后教育的内在联系被割断，二者之间一脉相承的整体性特点、教师专业能力在教学实践中进一步发展与提高的事实，以及教师专业发展的阶段性规律都没有被足够重视，教师教育表现出"一次性""终结性"的特点。职后教育，无论从内容上还是方法上，都基本照搬职前培养模式，教学上大多采用理论灌输和课堂讲授的方式，更多地将在职教师假设为一张"白纸"，实施零起点的教育②。同时，职后教育传授的知识仅局限于写在书本上的"显性知识"，很少激励教师通过合作反思来挖掘他们在实践中积累起来的"隐性知识"，更不要说促使教师的实践智慧在群体中实现流动和增殖了。国内有学者认为，在以往的教师在职进修中，传授显性知识活动与发掘隐性知识活动的安排失衡不仅减弱了职后教育的效果，而且导致一些学校对职后教育价值的怀疑，以及学校教师对自身教育经验和研究能力的怀疑。③ 由此可见，这种情况的出现表面上可归因于教师职后教育自身，但实质上应当归因于教师职前教育与职后教育缺乏一体化的统合。

从以上几个方面来看，社会与教育的变革要求教师教育必须与时俱进，培养符合时代需要的新型教师，同时，还要求教师教育必须解决其中存在的弊端——质量与效益低下的问题。实现这些目的，都有赖于我国的教师教育体制改变职前教育与职后教育分离的局面，构建一体化的教师教育体

---

① 顾明远，檀传宝. 2004：中国教育发展报告——变革中的教师与教师教育 [M]. 北京：北京师范大学出版社，2004：173.

② 顾明远，檀传宝. 2004：中国教育发展报告——变革中的教师与教师教育 [M]. 北京：北京师范大学出版社，2004：175.

③ 张民选. 专业知识显性化与教师专业发展 [J]. 教育研究，2002（1）：14-18，31.

系。因此，20 世纪 90 年代中期以来，教师教育一体化逐步被推向教师教育改革的前台。

二、教师教育一体化的政策内容与实践

一直到 20 世纪 90 年代，我国仍然在使用"师范教育"一词。第一次在政府文件中以"教师教育"替代长期使用的"师范教育"，是 2001 年国务院颁布的《关于基础教育改革与发展的决定》，这个政策文本提出"完善以现有师范院校为主体、其他高等学校共同参与、培养培训相衔接的开放的教师教育体系"。"教师教育"替代"师范教育"有其深刻的历史内涵，这不仅仅是一种文字上的变化，更是对现实变化的客观反映和对教师教育未来发展趋势的把握①。

"从我国提出使用教师教育话语，而不用师范教育话语的意义上来看，教师教育的话语强调教师的'培养'和'培训'的双重性质，原来的'师范'话语只是具有'培养'性质，教师培训是职业专业化的特定标准之一。教师教育的话语拓展了教师培养的空间，增加了教师培养的渠道，独立的教师培养制度与非独立的教师培养制度并存。"② 这事实上也是我国推进教师教育一体化改革所迈开的第一步，且是非常关键的前提性一步。没有这种转变，就不可能有后来的一系列的教师教育一体化变革措施。

（一）建立协调统一的领导关系与一体化的教师教育机构

尽管导致教师教育前后脱节的弊端因素有观念和认识上等多方面的原因，但最为直接的、主要的原因在于职前培养机构和职后培训机构之间相互割裂，各自为政。因此，我国的教师教育一体化是以教师教育机构一体化为中心来展开的。

1999 年 3 月 16 日教育部在《关于师范院校布局结构调整的几点意见》的文件中指出："今后一段时期，重组师范教育资源，调整学校布局……以省、自治区、直辖市统筹为主，在有条件的地市推进师范专科学校、教育学院和中等师范学校合并，建设一批师范学院或师范专科学校承担中小学

---

① 袁振国. 从"师范教育"向"教师教育"的转变 [J]. 中国高等教育，2004（5）：29-31.

② 朱旭东. 师范教育向教师教育转变的思考：从话语转变到制度转变 [J]. 教育理论与实践，2001（9）：23.

教师培养培训任务。"① 可以看出，该文件作为推进教师教育改革的指导性文件，已明确提出要实施教师教育一体化。教育部原部长袁贵仁指出：教师教育体制改革的重点是推进教师教育一体化，教师教育一体化的关键是教师教育机构的一体化。②

2002 年，《教育部关于"十五"期间教师教育改革与发展的意见》中提出："教师教育是在终身教育思想指导下，按照教师专业发展的不同阶段，对教师的职前培养、入职教育和在职培训的统称。""十五"期间，我国教师教育改革与发展的基本原则是"坚持以提高教育质量为核心，以教师专业化为导向，深化教育教学改革，坚定不移地为基础教育服务。坚持以发展为主题，以结构调整为主线。强化师范院校的教师教育优势和特色，增强综合办学实力。对现有师范院校的布局、层次、类型、学科专业等方面进行战略性调整，满足当地基础教育和经济社会发展需要"③。

在具体的教师教育实践过程中，我国大体采取了 3 种模式来推进教师教育机构一体化。

1. 省属教育学院与师范院校的合并

在建立一体化的教师教育体系的政策影响下，20 世纪 90 年代中后期，一些省级教育学院纷纷与师范院校合并。如 1996 年，原河北教育学院、河北师范大学、河北师范学院、河北职业技术师范学院合并组建为新的河北师范大学；2000 年，原南京师范专科学校、南京教育学院、南京市晓庄师范学校合并组建为南京晓庄学院。这些教育学院合并之后，其教师教育的职能依然保留，教师继续教育的职能也因此得以继续保留。

2. 教育学院与非师范院校合并组建综合性院校或职业技术院校

在合并升格的过程中，也有一些教育学院与其他非师范院校合并为综合性院校或职业技术院校。如 2003 年，赤峰教育学院与赤峰民族师范高等专科学校、内蒙古广播电视大学赤峰分校等合并组建本科普通高等学校赤峰学院；2003 年 4 月，西安教育学院与西安联合大学合并组建西安文理学

---

① 中国百科网. 教育部关于印发《关于师范院校布局结构调整的几点意见》的通知（2009-02-05）［2022-12-20］. ［EB/OL］. http：//www. chinabaike. com/law/zy/bw/gw/jtb/1339837.

② 袁贵仁. 为全面建设小康社会准备高质量专业化的教师［J］. 中国高等教育，2003（20）：3-7.

③ 中华人民共和国教育部. 教育部关于"十五"期间教师教育改革与发展的意见［EB/OL］.（2002-03-01）［2023-01-12］. http：//www. moe. gov. cn/srcsite/A10/s7058/200203/t20020301_162696. html.

院；2003 年，四川轻化工学院、自贡师范高等专科学校、自贡高等专科学校、自贡教育学院合并组建四川理工学院；等等。另外，20 世纪 90 年代末以来，在大力发展职业技术教育指导思想的指挥下，有些教育学院与其他学校合并为职业技术院校。如 1998 年 6 月，南宁职业大学、南宁市教育学院、广西电大南宁分校合并组建南宁职业技术学院；2002 年，青岛职业技术学院、青岛教育学院合并组建青岛职业技术学院；等等。这些合并组建综合性院校的教育学院，其中一些还承担教师教育的任务，而另一些教师教育的任务已经淡化，甚至取消。其中，多数职业技术院校还承担着小学和幼儿园教师培养的任务，但因缺乏相应的氛围和严格的管理，教师培养的质量存在较多的问题。

3. 部分从事继续教育的机构直接改制为教师教育机构

在教育学院的变革过程中，还有一种现象是教育学院在未合并的情况下直接改制为师范院校，这使其成为具有包括教师职前培养和在职培训功能的教师教育机构。如 2006 年 2 月云南德宏教育学院改制更名为德宏师范高等专科学校；2007 年 3 月临沧教育学院改制更名为临沧师范高等专科学校；2006 年 2 月丽江教育学院改制更名为丽江师范高等专科学校，同时承担教师职前培养和在职培训的任务。教育学院与大学合并重组后，有的学校不仅没有削弱教师培训工作，反而使教师培训在大学高水平的学术氛围内进行，优势互补，水平明显提高，培训质量得到了保证。

由此可见，我国教师教育体系的一体化进程逐步实现了由职前培养到职后培训的重心转移，一个具有时代特征、符合中国国情的教师教育体系开始逐步形成。

（二）积极探索一体化教师教育机构的办学目标

师范大学应该成为教师职前培养、入职辅导，以及在职培训相互联系的，本科、硕士、博士三个层次的，能够全方位地承担教师培养与培训任务的一体化机构。为了与教师教育改革的目的相适应，不同的教师教育机构的办学目标也不尽相同：① 对有志于从事教师工作的高中毕业生及同等学力的学生进行培养；② 成为教育研究的中心，保持与其他大学一样的学术能力；③ 培养对象不仅是师范生还包括新任教师、在职教师及教育行政干部；④ 与中小学建立紧密的伙伴关系，积极参与中小学的改革与革新，同时把优秀的骨干教师吸纳到师范生的培养及有关的教育研究开发活动中①。

为了推进一体化的教师教育课程建设，教育部师范司部署"面向新世纪全国师范院校的教学内容和课程体系"的改革工作，并以科研立项的方式调动全国高师院校的教师参与师范教育教学模式的研究。《教育部关于"十五"期间教师教育改革与发展的意见》也提出："实施新世纪高等师范教育教学改革工程，改革和调整专业设置，构建教师教育职前培养和职后培训一体化的课程体系，大力更新教学内容，改进教学方法和手段。"②

在这些改革政策的指导下，师范院校的教师教育课程改革取得了一定的成果。各校也立足自身实际，对本校教师教育课程进行了改革。师范大学对教师职前教育课程的改革为构建教师教育一体化的课程体系提供了便利条件。例如，华东师范大学进行改革和调整后的教师教育课程设置包括4个板块16门课程，即综合理论板块、教育能力板块、教育技术板块、实践能力板块。第一板块：当代教育思想、教育思潮的历史演变，以及教育心理学、当代教育课程理论与课程创新、中小学教育改革研究；第二板块：教育研究方法、研究报告写作；第三板块：多媒体和网络教育技术、课件的设计与制作；第四板块：教学策略、课题管理、师生沟通的艺术、教育评价与测量、优秀班主任研究、心理健康教育与辅导。③

（三）推进教师教育课程的一体化

教师教育课程一体化是推进教师教育一体化的"软件"，占据着重要的地位。没有一体化的课程体系，就难以实现教师教育一体化的目标。因此，教师教育一体化不能止于组织形式上一体化，更要在培训方案、课程设置上实行真正的一体化。因此，如何构建一体化的教师教育课程的探索具有非常重要的现实意义。

对于教师职后教育的课程，教育部师范司1999年制定的《中小学教师继续教育规定（草案）》和《中小学教师继续教育课程开发指南》等指导性文件进行了体系化的构建，中小学教师的职后教育开始由"学历补偿"

---

① 苟渊. 教师教育一体化改革的回顾与反思 [J]. 教师教育研究，2004（4）：8-12.

② 中华人民共和国教育部. 教育部关于"十五"期间教师教育改革与发展的意见 [EB/OL].（2002-03-01）[2023-01-12]. http://www.moe.gov.cn/srcsite/A10/s7058/200203/t20020301_162696.html.

③ 朱小蔓. 教育的问题与挑战：思想的回应 [M]. 南京：南京师范大学出版社，1999：353.

"教学水平"和"能力补差"转向提高教师的教育教学能力。2000 年 3 月，教育部印发《中小学教师继续教育工程方案（1999—2002 年）》和《关于实施"中小学教师继续教育工程"的意见》，"中小学教师继续教育工程"正式实施。"中小学教师继续教育工程"是"跨世纪园丁工程"的子工程，它为新时期教师培训工作注入了新的内涵，通过如现代远程教学、继续教育电视节目、计算机网络教室等，把教师引向自觉进行终身学习的新高度。

2010 年 7 月，中共中央、国务院印发了《国家中长期教育改革和发展规划纲要（2010—2020 年）》，进一步阐明了加强教师队伍建设和继续教育的目标与方向，即以培养造就高素质专业化教师队伍为目标，以提高教师尤其是农村中小学教师整体素质为工作重点，以加强师德建设、提高教师专业水平和教学能力为主要任务。

2011 年 1 月，教育部印发《关于大力加强中小学教师培训工作的意见》，指出当前和今后一个时期中小学教师培训工作应按照"统筹规划、改革创新、按需施训、注重实效"的原则，以提高教师师德素养和业务水平为核心，以提升培训质量为主线，以农村教师为重点开展全员培训，努力构建开放灵活的教师终身学习体系。

从不同时期对在职教师培训的目标和内容的表述中我们可以看出，中小学教师继续教育工作在完成中小学教师的学历达标与学历补偿培训任务后，逐渐转向以提高思想政治素质、教育教学及研究能力等整体素质为主要目标的培训。

教师教育课程的一体化，应着眼于提升教师的终身学习能力，着眼于提升教师的专业化发展水平，着眼于培养教师具有健全的人格与独特个性。在内容上应构建融"本体性知识""条件性知识""实践性知识"和"文化知识"于一体的继续教育课程体系。

三、教师教育一体化政策推进中的问题与思考

（一）教师教育一体化政策推进中的问题

从近十几年的教师教育一体化改革情况来看，其在取得了一些初步成效的同时，也面临着许多现实问题。

1. 明确提出了教师教育一体化的观念，但变革过程缓慢

由上可知，我国在推进新时期教师教育改革的过程中已经明确提出了教师教育一体化的观念，并将之确立为制定教师教育改革政策的重要指导

思想，这在一定程度上改变了教师职前职后教育相割裂的陈腐认识，为全面推进教师教育一体化改革起到了思想引领作用。

但是，在欣喜之余，我们也应该客观地看到，我国的教师教育一体化观念目前并没有深入人心，其变革的深度和速度仍不尽如人意。这表现在多个方面，其中最为明显的是，尽管我们一直强调教师继续教育对于提高教师质量和促进教师专业发展的重要意义，但轻视教师继续教育的观念仍然没有消除，对教师的"使用"远多于"培养"。一些地方政府不重视教师继续教育的价值和作用，致使经费和相关的保障措施很难到位。还有些大学把举办教师继续教育视为有利可图的创收渠道。从根本上来说，如果人们不能真正落实教师继续教育的地位和价值的话，那么，推动教师教育一体化就会成为一件非常困难的事情①。

2. 教师教育机构合并取得一定进展，但改革效果欠佳

不难发现，我国近年来积极推动教师培训机构与普通师范院校的合并重组以推动教师教育的一体化。总体来说，这项改革进展较快，1999 年以来，不少原先主要负责教师职前教育的师范院校与主要负责职后教育的培训机构实现了合并，这为实现教师教育一体化准备了前提条件。但是，机构合并本身并不是改革的目的，它只是达成教师教育一体化的手段与途径之一。

那么，我们需要追问的一个问题是教师教育机构合并是否成功地达成了教师教育一体化的预定目标呢？答案是不容乐观的。首先，在推进教师教育一体化的变革过程中，我们过于依赖机构合并，似乎只要把教师职前教育与职后教育机构合并到一起，就会自然而然地解决职前教育与职后教育的分离问题，从而实现教师教育的一体化。这种"单兵独进"式的改革实际上很难解决教师教育一体化这个复杂问题。从国外的改革经验来看，改革教师继续教育机构、实现职前与职后教育机构一体化只是完整改革的一个部分而已，单纯借其来追求教师教育一体化是远远不够的。其次，即便就教师教育机构合并而言，其效果也不甚理想。这主要表现在为：第一，一些教育学院在并入师范院校后，虽然从领导体制和机构上实现了一体化，但教师教育大多仍然延续传统的职前、职后各负其责的做法。这种貌合神离的形式上的合并未能真正实现一体化的目标。与普通高等师范院校合并

---

① 邓涛，于伟. 基于一体化的教师继续教育改革：国际经验及启示［J］. 东北师大学报（哲学社会科学版），2009（3）：8-14.

以后的教育学院多半成为普通高等师范院校下属的二级学院，以前的职前教育和职后培训分工仍由两套班子各自承担。还有一些合并是将教育学院的建制完全撤销，使之成为普通高等师范院校内部的一级管理机构而非实体学院，教育学院原有的系、室及师资成为普通高等师范院校相应的各个系、室及各系继续教育教研室的主要成员，但实际职能依旧①。这实际上是把原来存在的教师职前、职后教育"两张皮"现象由"明"变"暗"，但无论如何，我们都不能说这种"两张皮"现象在教师教育机构合并过程中彻底消失了。第二，教师教育仍然将关注点集中在教师的职前培养上，教师职前培养与职后培训的内容仍相互割裂，无法为教师提供连续的、一致的支持②。可见，就目前的实际情况来看，机构合并这项改革还停留在形式上的变革，而未触及根本。正如有学者做出的评价："目前的教师教育一体化改革只是'名'变'实'不变，教师培养与培训各行其是的状况仍然十分明显，职前培养和职后培训还没有完全形成一个连续体，教师教育一体化程度仍然不高，教师终身教育体系尚未形成。"③

3. 启动了教师教育目标、课程设置等配套改革方案，但相对滞后

在推进教师教育一体化的过程中，教师教育的目标、课程设置等改革无疑是关键环节。但实际上回顾近年来的一体化改革历程即可发现，我们在这些方面虽然提出了一些改革设想，也制定了一些改革政策并付出了努力，但相对于机构合并等改革举措来说，明显存在着力度不够、相对滞后等缺陷。就教师职前教育而言，长期存在的培养目标不清晰、课程结构不合理、教学方法不当等问题还没有在改革中得到有效解决。

一个突出的问题是教师继续教育的目标与职前教育目标衔接性较差。教师继续教育课程改革政策并未给教师继续教育课程与教学方法改革带来实质性的促进作用，改革也尚未取得令人满意的成果，一个与教师职前教育相互沟通、有机衔接、富有特色的教师继续教育课程体系并没有形成。

（二）进一步深化教师教育一体化改革的思考

基于上述对我国教师教育现实问题的梳理和分析，要进一步加快我国教师教育一体化的步伐，本书认为，除了继续深化教师继续教育机构与职前教育机构的整合和沟通之外，还必须在以下几个方面进一步推动教师教

---

① 施纪华. 教师教育一体化与继续教育课程创新理念 [J]. 阴山学刊，2002（5）：76-79.

② 荀渊. 教师教育一体化改革的回顾与反思 [J]. 教师教育研究，2004（4）：8-12.

③ 蔡首生，李轶芳. 关于我国教师教育改革的几点思考 [J]. 经济与社会发展，2007（3）：213.

育一体化改革。

1. 加强理论研究，为教师教育一体化改革领航

理论的引领对任何一项改革行动都会提供重要的支持。教师教育一体化的理论研究的价值，一方面在于促进继续教育观念的改革与转变，另一方面在于为具体的改革实践提供科学依据和行动准则。从国外的教师教育改革经验来看，教师教育一体化改革之所以能在近些年来突飞猛进，基本原因就在于理论研究推动了人们对教师教育一体化必要性的认识，明确了教师教育一体化对教师终身专业发展的促进作用。教师教育理论研究中的成果，如教师专业发展阶段与职业生涯周期理论、教师知识与学习理论、各学科教师专业发展理论等对于不断改进教师教育各个阶段的目标、课程、教学方法等，使之成为相互贯通、有机融合的体系，起到了重要作用。而我国对教师教育一体化理论的研究尚处于起步较晚、本土化的实证研究不多、有实践指导价值的成果偏少的境地。因此，未来我们必须加强这些方面的理论研究，以引领教师教育一体化改革的发展①。

2. 在一体化的框架下重新设计各阶段教师教育的目标体系

从教师教育一体化的角度来看，职前教育、入职教育和在职教育等每个阶段的教师教育都必须具有自己的特色，为此需要从目标、课程、教学方法等多方面来对其进行变革。最为基本的是，必须正确定位每个阶段的教师教育目标。那么，如何才能做到这一点呢？这需要从理论上解决两个基本问题，即教师需要具备什么样的素质？为了培养高素质的教师，特定阶段教师教育的"应为"和"可为"之处是什么？

在我国传统教师教育体系中，虽然职前教育和职后教育的目标在表述上各有不同，但却明显缺乏整合性和联系性。就教师继续教育而言，它主要以学历补偿和各类培训为主，即通过举办函授教育、脱产进修等形式来促进教师的学历达标，通过短期培训、网络培训等方式促进教师的知识与教学技能的更新，提高教师的素质。但是在实践工作中，职后教育却很少考虑如何在职前教育的基础上进行真正的提高培训，而停留在模仿和重复职前教育的境地。因此，我们有必要借鉴国外的经验来对之进行改革。其核心步骤与措施应当包括：第一，在一体化的教师教育框架下把"提高与发展"作为制定职前教育目标体系的基本指导思想；第二，在一体化的教

---

① 邓涛，于伟. 基于一体化的教师继续教育改革：国际经验及启示［J］. 东北师大学报（哲学社会科学版），2009（3）：8-14.

师教育框架下厘清职后教育阶段的教师能力发展重点，并借此提出教师继续教育的具体目标。在此过程中，必须将教师的知识、技能、技术、能力等智力因素发展与态度、情感、意志、兴趣等非智力因素发展有机地结合起来，以保证教师具有终身学习的意愿和能力，实现"深度或可持续发展意义上的一体化①。

3. 适应一体化的需要，改革教师教育各阶段的课程和教学方法

教师职前教育、入职教育和在职教育等各个阶段的教育目标和任务都应当有所差别。相应地，各个阶段的课程设置和教学方法也应当有所不同。但是，长期以来，我国教师教育的课程设置存在着教师在职教育模仿师范院校的职前教育来设置自己的专业和课程的现象。造成这种现象的原因之一是教师教育各个阶段未能从整体上设计自己有特色的课程，由此导致的浪费、缺乏整合、低效率等问题应当得到重视。因此，我们在对教师教育进行改革时，应当考虑如何使教师继续教育的课程与职前教育相互对接，形成一体。

我们认为，这个目标的达成需要充分调研教师职后培训的不同需求，对各种职后培训形式进行归类、分层建设，形成与之相适应的并与职前培养贯通的各有侧重、彼此衔接、互为补充的课程体系②。比如骨干教师培训、中小学校长和行政干部培训等可以采取教师教育机构集中培训的方式进行，设置不同的课程模块，供中小学受训教师选择。允许职后培训的教师根据培训内容、任务的需要选修师范大学任何教育专业必修、选修课程。在选择这些培训课程的内容时，要充分考虑它是否有助于促进教师的知识更新、发展批判反思能力、养成研究意识等目标的实现。在教师教育目标和课程变革的情况下，教师继续教育的方法也要随之改变。我们认为，一些已经被国外实践验证为行之有效的教师教育方法，例如，案例教学、工作坊、行动研究、反思日记、生活史自传分析、微格教学等都值得我们尝试③。当然，教师职前教育的课程设置和教学方法也要做出相应的变革，使教师教育各阶段在培养目标、课程设置、教学方法、师资队伍等多个方面

---

① 张贵新，饶从满. 关于教师教育一体化的认识与思考［J］. 课程·教材·教法，2002（4）.

② 荀渊. 教师教育一体化改革的回顾与反思［J］. 教师教育研究，2004（4）：8-12.

③ 邓涛，于伟. 基于一体化的教师继续教育改革：国际经验及启示［J］. 东北师大学报（哲学社会科学版），2009（3）：8-14.

真正实现有机整合，形成一个促进教师终身专业发展的一体化教师教育体系。

4. 加强教师教育机构与中小学的合作，构建以校本培训为核心的教师职后培训体系

从国际经验来看，在推进一体化的教师教育改革过程中，构建大学—中小学合作的、以校本培训为核心的教师职后培训体系是一条非常成功的经验。为了进一步推进我国教师教育一体化改革，我国的教师继续教育可以逐步将教师教育的重心从教师教育机构下移到教师的工作场所——中小学校；同时将教师教育的重点由职前培养转向职后培训，并切实采取措施构建以教师校本培训为核心的教师职后培训体系。

5. 大力建设基层教师培训机构，继续推进教师培养培训一体化

实现教师培养培训一体化的一个重要环节是必须充分发挥区（县）教师培训机构的支撑作用，积极推进区（县）教师培训机构的改革与建设。每个区（县）都应积极促进县级教师进修学校与县级电教、教研、教科研等相关部门的资源整合与合作，优化资源配置，形成合力，努力构建新型的现代教师培训机构，成为教师培训、教学研究和远程教育服务支持等多功能的区域性教师学习与资源中心。

第三节　教师教育政策的卓越化

世界上大多数国家在教师教育诞生时，其小学教师与中学教师都是分开培养的，小学教师一般在低端的教师教育机构培养，中学教师的培养则通常由高等教育机构来承担。随着教师专业化运动的推进，各国逐渐认识到，一个成熟的专业，其职前教育所耗时间应该是较长的，其学历要求也应该是很高的。教师学历层次的提升是提高教师专业化水平的必要保障。教师职业的专业性要求教师掌握丰富的学科专业知识、教育科学知识和教育教学技能，要拥有自觉的反思意识与能力、严谨的科学精神与研究能力，以及积极的自我发展意识与能力，这一切都必须经过较长时间的专业培养和训练才能实现。此外，二战后高等教育大众化的推动及研究生教育的迅速发展，为教师教育工作解决"学术性"与"师范性"的矛盾提供了二者兼顾的可能。很多国家逐渐采取兼顾"学术性"与"师范性"的教师培养策略，在本科阶段着力于"学术性"的发展，在硕士阶段才致力于"师范

性"的提高。因此，教师教育的卓越化，可以理解成中小学教师的培养均由大学来承担，所培养教师的学历层次达到学士或硕士的水平。就我国而言，教师教育的卓越化主要包括两方面内容：一是小学教师培养的本科化，小学教学内容的简单并不意味着小学教师工作的简单，小学教师所需具备的教育专业素养甚至要高于中学教师；二是研究生阶段教师教育的发展。

由于国情与教育发展的基础和条件的差异，我国小学教师培养的高等教育化进程与西方发达国家有很大差异。但是，实现教师教育的卓越化既是贯穿我国新时期教师教育政策的价值主题，也是未来我国教师教育政策发展的趋势所在。本章将就我国教师教育高等教育化政策的缘起、内容与过程及成效等问题进行分析。

一、教师教育政策卓越化的呼唤

中华人民共和国成立后曾建立初级师范、中等师范、师范专科和师范学院四级师范体系，其中的初级师范学校招收小学毕业生，学生学习 2 年后担任小学教师。20 世纪 50 年代末，初级师范都改为中等师范学校，即招收初中毕业生，培养 3 年后毕业生担任小学教师。这样，就形成了中等师范、师范专科和师范学院的三级师范体系。长期以来，我国的教师培养都是由独立设置的三级师范教育体系来完成的，三级师范教育体系分工明确，各司其职。高等师范教育是以培养初中、高中教师为目标的，加之培养初中或高中教师在培养目标、规格、课程和教学等方面都与培养小学教师有着很大的差别，因而在相当长的时间里，高等师范教育并没有涉猎小学教师的培养，而且在我国的高等教育专业目录中最初也没有列出小学教育专业，高等师范教育即使想参与小学教师的培养也是"师出无名"。而从发端之日起就与高等师范教育并存的中等师范教育，其目标就是培养小学教师，长期独立承担小学师资培养的任务。

进入 20 世纪 90 年代中后期，得力于我国经济与社会的飞速发展，社会对劳动者的素质有了新要求，这种新要求进一步推进师范教育进行层次与结构的改革，在政策上推进"三级"师范教育体系向"二级"师范教育体系转变的时机和条件已基本形成。1999 年 3 月 16 日，教育部印发《教育部关于师范院校布局结构调整的几点意见》，明确提出了我国由三级师范向二级师范转型的目标。

在高端的教育机构中培养教师，提升教师的学历层次，其目的是确保教师的专业化水平。随着我国高等教育大众化的迅速实现，高等院校的年招生人数多年来稳定在 600 万人以上，较 20 年前几乎增长了 10 倍，这意味着中国每年进入高等院校的 600 多万人，有十分之九在 20 年前是进入不了高等学府的；这也意味着 20 年前的中专生，论其实力足以进入当今重点大学之列。

在教师教育体系走向开放和多元的政策之下，一些低端机构也加入教师培养之列，这既背离了教师教育的历史发展趋势，也不符合师范生培养工作的规律。这些学校往往存在着生源质量差、潜力不足，以及不能形成办学规模、办学理念滞后、偏重实用技能的训练、教师能力不足且缺乏持续进修的资金和机会、办学条件落后等诸多问题。为了确保教师培养的质量，逐步清理各类低端教师培养机构，实现教师教育的卓越化就成为教师教育政策应该关注的重点。

事实上，在过去的 30 年中，我国一直致力于教师教育的卓越化，其最初的探索可从五年制师范教育试验开始。最早进行大专学历程度五年制小学教师培养试验的是江苏省。经江苏省人民政府批准，江苏省南通师范学校从 1984 年起试办五年制大专层次师范教育，招收对象为初中毕业生，采取五年一贯制。在南通师范学校之后，江苏省的南京市晓庄师范学校和无锡师范学校于 1985 年也开始进行培养大专学历层次小学教师的试验，但这两所学校并没有直接沿用南通师范学校的五年一贯制模式，而是试行"三二分段"形式的五年制。

在江苏省试点的带动下，上海市人民政府基于全面提高小学教师学历层次的考虑，于 1985 年 7 月将各方面条件较好的上海第四师范学校改建为上海师范高等专科学校，其从中师毕业生中招生，进行二年制的专科层次小学教师培养工作。上海师范高等专科学校也由此成为全国第一所培养大学专科层次小学师资的高等师范专科学校。1987 年，上海师范高等专科学校经过两年的培养，有了第一届面向小学的大专学历毕业生，这也是我国首批毕业的面向小学的大专学历毕业生，这些毕业生受到社会各方面的充分肯定。后来，北京第三师范学校、广州师范学校和大连师范学校亦分别举办大专班，开始培养专科层次小学教师的试验。截至 1987 年年底，全国有 1 所师专和 6 所中师投入这项试验工作中。这一阶段的试验，开始了我国培养专科程度小学师资的历史，为教育部的推广试验，以及我国全面推进小学教师培养的卓越化开了先河，也积累了丰富的经验。

二、教师教育卓越化政策的内容与实践

21 世纪以来，我国教师教育政策的一个重点就是不断提升中小学教师培养的学历层次，实现教师教育的卓越化。2013 年 8 月颁布的《中小学教师资格考试暂行办法》体现了"质量至上、能力为本"的价值取向，从三大方面保证未来教师的质量。首先，普遍提高申请人的学历要求，必须是"普通高等学校"的学生，保障了资格证获得者的基本素质。其次，教师资格证书的考试更加严格。全国统一考试的实行将"省考"逐出门外，这无异于打破了教师行业先前对师范系统的保护壁垒，使教师市场更加开放与公平，从而吸纳更多的优秀人才进入教师行业。最后，《中小学教师资格考试暂行办法》的出台充分保证了未来教师的质量，而质量的保证使得教师教育再次进入一个新的发展阶段——卓越化的发展阶段。

（一）实现小学教师培养的本科化、全科化

小学教育作为基础教育的开始，其教育的价值在于奠定学生今后全面发展的基础，教育教学的重点和难点不在于传授精深的学科专业知识，而是要培养儿童良好的习惯，包括学习习惯、生活习惯、道德行为习惯等让其终身受益。现代小学教育迫切需要的是教育家型的研究型教师。

1997 年 9 月，国家教委师范教育司在苏州召开了"培养高学历小学师资专业建设研讨会"，会议决定成立由北京、上海、江苏、广东、辽宁、吉林等省、市的教育专家和教育行政部门的负责人组成的课题组，统筹安排小学教育专业建设的研究工作。同年 9 月，上海市在进行师范院校结构调整过程中，将上海师范高等专科学校并入上海师范大学，成立了全国第一个初等教育学院。1997 年 9 月，南京师范大学与南京市教委联合在晓庄师范筹建了晓庄学院，率先在全国进行培养本科学历小学教师的试验。1999 年，上海师范大学、南京师范大学、东北师范大学和杭州师范学院正式向教育部申报小学教育专业后获得批准，并于同年开始招生，使小学教育专业真正成为我国高等教育体系中的一个专业。由此，我国提升小学教师培养层次的试验进入一个专科与本科并存并逐步以本科培养试验为主的新阶段，小学教育专业也由此取得合法地位，小学教师培养也进入真正意义上的高等教育化阶段①。

---

① 杨德广. 关于培养本科学历小学教师的探索 [J]. 高等师范教育研究，2000（5）：31-35.

为了规范对高学历小学教师的培养工作，切实提高小学教师的培养质量，教育部于 2002 年 9 月下发了《教育部关于加强专科以上学历小学教师培养工作的几点意见》（以下简称《意见》）。《意见》明确提出了将专科以上学历小学教师的培养纳入高等教育体系中的基本思想。各省级教育行政部门要根据当地经济、社会，以及基础教育改革与发展的实际状况和需要，对专科以上学历小学教师的培养工作进行统筹规划和通盘考虑，在遵循"分区规划、分类指导、分步实施"原则的前提下，科学、合理地研究制订专科以上学历层次小学教师的培养计划，确定适当的规模和具体实施步骤，并做好培养专科以上学历小学教师任务的高等师范院校及其他高等学校的布局结构调整工作。《意见》还提出要实行多种办学形式，积极探索培养模式，招收高中阶段毕业生，实行两年专科教育，以及实行四年本科教育，这是我国培养专科以上学历小学教师的主要形式。招收初中毕业生，实行两年在中师培养、后两年在高师培养的"二二分段制"专科教育，是当前我国培养专科学历小学教师的过渡形式。招收初中毕业生，实行"五年一贯制"专科教育，是当前我国培养专科学历小学教师的重要补充。《意见》指出，"五年一贯制"师范类专科教育主要适用于幼儿教育、特殊教育，以及外语、艺术、体育等类小学教师的培养。有条件的高等师范院校要积极建立和完善培养小学教师的院系或专业，充分发挥现有高等师范院校培养专科以上学历小学教师主渠道的作用。《意见》还要求各省、区要加强小学教育专业建设，努力办出特色，在实践中不断探索和完善。

2003 年，为了进一步规范专科学历小学教师的培养目标、规格、课程体系及教学内容，教育部组织专家研究制定了《师范高等专科三年制小学教育专业教学方案（试行）》（以下简称《方案》）。《方案》设立了中文与社会、数学与科学、英语、音乐、体育、美术六大类学科专业选修方向和主干课程，各学校可以根据需要和可能逐步开设各类专业方向选修课程，学生根据实际需要和特长爱好，选择其中的一个专业方向系统学习，学有专长。同时，某些必修课中的同类课程可以免修。《方案》在专业必修课和专业方向选修课中都安排一定学时的学校课程，由各学校根据实际需要与条件自行安排具体的特色课程，任意选修课也由各学校自主安排。《方案》还建议，通过其他模式培养高等专科学历小学教师的学校，暂由各省、自治区、直辖市教育行政部门参照《方案》，制订相应的课程计划。

小学教育专业被纳入高等教育体系之后，许多高等师范院校对小学教师培养越来越关注，纷纷申报小学教育专业。伴随着三级师范向二级师范、一级师范的过渡，很多省份都提高了小学教师入职的学历要求。除了小学教育师资培养的本科化，近几年教师教育还探索了小学教育师资培养的全科化。

上海师范大学从 2011 年开始组建"世承班"（以著名教育家廖世承的名字命名），聘请资深教授等骨干教师担任班级导师，通过课程改革强化学生专业能力，对学生各方面的成长进行动态跟踪并定期评估，实行竞争退出机制，同时选派优秀学生赴海外见习和实习，造就具有国际视野、理念先进、师德高尚的卓越教师①。

重庆第二师范学院的"陶行知创新实验班"，以及南京师范大学和南京晓庄学院都采取"小综合"（能承担小学语文、数学和英语的教学工作）模式培养小学全科教师。与南京晓庄学院不同的是，南京师范大学的"小综合"模式突出"研究型"特点，培养具有研究能力的小学全科教师。东北师范大学在原有培养本科全科教师基础上强调"本硕一体化""职前职后一体化"的培养模式；华南师范大学则强调放眼国际的"优化本硕博三层次培养体系"。②

因此，卓越型小学全科教师的培养应是我国未来小学教育师资培养改革的必然趋势。同时，不同的培养模式也意味着培养目标、培养规格和课程设置等方面都应该有所差异。

（二）推进研究生阶段教师教育

所谓研究生阶段教师培养模式，主要指学生在综合大学的文理学院获得学士学位后，接着进入专门的师资培养机构进行一定年限（1～3 年）的教师教育专业学习。研究生阶段教师培养模式能够革除传统教师培养模式的弊端，能够吸引优秀的师范生执鞭任教。

北京师范大学在 2001 年率先推行"4+2"的研究生层次的教师人才培养模式改革以后，国内多所院校也开始采用研究生阶段的教师教育模式，主要模式有以下几种：

1. 以北京师范大学为代表的"4+2"模式

2001 年，北京师范大学率先尝试了"4+2"研究生层次教师培养模式

---

① 杜芳芳. 我国卓越小学教师人才培养改革的创新实践［J］. 教育科学研究，2015（12）：10-13.

② 解书，陈旭远. 全科型卓越小学教师培养的理论与实践探析［J］. 东北师大学报（哲学社会科学版），2018（4）：212-216.

改革。所谓"4+2"教师教育模式，就是通过人才培养体制的转型，实现由传统高师的专业课程与教师教育课程混编养成的教师培养模式向教师教育学院化模式转变，以求能从根本上解决教师教育中长期存在的"专业性"与"师范性"的双趋冲突，从而培养出具有研究生学历的高素质、研究型教师，以此引领和推进教师的专业化水平。与国际通行的教师教育模式相比较，北京师范大学实施的"4+2"教师教育模式是一种典型的研究生阶段教师培养模式。"4+2"教师教育模式实质上又分为"3+1+2"3个培养阶段，第一阶段是在大学本科的前3年里，对各专业的学生不作区分，都是按照综合性大学的教学计划一起进行培养，而在第3学年结束时，对有意将来从事教学工作的学生进行筛选，从中择优选拔进入"4+2"培养模式的学生人选。第二阶段就是大学第4年的本硕衔接培养，一方面，所有学生都要继续学习并完成本专业的修业课程；另一方面，选拔出来进行"4+2"模式学习的学生需要同时修读部分教师教育研究生学位课程和公共课。从第5年开始，则进入第三阶段，即"4+2"模式的教育学院化培养阶段，"4+2"模式的学生要在教育学院学习2年教育学硕士学位课程，并要撰写与中学学科教学直接相关的学位论文，毕业后授予教育学硕士学位，可担任重点中学的高中教师①。在北京师范大学之后，我国主要的师范大学，如陕西师范大学、东北师范大学、南京师范大学、华中师范大学等都开始尝试"4+2"分段方式，尽管各校的培养方式和方法各有差异，但基本上都是采用学科课程与教师教育类课程分段学习的方式，既稳固学生的学科知识，又提升学生教育类知识的水平。

2. 华东师范大学实行的"4+1+2"模式

在很多师范大学采用"4+2"模式培养具有硕士学位教师的时候，地处上海的华东师范大学利用所在地经济、教育较为发达的优势，从2006年开始，采取"4+1+2"的人才培养方式来培养研究生层次教师。在"4+1+2"模式中，学生首先要进行大学4年的本科阶段学习，学习结束时，由华东师范大学教师、上海市部分重点中学校长，以及各区教育学院专家组成的专家组对学生进行面试，从中选拔出本科阶段学业成绩优异的学生（大部分是学业成绩处于前25%的尖子生），给予其免试直升研究生的资格，同时要求这些毕业生与中学双向选择后签订教育实践与就业协议。第二阶段就是

① 北京师范大学教务处. 创新教师教育模式，构建中国特色教师教育体系［J］. 教师教育研究，2005（3）：3-7.

这部分毕业生本科毕业后，以"准员工"身份进入中学工作 1 年，了解、体会与研究中学教育实践。最后阶段是为期 2 年的硕士阶段学习，硕士阶段课程的设置、教学、论文指导等都由大学和中学共同完成。这批学生在硕士期间享受工资，且大学给予全额奖学金。"4+1+2"模式的突出特点有 3 方面：一是在大学本科与研究生阶段之间有 1 年的中学教育实践，这解决了很多其他教育模式中存在的学生实践经验不足的问题，为硕士阶段的教育教学反思活动的开展创造了条件，也促进了理论与实践的融合；二是这些学生在硕士学习期间都享受工资，可以更安心于硕士阶段的学习；三是这些学生都有具体的中学可以进行深入的实践体验与研究①。从理念和设计思路上来看，这种"4+1+2"模式更具有优势，但这种模式不仅需要更高的成本，也需要得到地方教育部门的大力支持，才具有可操作性。

3. 上海师范大学实行的"3+3"模式

2007 年，上海师范大学在借鉴其他师范大学硕士层次教师培养模式的基础上，进行了"3+3"分段模式硕士层次教师的培养试验。第一个"3"，是要求接受该模式培养的学生（该校各学院各学科的优等生）用 3 年时间完成大学 4 年的本科专业教育。第二个"3"，是在第 3 学年后，根据既定标准对全校各学院本科各专业中志愿从事教师工作的学生经过一定筛选后，从中择优选拔"3+3"模式培养的学生人选进入教育学院；第 4 学年开始，学生进入各种教育机构进行为期 1 年的教育实践、教职体验及自身价值定向，结束时获得同大学本科 4 年毕业一样的学士学位。学生有 3 条道路：① 力图使 80% 的优秀生进入第 5 学年攻读教职硕士课程；② 可能有 10% 不适应教职的学生，其可通过必要的考核攻读其他学科的研究生课程；③ 也可能有 10% 对教职缺乏兴趣的，其可作为本科毕业生面向社会就业。第 5 学年则开始 2 年的教育学硕士学习，学生回到教育学院学习核心课程、各学科必修课程和教职课程、"课程超市"的各种选修课程，以及进行学位论文撰写与答辩。毕业后获得教育学硕士学位，毕业生主要担任重点学校教师。②

就我国目前 3 种代表性的研究生阶段教师培养模式来说，其各有特色及优劣。

（三）树立中小学教师专业标准

新中国成立之后，我国师范教育迅速发展，更为规范的条例要求不断

---

① 王健. 教师教育模式改革的国际比较 ［J］. 外国中小学教育，2007（4）：13-18.

② 教苑. 上海师范大学"3+3"教师教育模式 ［J］. 外国中小学教育，2007（4）：19-24.

出台，对教师的政治素养、品德行为、业务能力、知识能力水平等方面提出了更高的要求。2001 年 5 月教育部发布了《关于首次认定教师资格工作若干问题的意见》，而后多年来我国一直按照此意见考查教师，该意见是对教师的基本标准要求。随着教师专业化活动的开展，特别是 21 世纪初，我国开始了对教师专业标准的研究，为教师专业标准的政策出台奠定了基础。

2011 年 10 月《教育部关于大力推进教师教育课程改革的意见》（教师〔2011〕6 号）中发布了《教师教育课程标准（试行）》。该课程标准在基本理念上将教师定位为学习者的促进者、反思性实践者和终身学习者，并在促进学生发展的过程中实现自身的专业发展。课程标准对教师教育课程目标与课程设置做了详细的阐释，这里我们以《教师教育课程标准（试行）》中的"中学职前教师教育课程目标与课程设置"为例说明。中学职前教师教育课程目标与课程设置提出了对中学教师的基本要求：作为中学教师应能够依据学生青春期的特点理解学生并指导他们安全度过这一生理期；能够依据学生的认知特点，创建适合他们的环境，鼓励学生独立思考，多维探究；能够理解学生各自的人格特征与文化背景的差异，尊重他们，帮助他们规划人生，发展社会实践能力。具体在课程目标上设定了 3 个目标领域，即教育信念与责任、教育知识与能力、教育实践与体验。9 项二级目标，其中包括正确的教育观、教师观、学生观及相应的行为等内容，也包括 3 项知识技能，即教育学生、理解学生、自我发展。另设有 34 项具体的三级指标加以详尽说明。①

教育部师范教育司及教育部考试中心于 2011 年发布了《中小学和幼儿园教师资格考试标准（试行）》，对考试标准及大纲的分析，我们以初中教师为例，其中要求按三级指标设定。一级指标 3 项：一是职业道德与素质，下设职业理念、职业规范、基本素养 3 项二级指标；二是教育知识与应用，下设教育基础、学生指导、班级管理 3 项指标；三是教学知识与能力，下设教学设计、教学实施、教学评价 3 项指标。二级指标下设三级指标共 32 项，详细对二级指标做了具体要求。②

2012 年，教育部颁布《幼儿园教师专业标准（试行）》《小学教师专

---

① 教育部. 关于大力推进教师教育课程改革的意见［EB/OL］.（2011-10-19）［2023-03-20］. http://www. moe. gov. cn/srcsite/A10/s6991/201110/t20111008_ 145604. html.

② 教育部. 师范教育司，教育部考试中心. 中小学和幼儿园教师资格考试标准（试行）［EB/OL］.（2011-10）［2023-03-15］. https://ntce. neea. edu. cn/html1/report/1508/332-1. htm.

业标准（试行）》和《中学教师专业标准（试行）》（以下简称《专业标准》），引起广泛关注和积极评价。《专业标准》体现了先进的教育理念，指明了教师专业发展的方向，《专业标准》的出台对促进教师专业发展，提高教师队伍的质量，以及规范教师的教育教学行为等方面具有很强的约束和指导作用。其中，《中学教师专业标准（试行）》规定了中学教师的 4 条基本理念：师德为先、学生为本、能力为重、终身学习。要求教师尊重学生，遵循学生身心发展特点和教育教学规律；热爱教育事业，具有职业理想；把学科知识、教育理论与教育实践相结合，突出教书育人实践能力；坚持实践、反思、再实践、再反思，不断提高专业能力；具有终身学习与持续发展的意识和能力。围绕上述要求，《中学教师专业标准（试行）》的基本内容包括三个维度（一级指标）：专业理念与师德、专业知识、专业能力。一级指标下设 14 个二级指标：专业理念与师德分解为职业理解与认识、对学生的态度与行为、教育教学的态度与行为、个人修养与行为 4 项；专业知识分解为教育知识、学科知识、学科教学知识、通识性知识 4 项；专业能力分解为教学设计、教学实施、班级管理与教育活动、教育教学评价、沟通与合作、反思与发展 6 项。二级指标下设三级指标共 63 项，对二级指标做出详尽说明。①

2013 年教育部发布了《关于印发〈中小学教师资格考试暂行办法〉〈中小学教师资格定期注册暂行办法〉的通知》（教师〔2013〕9 号）。《中小学教师资格考试暂行办法》第四条规定：参加教师资格考试合格是教师职业准入的前提条件。考试内容与形式规定：教师资格考试包括笔试和面试两部分。笔试主要考查申请人从事教师职业所应具备的教育理念、职业道德、法律法规知识、科学文化素养、阅读理解、语言表达、逻辑推理和信息处理等基本能力；教育教学、学生指导和班级管理的基本知识；拟任教学科领域的基本知识，教学设计实施评价的知识和方法，运用所学知识分析和解决教育教学实际问题的能力。《中小学教师资格考试暂行办法》中规定初级中学、普通高级中学教师和中等职业学校文化课教师资格考试笔试科目为"综合素质""教育知识与能力""学科知识与教学能力" 3 科，笔试成绩合格线由国家确定，面试成绩合格线则由省级教育行政部门确定。

---

① 　教育部. 关于印发《幼儿园教师专业标准（试行）》《小学教师专业标准（试行）》和《中学教师专业标准（试行）》的通知 [EB/OL]. （2012-09-13）[2023-02-20]. http://www. moe. gov. cn/srcsite/A10/s6991/201209/t20120913_ 145603. html.

单独一门科目的笔试成绩的有效期为 2 年。最后，教育部考试中心（教育部教师资格考试中心）会颁发教师资格考试合格证明给同时通过笔试与面试的申请者，合格证明的有效期为 3 年。教师资格考试合格证明是考生申请认定教师资格的必备条件，申请者可以凭借此证明向有关部门申请教师资格的认定，获取教师资格证。① 这次教师资格考试最大的变化是，师范生同样需要参加考试才能获得教师资格证。起初在 2011 年这一政策在浙江、湖北两个省试行，2012 年增加河北、上海、广西、海南 4 个试点省份，2013 年增加山东、山西、安徽、贵州省，而后 2014 年、2015 年两次发布扩大改革试点的通知。

进入 21 世纪，我国教师专业标准不断规范，《教师专业标准》《教师教育课程标准》和《教师资格考试标准》成为我国教师专业标准的三大支柱。这些标准设计较为严密科学、内容较为详尽，涵盖了几乎所有国家关于教师标准的政策法规内容，并在此前要求的基础之上加以提高，教师标准较以往达到最高水平，且三项标准高度一致，将教师、课程和考试放在相对一致的框架之中。

（四）关注教师教育的质量，强调信息素养

2017 年 10 月 26 日，教育部发布了《普通高等学校师范类专业认证实施办法（暂行）》②，其中提出了师范类专业实行三级监测认证：第一级主要是通过网络进行数据采集，实时监控和管理师范类专业的办学基本情况；通过第二级专业认证的专业，高校能够自主对其师范类毕业生开展教师资格考试的面试工作；通过第三级专业认证的专业，高校能够自主对其师范类毕业生开展教师资格考试的笔试和面试工作。三级认证由教育部高等教育教学评估中心组织实施，由教育部成立的认证专家委员会负责对拟承担师范类专业认证的各地教育评估机构进行资质认定，对认证结论进行审定。该《办法》对于通过二级或三级认证，可自行组织中小学教师资格考试笔试和面试的高校，在课程设置、人才培养、实习实践方面做了相应的要求。在中学教育专业认证标准中，二级认证中有 8 项一级指标、38 项二级标，

① 教育部. 关于印发《中小学教师资格考试暂行办法》《中小学教师资格定期注册暂行办法》的通知 [EB/OL]. (2013-08-15) [2023-01-20]. https://www.gov.cn/gongbao/content/2013/content_ 2547145. htm.

② 教育部. 关于印发《普通高等学校师范类专业认证实施办法（暂行）》的通知 [EB/OL]. (2017-10-26) [2023-02-18]. http：//www. moe. gov. cn/srcsite/A10/s7011/201711/t20171106_ 318535. html.

三级认证中有 8 项一级指标、42 项二级指标。这些指标依据《中学教师专业标准（试行）》而定，但其中的理念与具体要求都已经有所增益。

2018 年 1 月，中共中央、国务院发布了《关于全面深化新时代教师队伍建设改革的意见》。确立的目标是到 2035 年，教师在质量上有大幅提升，优秀的教师数量大幅增加。教师无论是在综合素质还是专业水平或创新能力方面都要大幅提升；成功培育出"数以万计的教育家型教师""数以十万计的卓越教师""数以百万计的骨干教师"。在管理方面，创建科学高效的教师管理体制机制，达到教师队伍治理能力与治理体系现代化的目标。在信息技术方面，培育的教师积极地参与人工智能和信息化方面的先进的技术革新。工作成就方面，让教师获得"社会上的荣誉感""事业上的成就感""岗位上的幸福感"，确立教师职业在社会中应有的地位。该意见指出：应进一步完善中小学教师准入和招聘制度。完善教师资格考试政策，逐步将接受过教师教育和参与过教育实践列入教师资格的必要条件。严格把控教师入口，提高入职门槛，在思想素质、政治素质和专业能力上严格要求，逐步提升各级教师的学历水平，目标是幼儿园教师达到专科水平；小学教师达到师范专科或非师范本科水平；初级中学教师达到本科水平；高级中学教师达到本科，争取达到研究生水平。建立符合教育行业特点的中小学、幼儿园教师招聘办法，遴选乐教、适教、善教的优秀人才进入教师队伍。①

2018 年 3 月，包括教育部在内的五大部门共同印发《教师教育振兴行动计划（2018—2022 年）》，提出要创新教师教育模式，培养未来卓越教师。通过对教师待遇和地位的保障和提升来吸引更为优秀的生源学习师范专业，使更多优秀的人才从教，显著提高生源质量。用优秀的人去培养更优秀的人。注重协同育人，注重教学基本功训练和实践教学，注重课程内容不断更新，注重信息技术应用能力，教师教育新形态基本形成。师范生与在职教师的社会责任感、创新精神和实践能力不断增强。改善师范生生源质量。在注重提高生源质量的同时还特别提出要开展"互联网+教师教育"的创新工作。在积极创建和推行教师教育信息化教学服务平台时，应用大数据、人工智能、云计算，以及虚拟现实等多种新型科技，从而革新目前的教学方式，使其具有合作、探究和自主的基本特点。实施新一周期

---

① 中华人民共和国中央人民政府. 中共中央 国务院关于全面深化新时代教师队伍建设改革的意见 [EB/OL]. （2018-01-31）[2022-10-12]. http：//www. gov. cn/zhengce/2018-01-31/content_ 5262659. htm.

中小学教师信息技术应用能力提升工程，引领带动中小学教师、校长将现代信息技术有效运用于教育教学和学校管理。研究制定师范生信息技术应用能力标准，提高师范生信息素养和信息化教学能力。学科建设方面，积极推动教师教育学科专业建设行动。不断强化教师教育领域的人才培养和学术研究，并以此为基础努力建立和完善专科、本科、研究生一体化的教师教育学科专业体系。积极鼓励和支持高校在"教育学"一级学科下设置"教师教育学"二级学科。由国家定期、统一地公布高校二级学科"教师教育学"的具体建设发展状况，从而推动该学科专业建设的工作开展。教师教育质量保障方面，应加强体系建设，特别是应利用好信息平台，建设好教师教育基本状态数据库，通过数据库实时监控教师教育发展状况。同时，努力建立教师培养培训质量监测机制，发布《中国教师教育质量年度报告》。出台《普通高等学校师范类专业认证标准》，启动开展师范类专业认证，将认证结果作为师范类专业准入、质量评价和教师资格认定的重要依据，并向社会公布。①

2018年，教育部发布《关于实施卓越教师培养计划2.0的意见》，提出建设一流师范院校和专业，将中小学教师培养成一批教育情怀深厚、专业基础扎实、勇于创新教学、善于综合育人和具有终身学习发展能力的高素质专业化创新型人才。到2035年，师范生的综合素质、专业化水平和创新能力3个方面显著提升，为培养造就数以百万计的骨干教师、数以十万计的卓越教师、数以万计的教育家型教师奠定坚实基础。将习近平总书记对教师的希望和要求作为师范生师德教育的首要任务，全面开展师德养成教育。在培养全过程中能落实"四有"好老师标准、四个"引路人"、四个"相统一"和"四个服务"等要求。着力培养"学高为师、身正为范"的卓越教师。分类推进培养模式的改革。探索有高水平综合大学参与的本科与教育硕士阶段的整体设计和有机衔接的培养模式，努力培养出有着深厚底蕴和突出专业素养的卓越中学教师和素养全面且专长发展优异的卓越小学教师。深化信息技术，推动教育教学改革。创造智慧环境，让人工智能、虚拟现实等新技术与课程深度融合，建设出情景化、交互性的教师教育课程。建强优化教师教育师资队伍。让教师教育师资队伍能够保障卓越教师的培养

① 教育部. 教育部等五部门关于印发《教师教育振兴行动计划（2018—2022 年）》的通知 [EB/OL]. （2018 - 03 - 23） ［2019 - 05 - 04］. http：//www. moe. gov. cn/srcsite/A10/s7034/201803/t20180323_ 331063. html.

需要，对"学科课程与教学论"教师要有政策倾斜。构建追求卓越的质量保障体系。落实《普通高等学校师范类专业认证实施办法（暂行）》，构建中国特色、世界水平的教师教育质量监测认证体系，形成追求卓越的质量文化。①

2019年2月，中共中央、国务院印发《中国教育现代化2035》，指出加快信息化时代教育变革，建设智能化校园。② 同年2月27日，教育部办公厅关于印发《2019年教育信息化和网络安全工作要点》的通知指出，要启动"互联网+教师教育创新行动"，研制《师范生信息技术应用能力标准》，来提高师生信息素养和信息化教学能力；做好人工智能助推教师队伍建设行动，推动在中小学开设人工智能类课程，逐步推广编程教育。③

（五）实施卓越教师培养计划

2014年，《教育部关于实施卓越教师培养计划的意见》④（教师〔2014〕5号）使得"卓越教师"一度成为教育界学者们热议的话题。在卓越教师的培养中，如何全面提高师资队伍质量是首要问题。教育部及相关部门纷纷采取行动，从提高教师学历标准、深化教师教育改革、实施教师资格制度等方面为教师质量的提升提供保障。《教育部关于实施卓越教师培养计划的意见》（以下称《计划》）的目的在于培养高质量教师队伍，进而推动整体师资质量的发展。《计划》主要突出3方面：首先是问题的及时解决；其次是基层的创新；最后是明确分类指导。《计划》对教师（包括幼儿园、中小学、中等职业及特殊教育的教师）发展方向做出了明确的规定，并与社会主义核心价值观相融合，运用自己独特的培养模式打造出符合本院校特色的教师教育体系。与此同时，教师资格制度作为教师教育发展的关键步骤，也做出相关的规定，指出要提高教师入职的门槛以保障师资的质量。

为培养造就一批教育情怀深厚、专业基础扎实、勇于创新教学、善于

① 教育部.教育部关于实施卓越教师培养计划2.0的意见［EB/OL］.（2018-09-30）［2018-11-04］.http：//www.moe.gov.cn/srcsite/A10/s7011/201810/t20181010_350998.html.

② 中华人民共和国中央人民政府.中共中央、国务院印发《中国教育现代化2035》［EB/OL］.（2019-02-23）［2019-05-12］.http：//www.gov.cn/zhengce/2019-02/23/content_5367987.html.

③ 教育部.教育部办公厅关于印发《2019年教育信息化和网络安全工作要点》的通知［EB/OL］.（2019-03-01）［2019-06-18］.http：//www.moe.gov.cn/srcsite/A16/s3342/201903/t20190312_373147.html.

④ 教育部.教育部关于实施卓越教师培养计划的意见［EB/OL］（2014-08-19）［2019-07-20］.http：//www.moe.gov.cn/srcsite/A10/S7011/201408/t20140819_174307.html.

综合育人和具有终身学习发展能力的高素质专业化创新型中小学教师，2018年10月，教育部发文实施《卓越教师培养计划2.0》，提出全面开展师德养成教育，分类推进卓越中学、小学、幼儿园、中等职业学校和特殊教育学校教师培养改革。

综上所述，高端的师资队伍需要由高质量的教师来充实，由严格的教师资格制度门槛来规制。由此看来，卓越计划的实施是非常必要的。

三、教师教育卓越化政策的成效分析

（一）我国教师教育卓越化政策所取得的成效

1. 提升了我国教师教育的办学层次

通过推动小学教师培养的本科化及研究生阶段教师教育，我国教师教育的整体办学层次得到极大提高。教师教育办学层次的提高不仅体现为中等师范学校数量不断减少，还体现为参与教师教育的高等学校数量不断增加。我国中小学教师拥有本科及以上学历的人数逐年上升，其中小学教师培养的高等教育化探索成效更为显著。

2. 从制度上保障了教师教育的持续发展

一套成熟的专业标准不仅应该在内容上是完善的，还应该在制度上形成对标准的保障。从教师职前培养来看，缺乏制度保障的教师专业标准往往只能是理念上的一个目标、一个方向，对于标准所预期的目的和效果很难把握。这也是近年来我国教师教育质量受到质疑的原因之一。2013年开始推行的全国教师资格考试是对教师职前培养的一种检验。全国教师资格考试标准与教师专业标准高度一致，使得它既是一种入职资格测试，也是一种制度，以此来保证职前培养阶段对教师专业标准指标的落实。这可以被视为一种结果考核方式的监控制度。

2017年教育部出台了《普通高等学校师范类专业认证标准》，该标准内容指标同样与教师专业标准高度一致，但同时提出了一系列的理念和具体方法，是提高教师教育质量、保障教师专业标准落实的具体措施，监控了教师专业培养的每一步。师范类专业认证依据教师标准提出了一系列认证措施。这些措施的核心是，以学生为中心，以产出为导向。措施通过三级认证，保障标准的实施，监控标准的实施效果。就目前开展专业认证的学校来看，认证的效果不错，各校能够通过认证查找专业发展的不足，推动持续性改进。

（二）我国现阶段教师教育卓越化存在的主要问题

1. 小学教育专业生源质量有呈逐年下降的趋势

生源质量的高低直接影响到教师教育的质量和效果。各省招生的报名与录取次序是提前批次本科、第一批次本科、第二批次本科、第三批次本科、专科和高职。这样，处于第二批次本科录取段的大部分省属或市属院校在录取小学教育本科时，需要在提前批次和第一批次录取之后才能进行。1999年开始高等院校扩招，提前批次和第一批次本科段的招生数逐年递增，处于第二批次本科段小学教育专业所录取的学生在当年所招收学生中的位次排序则逐年退后。

随着高校的扩招，专科层次小学教育专业录取学生的位次后退得则更多、更快。由于小学教师社会地位不高，经济待遇较差，发展空间较小，加之可能分配到农村等因素，导致一些考生不愿意报考小学教育专业，这更会使生源的质量受影响。许多小学校长反映专科甚至本科小学教育专业的毕业生都不如以前好的中师毕业生，除了教师教育的内容与过程等因素影响之外，生源质量问题可能是最重要的原因之一。

2. 高等师范院校毕业生就业困难

高校并轨扩招之后，师范专业的招生人数急剧增加，师范毕业生数超出了基础教育所需，师范生的就业就成为一个难题。师范专业本、专科毕业生人数要多于全国普通中小学教师的新增编制数，而且很多非师范专业高校毕业生通过参加教师资格考试也进入基础教育系统，这就使师范专业毕业生的就业更显困难。

3. 研究生阶段教师教育仍未解决好理论与实践脱节的问题

我国研究生阶段的教师教育在实践中存在理论学习和教育实践"两张皮"的现象，直接影响着教师专业水平的提升。在我国，不仅本科层次的教师教育存在着较为严重的理论与实践脱节的问题，研究生阶段层次各类模式的教师教育也没能很好地解决理论与实践的融合问题，其主要表现为：一是在整个课程体系中教学实践研究的学时比例不够；二是在教学实践课程中往往也忽视了有效的设计和指导，忽略了实践过程中的假设、研究、实验、寻求真理等过程。因此，解决研究生阶段层次教师教育中的理论与实践脱节的问题，是突破我国高质量教师培养瓶颈的关键，我国应该凸显出社会主义制度的优越性，对教育机构、中小学校，以及地方政府相关部门在教师教育中应该承担的责任做出明确的分工，加强合作与互动，通过共同的努力强化教学实践研究训练，从而有效提高师范生的教学实践研究能力。

4. 教师专业标准欠缺对在职教师发展的支撑

《教师教育课程标准》旨在培养高素质、专业化的教师，要求教师教育机构按照此标准制定课程方案，开展教学，开发教学资源，展开评价；同时其也是教师资格认定的重要依据。文件在实施建议部分要求教师教育机构依据在职教师的特性提供适合的课程。教师专业标准的文件在实施建议中指出，《教师专业标准》是教师队伍建设、教师培养、专业建设、教师管理、教师专业发展的重要依据。《中小学和幼儿园教师资格考试标准及大纲》明确了该标准是教师职业的国家标准，是资格考试的基本依据。从文本的表述中可以看出，3 项标准中考试标准和课程标准主要是针对职前培养和考查而言的，专业标准则是指向职后教师的评价和发展。但存在的问题是职后对教师的管理、评价等有另外的职称评定制度，因此专业标准中所阐释的作用并不能充分发挥。此外，从专业标准、课程标准与考试标准文本的具体内容看，三者有着高度的一致性，且更多地指向教师入职前的基本要求。虽然《教师专业标准》也同时指向职后教师教育，但很明显标准中并未区分职前培养与职后评价在促进教师发展方面的不同。

我国的教师专业标准在具体内容和要求上尚未贯穿职前、职后教师教育的全部。标准更多地集中在对职前教师教育的要求上，依照标准培养教师，通过教师资格考试才能获取教师资格。学者李高峰通过国际比较明确指出，我国的教师专业标准是对教师的基本要求，是教师素养的最低要求，是一个下限[①]。很明显的是教师职后的专业发展缺少标准的要求和指导。

目前的师范类专业认证只是针对职前培养阶段。对于在职教师，现阶段只有考核和评价，尚未形成依据教师标准而推进的一系列保障措施、考核和评价的方式，并未有严格的统一标准，各自的考核方式良莠不齐。对在职教师评价，需要一把衡量教师工作的"标尺"。"标尺"的科学性直接决定着评价结果的准确性。标准必须以国家颁布的与教师相关的法律和政策，以及教师评价研究成果为理论依据，必须以学校工作与发展规划，以及教师发展需求为现实依据。然而，现实中各教学机构的评价标准不同，一些评价标准存在科学性上的不足。虽然国家制定了统一的教师专业标准，

---

① 李高峰. 中国与 IBSTPI "教师标准" 的比较：评析我国三个教师专业标准（试行）［J］. 教师教育研究，2012，24（3）：31-35.

但这些标准在对教师的实际评价过程中并没有得到很好的应用。其原因可能是多方面的，但国家所制定的教师标准是具有一定的普适性的，在整体的方向上和大部分内容上是适合于所有学校的。缺乏对于标准的制度性的监控也是原因之一，这使得标准的时效性在实际应用中显得不足。目前，对于在职教师的考核评定主要结合职称评定进行。而职称评定这把"尺子"的标准性较弱。可见，教师专业标准在教师职后工作中缺乏严格的监控。

我国教师教育卓越化政策导向要得到保障，还需要进一步向内在融合、模式统整、多元合作及多方和谐的方向发展。

我国教师教育政策体系的内容分析

在认识教师教育政策的过程中，许多政策活动的主体深深感受到"教师教育政策体系"的复杂性。由于这种复杂性，人们对"教师教育政策体系"会出现多层面、多角度的理解，见仁见智。如有人从教师培养与培训的角度提出教师教育的培养政策和培训政策；有人从学历层次和培养机构类型的角度提出教师教育政策的层类体系；也有人从教师教育机构及其功能的角度提出教师教育机构政策和课程政策、教学政策等；还有人从教师发展阶段的角度提出职前和职后教师教育政策体系，根据各级各类教育的特点提出教师教育标准体系；更有人从区域视角提出省域、县域教师教育政策体系。如此等等的提法，都有其道理。因为教师教育政策体系本来就是教师教育的诸多方面与因素依照自身的秩序和内在联系组合而成的整体，也就是由教师教育诸多的点、线、面构成的整体。本章先阐述我国教师教育政策内容体系形成的3个不同的阶段，在此基础上依据教师专业化发展阶段对教师培养政策、教师认定政策、教师继续教育政策的内容进行考查。

第一节 我国教师教育政策内容体系的形成

我国教师教育政策需要解决的基本问题是使教师队伍的规模、结构和质量满足各级教育发展的需要。目前，我国教师队伍建设无论是在规模、结构方面的调整，还是在教师专业素质能力方面的提升，都已经取得了重大的成就，教师的总体数量和专业水平已经基本能够满足各级各类学校发展的需要。

一、独立的三级教师教育体系恢复发展时期（20 世纪 80—90 年代）

由于教师专业化理念传入我国的时间是 20 世纪 80 年代初期，所以本部分所探讨的是 1980—1984 年的教师教育政策。这一阶段我国处于社会主义经济建设的恢复阶段，教育事业还没有成为发展重点。

1978 年党的十一届三中全会为我国开启了崭新的一扇门，教育事业也借着改革的东风蓬勃发展起来。邓小平同志指出，"一个学校能不能为社会主义建设培养合格的人才，培养德智体全面发展、有社会主义觉悟的有文化的劳动者关键在教师"①。这一思想的提出奠定了师范教育在改革开放中的重要地位。1980 年 6 月教育部召开的全国师范教育工作会议通过了 4 个政策法规：《关于办好中等师范教育的意见》《中等师范学校规程（试行草案）》《中等师范学校教学计划（试行草案）》《幼儿师范学校教学计划（试行草案）》，其对当时我国初等师范教育的教学计划、学校管理、教育的整体规划等方面做了初步的规划和制约。同年，由第五届全国人民代表大会常务委员会第十三次会议通过的《中华人民共和国学位条例》，为教师提高能力、进行继续教育提供了机会。

1983 年 8 月 22 日，教育部下发《关于中小学教师队伍调整整顿和加强管理的意见》，提出了合格教师质量标准的原则规定，即合格的中小学教师除了在政治上拥护中国共产党的领导、忠诚社会主义教育事业，身体健康，懂得教育教学规律并掌握教育学基本原则和方法，能够努力使用普通话进行教学，能够坚持教学工作外，在学历上还应该达到：高中教师应具备高等师范学校（或其他高等学校）本科毕业的学历或同等学力；初中教师应具备高等师范学校（或其他高等学校）专科毕业的学历或同等学力；小学教师应具备中等师范学校毕业的学历或同等学力。

1984 年 7 月 26 日，教育部发出《关于加强中小学教师普通话培训工作的通知》②，要求各级教师进修学校的教师明确树立普通话是教师的职业语言的思想，把掌握普通话作为教师必备的基本功，并指出当前推广普通话

① 转引自习近平. 做党和人民满意的好老师：同北京师范大学师生代表座谈时的讲话 [EB/OL].（2014-09-09）[2023-03-15]. http：//www.moe.gov.cn/jyb_ xwfb/moe_ 176/201409/t20140910_ 174733.html.

② 关于加强中小学教师普通话培训工作的通知 [EB/OL]（2014-07-26）[2023-03-15]. http：//www. 110. com/fagui/law_ 162088_ html.

工作应把师资培训作为重点。1984 年 10 月 13 日，教育部、全国教育工会颁布《中小学教师职业道德要求（试行草案）》，对中小学教师职业道德提出了 6 点要求：① 热爱祖国，热爱中国共产党，热爱社会主义，热爱人民教育事业；② 执行教育方针，遵循教育规律，面向全体学生，教书育人，培养学生德、智、体全面发展；③ 认真学习马列主义、毛泽东思想，学习科学文化知识和教育理论，钻研业务，精益求精，勇于创新；④ 热爱学生，了解学生，循循善诱，诲人不倦，建立民主、平等、亲密的师生关系；⑤ 奉公守法，遵守纪律，热爱学校，关心集体，谦虚谨慎，团结协作；⑥ 衣着整洁，举止端庄，语言文明，礼貌待人，以身作则，为人师表。

二、开放的现代教师教育内容体系初建时期（20 世纪 90 年代末——21 世纪初）

这一阶段科教兴国作为国家发展、社会进步的战略思想唤醒了人们对教育事业的重视，教师教育是一切教育的根本，教师地位也逐步提高。

1985 年 5 月 27 日，中共中央发布《关于教育体制改革的决定》，针对中等职业技术教育师资指出："各单位和部门办的学校，要首先依靠自身力量解决专业技术师资问题，同时可以聘请外单位的教师、科学技术人员兼任教师，还可以请专业技师、能工巧匠来传授技艺。要建立若干职业技术师范院校，有关大专院校、研究机构都要担负培训职业技术教育师资的任务，使专业师资有一个稳定的来源。"

1986 年，我国颁布《中华人民共和国义务教育法》，把教师培养作为我国义务教育的基础，对教师队伍做出规定——数量充足、质量合格、结构优化。其中第 13 条规定："国家采取措施加强和发展师范教育，加速培养、培训师资，有计划地实现小学教师具有中等师范学校毕业以上水平，初级中等学校的教师具有高等师范专科学校毕业以上水平。国家建立教师资格考核制度，对合格教师颁发资格证书。师范院校毕业生必须按照规定从事教育工作。国家鼓励教师长期从事教育事业。"

1986 年 9 月 6 日，国家教委发布《中、小学教师考核合格证书试行办法》，规定《教材教法考试合格证书》的基本要求为："思想品德好；教材教法考试及格"；《专业合格证书》的基本要求为："思想品德好；文化专业知识考试及格；具有一定的教学能力"。原国家教委颁发的《三年制中等师范学校教学方案（试行）》（1989 年 6 月）①、《中等师范学校德育大纲（试行）》（1990 年 12 月）②、《三年制中等师范学校各科教学大纲（试行）》（1992 年 6 月）都对肯定教师培养的重要性和我国教师教育事业的发展起到了推动作用。1992 年国家教委又颁布《关于加快中学教师学历培训步伐的意见》，要求通过各种方式（函授、电视教育、自学考试）提高教师的学历档次。1993 年、1994 年国家教委印发《关于加强小学骨干教师培训工作的意见》和《关于开展小学新教师试用期培训的意见》，其以终身教育为指导思想，以提高教师自身专业水平和科研能力为目的，逐步实现教师教育一体化。

1993 年 2 月 13 日，中共中央、国务院发布《中国教育改革和发展纲要》（以下简称《纲要》）。《纲要》规定：教育的改革和发展对教师提出了新的更高的要求。教师是人类灵魂工程师，必须努力提高自己的思想政治素质和业务水平；热爱教育事业，教书育人，为人师表；精心组织教学，积极参加教育改革，不断提高教学质量。《纲要》还明确指出："其他高等院校也要积极承担培养中小学和职业技术学校师资的任务。"它是我国教师教育改革和发展的纲领性文件，标志着我国教师教育开始从封闭走向开放。

1993 年 10 月 31 日，《中华人民共和国教师法》颁布，第 3 条规定：教师是履行教育教学职责的专业人员，承担教书育人、培养社会主义事业建设者和接班人、提高民族素质的使命。教师应当忠诚于人民的教育事业。其中第 8 条明确规定："教师应当履行下列义务：（一）遵守宪法、法律和职业道德，为人师表；（二）贯彻国家的教育方针，遵守规章制度，执行学校的教学计划，履行教师聘约，教育教学工作任务；（三）对学生进行宪法所确定的基本原则的教育和爱国主义、民族团结的教育，法制教育以及思想品德、文化、科学技术教育，组织、带领学生开展有益的社会活动；（四）关心、爱护全体学生，尊重学生人格，促进学生在品德、智力、体质等方面全面发展；（五）制止有害于学生的行为或者其他侵犯学生合法权益的行为，批评和抵制有害于学生健康成长的现象；（六）不断提高思想政治觉悟和教育教学业务水平。"第 11 条规定："取得教师资格应当具备的相应

---

① 原国家教育委员会. 三年制中等师范学校教学方案（试行）［EB/OL］. http：//baike/baidu. com/item/三年制中等师范学校教学方案（试行）/22550846？fr=ga_ ala.

② 原国家教育委员会. 三年制中等师范学校各科教学大纲（试行）［EB/OL］. http：//www. 110. com/fagui/law_ 171270. html.

学历是：（一）取得幼儿园教师资格，应当具备幼儿师范学校毕业及其以上学历；（二）取得小学教师资格，应当具备中等师范学校毕业及其以上学历；（三）取得初级中学教师、初级职业学校文化、专业课教师资格，应当具备高等师范专科学校或者其他大学专科毕业及其以上学历。"1993 年颁布的《中华人民共和国教师法》与 1995 年颁布的《教师资格条例》、2000 年颁布的《〈教师资格条例〉实施办法》逐步实现了教师入职资格的有机联系，把教师资格问题上升到法律法规层面。

1998 年我国颁布的《高等教育法》强调了教师的专业水平和学校自主办学等内容。1998 年 12 月 24 日，教育部制定《面向 21 世纪教育振兴行动计划》，主张用教育硕士培养模式来提高师资队伍整体学历水平。同时规定：大力提高教师队伍的整体素质，特别要加强师德建设。3 年内，以不同方式对现有中小学校长和专任教师进行全员培训和继续教育，巩固和完善中小学校长岗位培训和持证上岗制度。加强中小学教师继续教育的教材建设。中小学专任教师及师范学校在校生都要接受计算机基础知识培训。2010 年前后，具备条件的地区力争使小学和初中专任教师的学历分别提升到专科和本科层次，经济发达地区高中专任教师和校长中获硕士学位者应达到一定比例。要加强和改革师范教育，提高新师资的培养质量。实力较强的高等学校要在新师资培养及教师培训中做出贡献。其中还强调了"重点加强中小学骨干教师队伍建设。1999、2000 年，在全国选培 10 万名中小学及职业学校骨干教师（其中 1 万名由教育部组织重点培训）。通过开展本校教学改革试验、巡回讲学、研讨培训和接受外校教师观摩进修等活动，发挥骨干教师在当地教学改革中的带动和辐射作用。"《面向 21 世纪教育振兴行动计划》还规定：要拓宽教师来源渠道，向社会招聘具有教师资格的非师范类高等学校优秀毕业生到中小学任教，改善教师队伍结构。

1999 年 3 月教育部印发《关于师范院校布局结构调整的几点意见》，我国师范教育由原来的三级师范向二级师范过渡，规定到 2010 年左右新补充的小学、初中教师基本达到专科和本科学历；同时强调坚持独立设置师范院校为主体，进一步拓宽教师来源渠道，鼓励综合大学参与教师培养，通过教师资格证制度优化教师队伍。1999 年 6 月 13 日，中共中央、国务院发布《关于深化教育改革全面推进素质教育的决定》，提出建设高质量的教师队伍是全面推进素质教育的基本保证。教师要热爱党，热爱社会主义祖国，忠诚于人民的教育事业；要树立正确的教育观、质量观和人才观，增强实施素质教育的自觉性；要不断提高思想政治素质和业务素质，教书育人，为人师表，敬业爱生；要有宽广厚实的业务知识和终身学习的自觉性，掌握必要的现代教育技术手段；要遵循教育规律，积极参与教学科研，在工作中勇于探索创新；要与学生平等相处，尊重学生人格，因材施教，保护学生的合法权益。该决定提出：把提高教师实施素质教育的能力和水平作为师资培养、培训的重点；加强和改革师范教育，大力提高师资培养质量；调整师范学校的层次和布局，鼓励综合性高等学校和非师范类高等学校参与培养、培训中小学教师的工作，探索在有条件的综合性高等学校中试办师范学院；到 2010 年前后，具备条件的地区力争使小学和初中阶段的专任教师的学历分别提升。1999 年 9 月，教育部发布《中小学教师继续教育规定》，进一步保证和推进了中小学教师继续教育的发展，鼓励综合性高等学校和非师范类高等学校参与中小学教师培养。

三、开放灵活的现代教师教育内容体系确立（21 世纪初至今）

进入 21 世纪后，随着教育事业的蓬勃发展，教师地位得到大幅提升，人们的关注点开始从对教师量的需要向对教师质的提高转变。

（一）习近平总书记对教师队伍寄予殷切期望

党的十八大以来，习近平总书记多次在不同场合强调教师工作的重要意义，始终把教师队伍建设作为最重要的基础性工程来抓。

1. 对教师社会作用的肯定

2014 年 5 月 30 日，习近平在北京市海淀区民族小学主持召开座谈会时指出：学校要把德育放在更加重要的位置，全面加强校风、师德建设，坚持教书育人，根据少年儿童特点和成长规律，循循善诱，春风化雨，努力做到每一堂课不仅传播知识、而且传授美德，每一次活动不仅健康身心、而且陶冶性情，让同学们都得到倾心关爱和真诚帮助，让社会主义核心价值观的种子在学生们心中生根发芽。

2016 年 12 月 7 日，习近平在全国高校思想政治工作会议上的讲话中指出：教师是人类灵魂的工程师，承担着神圣使命。传道者自己首先要明道、信道。高校教师要坚持教育者先受教育，努力成为先进思想文化的传播者、党执政的坚定支持者，更好担起学生健康成长指导者和引路人的责任。

2020 年 9 月 9 日，习近平向全国广大教师和教育工作者致以节日祝贺和诚挚慰问时说，全国广大教师用爱心和智慧阻断贫困代际传递，点亮万千乡村孩子的人生梦想，展现了当代人民教师的高尚师德和责任担当。希望广大教师不忘立德树人初心，牢记为党育人、为国育才使命，积极探索新时代教育教学方法，不断提升教书育人本领，为培养德智体美劳全面发展的社会主义建设者和接班人作出新的更大贡献。

2023 年 9 月 9 日，习近平致信全国优秀教师代表时指出：教师群体中涌现出一批教育家和优秀教师，他们具有心有大我、至诚报国的理想信念，言为士则、行为世范的道德情操，启智润心、因材施教的育人智慧，勤学笃行、求是创新的躬耕态度，乐教爱生、甘于奉献的仁爱之心，胸怀天下、以文化人的弘道追求，展现了中国特有的教育家精神。……新征程上，希望你们和全国广大教师以教育家为榜样，大力弘扬教育家精神，牢记为党育人、为国育才的初心使命，树立"躬耕教坛、强国有我"的志向和抱负，自信自强、踔厉奋发，为强国建设、民族复兴伟业作出新的更大贡献。

2. 对教师素养的要求

2014 年 9 月 9 日，习近平同北京师范大学师生代表座谈时指出：师德是深厚的知识修养和文化品位的体现。师德需要教育培养，更需要老师自我修养。做一个高尚的人、纯粹的人、脱离了低级趣味的人，应该是每一个老师的不懈追求和行为常态。

2021 年 3 月 6 日，习近平在看望参加全国政协十三届四次会议的医药卫生界教育界委员时指出：要把师德师风建设摆在首要位置，引导广大教师继承发扬老一辈教育工作者"捧着一颗心来，不带半根草去"的精神，以赤诚之心、奉献之心、仁爱之心投身教育事业。

2023 年 3 月 1 日，习近平在中央党校建校 90 周年庆祝大会暨 2023 年春季学期开学典礼上指出：学高为师，身正为范。教师的言行举止对学员有潜移默化的作用。中央党校历史上的名师大家之所以被人铭记怀念，不仅是因为他们有着深厚的学术修养，也在于他们具备崇高的师德师风。在广大学员的心里，他们就代表着共产党人的典型形象。

2023 年 5 月 29 日，习近平在二十届中央政治局第五次集体学习时的讲话中提出：要加强师德师风建设，引导广大教师坚定理想信念、陶冶道德情操、涵养扎实学识、勤修仁爱之心，树立"躬耕教坛、强国有我"的志向和抱负，坚守三尺讲台，潜心教书育人。

（二）党和政府对教师教育发展的布局和支持

1. 加快教师教育一体化的进程

2002 年，党的十六大报告提出要形成比较完善的现代国民教育体系和全民学习、终身学习的学习型社会，要加快教师教育一体化的进程。2002年3月，教育部颁布《关于"十五"期间教师教育改革与发展的意见》，指出：教师教育是在终身教育思想指导下，按照教师专业发展的不同阶段，对教师的职前培养、入职教育和在职培训的统称。可见，我国教育部门已经认识到教师教育是一个动态、连续的发展过程。教育部原副部长袁贵仁提出：我国教师教育的创新要推进教师教育体制创新，从教师培养培训分离向教师教育一体化转变，教师教育体制改革的重点是推进教师教育一体化。① 由此可见，在终身教育思想指导下，在教师专业化理念辅助下，教师的职前培养、在职教育和职后培训紧密连接起来，教师教育一体化蓬勃发展。

2. 提升教师教育的培养培训成效

2002年，全国教师教育工作会议指出："十五"期间，教师教育事业改革发展的主要任务是以初步形成以现有师范院校为主体，其他高等学校共同参与，培养和培训相衔接的开放的教师教育体系。② 教育部在《教育部2003年工作要点》中再次强调："加快建立开放灵活的教师教育体系，提高办学层次，推进师范院校改革，鼓励综合性大学开展教师教育。"③ 2004年，《2003—2007年教师教育振兴行动计划》出台，明确提出"全面推动教师教育"。2004年9月教育部颁布《关于加快推进全国教师教育网络联盟计划组织实施新一轮中小学教师全员培训的意见》，其中可以看到两个重要思想：继续提高中小学教师学历和组织骨干教师进行培训。由此可见，我国对教师专业化的要求越来越高，体现为政府及全社会对教师学历程度的要求越来越高。

2015年，《乡村教师支持计划（2015—2020年）》提出要把乡村教师队伍建设摆在优先发展战略，切实提高乡村教育质量。2017年10月，教育部印发《普通高等学校师范类专业认证实施办法（暂行）》，提出"规范引导师范类专业建设，建立健全教师教育质量保障体系，不断提高教师培养质量"的任务目标。2018年1月20日，《全面深化新时代教师队伍建设改革的意见》印发，明确提出："大力振兴教师教育，不断提升教师专业素质能力"。紧接着，教育部等五部门联合发布《教师教育振兴行动计划

---

① 袁贵仁. 为全面建设小康社会准备高质量专业化的教师［M］. 中国高等教育，2003：20.
② 祝怀新. 封闭与开放：教师教育政策研究［M］. 杭州：浙江教育出版社，2007，310.
③ 教育部. 教育部2003年工作要点（摘要）［J］. 人民教育，2003（2）：2.

（2018—2022 年）》（以下简称《振兴计划》），提出我国教师教育发展的五大任务、十大行动，对教师教育事业发展进行总体部署。《振兴计划》特别强调"师德教育"，将"师德教育"列为教师教育的"必修课"，并且将"免费师范生"改为"公费师范生"，进一步完善师范生免费教育。

3. "双减"政策的提出对教师教育的影响

2021 年 7 月 24 日，中共中央办公厅、国务院办公厅印发《关于进一步减轻义务教育阶段学生作业负担和校外培训负担的意见》。"双减"政策的落实，对于教师教育教学的质量提出了更高的要求，需要教师基于社会发展和学生发展的规律对学生进行精心的引导和培育。很多学校对传统的教学方式进行了改革，不断提升教师的综合素养。在"双减"这一大背景下，提高教师的人格魅力成为课程改革的着力点。

"双减"政策实施以来取得了很大的成效，但是"双减"背景下的工作是一个长期、复杂和艰巨的过程，需要我们不断地进行探索。"双减"政策对教师的教学工作提出了更高的要求。作为教师，要不断提高自己各方面的素养，要把握机遇，不断提升自身的人格魅力，对"双减"政策背景下教育教学的提质增效进行不断探索。

这些政策的出台，是国家在认清我国教师教育发展现状、对教师教育发展进行深刻反思之后采取的具有重大战略意义的举措，将引领我国教师教育迈入一个全新的质量提升发展阶段。

第二节　我国教师教育政策内容的梳理与考察

教师专业化对我国师范教育乃至整个国家来说都是前所未有的挑战。从教师专业化对教师培养、选拔和教师自身素质等方面的要求，以及教师专业化所经历的职前、入门、职后三个阶段，可以把我国教师教育政策划分为相应的三部分。

一、我国教师培养政策内容考查

我国各级各类师范院校承担对教师的培养工作。《中华人民共和国教师法》第 18 条规定："各级人民政府和有关部门应当办好师范教育，并采取措施，鼓励优秀青年进入各级师范学校学习。"教师的培养政策包括有关培养目标的政策和有关培养措施的政策。有关培养目标的政策表明师范院校要培养什么样的人，以及所培养的人才应具备的素质与要求；有关培养措施的政策是师范院校如何培养教师人才，例如课程如何设置，怎样进行教育实践，等等。

我国党和政府充分认识到教师的特殊地位和重要作用，强调教师要为社会主义事业服务，这在不同时期的有关教师培养目标的政策中都有所体现。

1952 年 7 月，教育部颁发试行的《关于高等师范学校的规定（草案）》，提出我国高等师范学校的任务是培养中等学校师资，并规定我国高等师范学校分为师范学院和师范专科学校两类，修业年限分别为 4 年和 2 年。高等师范院校主要依据中等学校教学计划设置中国语文、外国语、数学、历史、地理、化学、生物、教育、音乐、体育、美术等系科专业。同年，教育部委托北京师范大学，根据 1951 年苏联师范学院教学计划草拟了《师范学院教学计划（草案）》。这些文件的颁布，解决了高等师范教育系科设置无据可依的困境，使高等师范教育的培养计划和教育教学改革有了较为明确的方向。自此，高等师范学校发展有了明确指导，高等师范教育开始步入正规化发展的轨道，新的高等师范教育体系建设由此起步。①

1981 年 4 月，教育部颁发了《高等师范院校四年制本科文科三个专业教学计划（试行草案）》，对高等师范学校的培养目标做了具体的规定，内容包括②：

① 热爱中国共产党，热爱社会主义；努力学习马列主义、毛泽东思想的基本原理，逐步树立辩证唯物主义和历史唯物主义观点；具有爱国主义、国际主义精神和共产主义道德品质；坚决执行党的教育方针政策，忠诚党的教育事业，自觉地为社会主义现代化建设服务。

② 掌握本专业所必需的基础理论、基本知识和基本技能，尽可能了解与本专业有关的科学新成就；获得科学研究的初步训练；具有一定的分析问题和解决问题的能力；掌握马克思主义的教育理论，具有从事中学教育和教学工作的初步能力；能用一种外国语阅读本专业的外文书刊。

③ 具有健全的体魄。

1987 年 4 月，国家教委颁发了《中等师范学校培养目标（初稿）》，

---

① 曲铁华，姜涛. 高等师范教育改革 70 年：演进、成就与展望［J］. 教育研究，2019（8）：24-32.

② 李友芝等. 中国近现代师范教育史资料 3.（内部资料），1983：1194.

规定："中等师范学校的培养目标是：培养具有为祖国社会主义现代化建设而奋斗的远大理想、社会主义道德品质、良好师德、热爱教育事业、求实创新精神，从事小学教育工作必备的知识和技能，一定的艺术修养和健康体魄的全面发展的小学教师。"①

从以上几项政策文本我们可以看出：第一，对教师的培养目标分为 3 方面的内容，即专业知识、教育学方面的知识和技能，以及道德品质。第二，教师培养在各级各类师范院校中进行，是一种定向的封闭的培养模式。

教师教育政策在教师的培养过程中扮演着社会权力与学校场域的中介的角色。社会权力通过制定相关的政策对师范学校这个特定的场域产生力量。教师的培养政策特别强调对教师道德品质的培养，因为社会主义教育事业需要具有无产阶级思想的教师来进行，并不断巩固下去；其二是因为传统的社会惯习不仅影响教师教育政策的制定，而且形塑着师范学校场域。我们平时讲师道尊严、为人师表，都是在强调教师的道德表率作用。师范院校也特别注重对学生师德的培养，这种在特定场域中再次被形塑出的惯习，被转变为教师身份的学生带入他们的职业生涯中，对教师的专业生活产生影响。

同时我们还要看到，这种分层次的教师培养政策，造成了定向的封闭的教师培养模式，并使之制度化。也就是高等师范学校培养中学师资，中等师范学校培养小学和幼儿园师资，专门的职业师范学校培养专门职业技术师资。这种培养体系具有较强的目的性、计划性和针对性，并有一定的规范性及专业性。但是存在很大弊病，最主要在于它具有一定的自我封闭性、单一性、僵硬性和狭窄性，尤其是社会对人才的需求日趋多样化，要求人具有深厚的基础知识，以及应变能力、创造能力和鲜明个性等，这种体系就很难适应了。

1998 年由教育部制定、1999 年国务院批转的《面向 21 世纪教育振兴行动计划》提出："具备条件的地区力争使小学和初中专任教师的学历提升到专科和本科层次，经济发达地区高中专任教师和校长中获得硕士学位者应该达到一定比例。"

1999 年 3 月教育部印发的《关于师范院校布局结构调整的几点意见》同样把重点放到教师培养模式上，"从城市向农村，从沿海向内地逐步推

---

① 《中国教育百科全书》编委会. 中国教育百科全书 [M]. 北京：海洋出版社，1991：627.

进，由三级师范（高师本科、高师专科、中等师范）向二级本科（高师本科、高师专科）过渡。到 2010 年左右，新补充的小学、初中教师分别基本达到本科和专科学历"。我国教师培养正由传统的师范教育向开放的教师教育过渡，这无疑是教师专业化的引导与体现。我国教师在提高学历背景的同时可以进一步提高专业素养，从而整体提高了我国教师的专业素养。同时，《关于师范院校布局结构调整的几点意见》中还提到"坚持独立设置师范院校主体作用，同时进一步拓宽中小学教师来源渠道，鼓励一批高水平综合大学参与培养中小学教师，通过实施教师资格制度逐步实现……中小学教师来源多样化，优化教师队伍结构"。依从该意见的指示，我国教师教育机构由原来封闭的师范院校向开放的多渠道教师体系培养迈进。这样，我国师范大学和综合性大学在培养师范生的同时又可以为社会输送非师范类人才，既丰富了高校专业设置，也使人才来源多样化。

1999 年中共中央、国务院发布的《关于深化教育改革全面推进素质教育的决定》明确提出建立一个开放的教师教育体系，使我国的教师教育体制逐步由封闭走向开放，出现了教师职前、入职、在职教育一体化的趋势。根据这一决定，借鉴发达国家先进的教育实践经验，我国出现了 4 种主要的师资培育模式：① 由综合大学、文理学院和专科性学院、教育系科培养教师，并为其他院系本科及社会人员提供教育科目及教育实践训练；② 由专门师范院校培养教师；③ 由专门高等师范院校与综合大学、专门学院合作培养教师；④ 由地方师资培训机构培养新教师和培训在职教师。

二、我国教师认定政策内容考查

所谓教师的认定，就是什么样的人可以成为教师，我国已经开始实行教师资格制度。有关教师资格制度的政策法规有：

1986 年颁布的《中华人民共和国义务教育法》第 13 条规定"国家建立教师资格考核制度，对合格教师颁发资格证书"。

1993 年颁布的《中华人民共和国教师法》第 10 条规定"国家实行教师资格制度"，只有具备教师资格的人员，方可在各级各类学校和其他教育机构中从事教育教学工作。同时第 10、11、12、13、14 条对教师资格标准和条件、申请认定程序、教师资格考试、在职教师资格过渡、法律责任等做出了原则规定，并授权国务院及其教育行政部门制定实施办法。

1995 年 3 月颁布的《中华人民共和国教育法》明确规定"国家实行教

师资格、职务、聘任制度"；1995 年 12 月国务院颁发《教师资格条例》，对教师资格的分类与适用、申报教师资格的条件、教师资格考试、教师资格认定等都做了详细的规定。

教育部于 2000 年 9 月发布了面向社会认定教师资格的操作性规定——《〈教师资格条例〉实施办法》，规定 1994 年 1 月 1 日以后进入教师队伍的人员和符合教师资格认定条件的中国公民将可以根据法定的教师资格认定程序获得教师资格。《〈教师资格条例〉实施办法》对教师的选拔过程进行了更为严格、全面的规定。

教师认定制度具有以下重要意义：

首先，我国教师认定制度的制定是我国社会主义事业极速发展、教育事业迅速扩张的必然要求。教师培养由原来的师范教育改为教师教育，教师培养机构变成了师范大学或者综合大学的师范院系，教师教育由封闭逐步走向开放。这些都要求我国教育部门制定系统、严格的教师认定制度。

其次，教师专业化理念传入我国为我国教师教育事业与国际接轨指明了发展方向。教师专业化要求教师是一个专业化极强的职业，教师要经过严格的选拔、专业的培养、持续的培训；教师还应该是具有专业素养、专业精神、专业技能的一类专业人士。我国也必须出台适合中国具体国情的教师选拔制度以保障教师专业化发展的顺利进行。

最后，我国教师资格制度是终身教育思想的召唤，终身教育思想也是教师专业化的理论前提。"在教师资格制度中，通过初任教师证书、专业教师证书和终身专业教师证书等不同级别证书的设立，以确保终身教育体系的有效落实。如美国威斯康星州规定教师资格证书必须每五年更换一次，更换证书时既要考核平时教学工作成绩，还要看五年内的进修情况，如果要提高证书等级也必须通过各种途径进修以取得相应的学分。"[1]

1998 年 12 月 24 日，教育部制定《面向 21 世纪教育振兴行动计划》，它是在贯彻落实《中华人民共和国教育法》及《中国教育改革和发展纲要》的基础上提出的跨世纪教育改革和发展的施工蓝图[2]。《面向 21 世纪教育振兴行动计划》为党的十五次全国人民代表大会精神的落实做出了很大贡献。它提出："大力提高教师队伍的整体素质，特别要加强师德建设。3 年内，

---

① 潘胜寒，赵瑞情. 关于我国教师资格制度的政策评析 [J]. 安阳师范学院学报，2003（6）：34.

② 国务院批转教育部《面向 21 世纪教育振兴行动计划》[J]. 中等医学教育，1999，17（5）：3.

以不同方式对现有中小学校长和专任教师进行全员培训和继续教育，巩固和完善中小学校长岗位培训和持证上岗制度。加强中小学教师继续教育的教材建设。中小学专任教师及师范学校在校生都要接受计算机基础知识培训。2010年前后，具备条件的地区力争使小学和初中专任教师的学历分别提升到专科和本科层次，经济发达地区高中专任教师和校长中获硕士学位者应达到一定比例。要加强和改革师范教育，提高新师资的培养质量。实力较强的高校要在新师资培养及教师培训中做出贡献……要拓宽教师来源渠道，向社会招聘具有教师资格的非师范类高等学校优秀毕业生到中小学任教，改善教师队伍结构。"在《教师资格条例》出台3年后，教育部门在《面向21世纪教育振兴行动计划》中再一次确立了教师选拔、培养、培训的重要地位，更加明确了教师教育今后的发展道路。

从有关教师资格制度的政策文本可以看出，1986年以前，只有师范院校毕业的学生才可以成为教师，此后到2000年的十几年间，我国教师资格制度快速发展，现在只要拥有教师资格证书的人都可以成为教师，这无疑打破了定向的封闭的教师培养体系，对教师教育的实践过程产生了很大影响。

这一系列政策的实施，对教师教育实践的影响之一就是提高了教师的地位，促进了教师专业化的发展。布迪厄将资本分为经济资本、文化资本和社会资本，后来又引入了符号资本的概念。文化资本又分为具体化的、客观化的和制度化的3种存在形态。制度化的文化资本形态具有集体的代表性和权威性，并给予行动者所拥有的文化资本以体制上的承认，从而使得学术资格拥有者之间的相互比较和相互替代成为可能，同时，这种体制化的资本形态还能够在文化资本和经济资本之间设定某种转换率，并由此确立了它在劳动力市场上的货币价值。在大的社会环境中，教师专业化提高了教师在社会上的地位，而这种地位的提升正是因教师资格证书制度而得以保障和强化的。教师资格证书制度是教师专业化、教师职业化的必要条件，是教师教育质量的保障体系，不仅使教师成为专业人士，在文化再生产中拥有更多的资源，而且提高了教师的地位。

教师资格制度对教师教育实践的影响之二就是促进师范教育改革，有利于形成开放、多元的师资培养体系。原有师范教育所形成的定向封闭的教师培养模式，实质上是对教师劳动力市场的垄断，这使师范院校的教育改革既无强大的外在压力，也无足够的内在动力。教师资格制度的出台对师范院校而言，可以说既是机遇又是挑战。一所师范院校现在所要面对的对象不仅有学校内部的师范专业学生，还有社会上立志从事教育工作的人员，学校承担着为他们提供优质的教育学科培训及高质量的教育学、心理学课程辅导的任务。可以说，资格认定工作的实施扩大了师范院校的功能，同时也带来了新的学科增长点。

三、我国教师继续教育政策内容考查

"培训"一词，多指在职、在业人员的专门训练或短期再教育。学者叶立群将教师的培训界定为"对取得教师法定资格并从事教育教学工作的人所进行的一切再教育"①。我国教师教育机构除了教师培养机构，还有教师培训机构。我国教师培训还存在着功利性明显、培训机构条件有限、培训教师能力相对较弱、受训教师培训目的不明确等问题，而且整个培训体系缺乏行之有效的管理制度。

原国家教委 1986 年发布了《关于加强在职中小学教师培训工作的意见》，提出"要根据中小学、农职业中学各类教师进修提高的需要，广开渠道，举办各种层次、各种规格、各种形式的培训班、研究班，等等"②。

1999 年 9 月，教育部发布《中小学教师继续教育规定》。它是我国现行的最重要的教师培训政策。《中小学教师继续教育规定》分"总则""内容和类别""组织管理""条件保障""考核与奖惩""附则" 6 部分，适用于国家和社会力量举办的中小学在职教师的继续教育工作，其中：

第 3 条"中小学教师继续教育，是指对取得教师资格的中小学在职教师为提高思想政治和业务素质进行的培训"指明了培训的目的。

第 7 条"中小学教师继续教育原则上每五年为一个培训周期"指明了培训的时间。

第 8 条"中小学教师继续教育要以提高教师实施素质教育的能力和水平为重点。中小学教师继续教育的内容主要包括：思想政治教育和师德修养；专业知识及更新与扩展；现代教育理论与实践；教育科学研究；教育科学技能训练和现代教育技术；现代科技与人文社会科学知识等"指明了培训的内容。

第 9 条"中小学教师继续教育分为非学历教育和学历教育。（一）非学

---

① 叶立群. 师范教育学 [M]. 福州：福建教育出版社，1995：375.
② 陈永明. 教师教育研究 [M]. 上海：华东师范大学出版社，2002：135.

历教育包括：新任教师培训——为新任教师在试用期内适应教育教学工作需要而设置的培训，培训时间应不少于 120 学时。教师岗位培训——为教师适应岗位要求而设置的培训。培训时间每五年累计不少于 240 学时。骨干教师培训——对有培养前途的中青年教师按教育教学骨干的要求和对现有骨干教师按更高标准进行的培训。（二）学历教育：对具备合格学历的教师进行的提高学历层次的培训"指明了培训的类别。

第 12 条"各级教师进修院校和普通师范院校在主管教育行政部门领导下，具体实施中小学教师继续教育的教育教学工作。中小学校应有计划地安排教师参加继续教育，并组织开展校内多种形式的培训。综合性高等学校、非师范类高等学校和其他教育机构，经教育行政部门批准，可参与中小学教师继续教育工作。经主管教育行政部门批准，社会力量可以举办中小学教师继续教育机构，但要符合国家规定的办学标准，保证中小学教师继续教育质量"指明了培训的组织机构。

第 18 条"地方各级人民政府教育行政部门要建立中小学教师继续教育考核和成绩登记制度。考核成绩作为教师职务聘任、晋级的依据之一"指明了培训的考核情况及考核的作用。

《中小学教师继续教育规定》的制定和实施，为我国中小学教师职后培训和继续教育走上规范化、法制化的道路奠定了基础，具有指导意义。依据此规定，教师不仅要接受职后继续培训来充实自己，提高自己的专业技能（非学历教育），还要接受在职培训，提高自身的学历层次（学历教育）。但是从政策文本的分析中我们也可以看出一些问题：

第一，教师培训包括了思想政治和师德、专业知识，以及教育理论和研究 3 个方面的内容，这与教师培养政策是相呼应的。但是我国的职前培养和职后培训政策是相分离的，目前还没有相应的政策法规将二者衔接起来，这势必对教师教育实践产生影响。

第二，培训周期一般为 5 年，教师完成一个培训周期后是否意味着培训的完结，是否还有相应的后续政策，这对教师教育实践将会产生影响，也是值得我们关注和探讨的问题。

第三，政策只规定了教师培训的类别包括学历教育和非学历教育，没有指明培训可采取哪些形式，这使得教师培训的内涵过于狭窄，且教师质量不断提高也缺乏可操作的政策规定。

第四，政策规定考核与聘任、晋级挂钩，加深了教师对培训的重视程度，但在政策实施过程中也要注意考核，以免政策执行流于形式。

2002 年发布的《关于"十五"期间教师教育改革与发展的意见》指出："教师教育是在终身教育思想指导下，按照教师专业发展的不同阶段，对教师的职前培养、入职教育和在职培训的统称。"由此可见，教师教育是一个连续的、一体的培养合格、高质量教师的过程。这就要求教师在经过专业培养、取得教师资格后还应该且必须接受连续不断的职后培训。这不仅是专业化的体现，也是社会发展的要求。

2012 年发布的《关于深化教师教育改革的意见》提出："实行 5 年一周期不少于 360 学时的教师全员培训制度，推动教师专业化发展常态化。"江苏省关于教师培训的学时认定和登记管理办法进一步提出县级以上培训不少于 180 学时。

对于农村中小学教师培训，国家在政策上给予重点关注。自 2010 年以来，先后颁布《关于实施"中小学教师国家级培训计划"的通知》《关于大力加强中小学教师培训工作的通知》《关于深化中小学教师培训模式改革全面提升培训质量的指导意见》等政策。"中小学教师国家级培训计划"（简称"国培计划"）作为提高中小学教师特别是农村中小学教师队伍整体素质的重要举措，对于推进义务教育均衡发展、促进基础教育改革、提高教育质量发挥了重要作用。"国培计划"旨在发挥示范引领、"雪中送炭"和促进改革的作用，培训一批"种子"教师，使他们在推进素质教育和教师培训方面发挥骨干示范作用，为教师获得高质量培训提供有力保障。根据国务院《乡村教师支持计划（2015—2020 年）》的总体部署，通过全面提高乡村教师思想政治素质和师德水平、拓展乡村教师补充渠道、提高乡村教师生活待遇、统一城乡教职工编制标准、职称（职务）评聘向乡村学校倾斜、推动城市优秀教师向乡村学校流动、全面提升乡村教师能力素质、建立乡村教师荣誉制度等关键举措，努力造就一支素质优良、甘于奉献、扎根乡村的教师队伍。整合高等学校、县级教师发展中心和中小学幼儿园优质资源，探索教师培训选学和学分管理制度，形成乡村教师常态化培训机制。

2016 年，教育部办公厅发布《关于印发乡村教师培训指南的通知》，印发了《送教下乡培训指南》《乡村教师网络研修与校本研修整合培训指南》《乡村教师工作坊研修指南》《乡村教师培训团队置换脱产研修指南》等，具体指导乡村教师培训工作。

第三节 我国教师教育政策的内容分析

我国教师教育政策既有其存在的合理性，也因为对于教师专业化理念接受时间和理解深度等因素而存在诸多问题。

一、改革开放以来教师教育政策发展的整体特点

（一）从注重社会需求到社会需求与个人需求并重

在改革开放之初，教师教育政策比较注重其经济、政治服务价值；20世纪90年代后，随着教育大众化的到来，教师的供需量超过了实际的需求量，教师供求关系的变化使得社会对教师的综合素质有了更高的要求。因此，教师教育政策开始向平衡社会需求与个人需要转变，更加凸显了个人需求的价值倾向。

（二）从注重外延发展到统筹兼顾外延和内涵建设

在改革开放后相当长的一段时期内，教师教育政策的制定与实施是围绕推进教师教育外延发展而展开的。20世纪80年代中期之后，随着各级各类师范院校的建立或恢复，教师教育在规模和数量上实现了双重增长的目标。在教师教育外延发展取得突破之后，其内涵问题就日益凸显。为了保障教师素质的提高，更好地适应社会发展的需要，国家教育行政部门为教师教育转向内涵发展提供了政策保障，比如，制定了教师教育培养培训的目标与方式、提升了教师教育的专业标准等。

（三）从注重规模扩张到注重质量保障

在改革开放的初始阶段，为了满足教育发展所需的教师数量，扩大教师的培养规模成为当时教师教育政策的主要任务。从1979年开始，颁布与实施了一系列教师教育政策，经过近8年的恢复与发展，到1986年，我国教师队伍的规模逐渐壮大，教师数量不足的矛盾得到基本解决。从1986年开始，教师教育政策导向开始转变，从数量、规模扩张转向质量保障。1998年3月，国家教委颁布了《关于加强和发展师范教育的意见》，文件中明确提出了师范院校要积极推进教育教学改革，促进师范生培养质量的提升；20世纪90年代中期出台的《教师资格条例》《教师资格证书管理规定》等法律法规，更是从教师资格认定、教师任职条件、教师资格证书管理等方面明确了教师教育的方向，促进了教师专业化水平的提高，提升了教师教育

的质量。

二、我国教师教育政策存在的合理性

我国教师教育政策的前身是师范教育政策，随着我国社会主义事业的蓬勃发展及国外发达国家教育思想传入我国，我国从政府到社会再到学校，时时刻刻都在进行与时俱进的变革。这种变革的目的是发展我国教育事业，为社会经济建设输送高质量的人才，使我国整体实力能够在世界范围赢得一席之地。

20 世纪 80 年代中期，《中共中央关于教育体制改革的决定》指出：十一届三中全会以后，经过指导思想的拨乱反正，党中央对教育工作做出了一系列新的论断和决策，我国教育事业的道路得到恢复……教育工作与社会主义现代化建设还存在诸多不适应之处。这种不适应的根本在于体制。中共中央决定深化教育改革必须从教育体制入手①。"依法治国方针"的确立为教育体制改革找到了突破口，我国教育事业发展与改革开始走上法治的轨道。我国是法治国家，依法治国是国泰民安的保障。政府只有不断出台相应的政策法规来引导、约束教育事业，我国的教育事业才能健康、快速地发展。我国高质量人才的培养要靠高素质的教师，高素质教师的培养则要依靠教师教育相关部门，教师教育相关部门培养出高素质、国际化的教师要依仗健康、正确的教师教育政策的引领和保障。

1. 我国教师教育政策合理存在的理论基础

教师专业化发展的首要任务就是在教师教育中将教育理论与教育实践相结合，将教育理论运用于实践，在教育实践中经常反思并将丰富的实践经验上升为理论。我们常说理论指导实践，实践是检验真理的唯一标准，我国的教师教育政策也正是因为有许多先进的理论、思想指导，才得以方向正确、目标明确、成果显著地蓬勃发展起来的。

（1）符合终身教育思想的要求

教师专业化发展的理论就是为了适应学习化社会的需要，以终身教育思想为指导，根据教师专业阶段发展的需要，对教师职前、入职和在职教育进行全程规划和设计的理论。这一理论的提出具有深刻的时代背景与教育理论基础作用②。终身教育是我国教师继续教育的指导思想，而且促生了

---

① 张乐天. 教育政策法规的理论与实践［M］. 上海：华东师范大学出版社，2002：7.

② 刘捷. 专业化：挑战 21 世纪的教师［M］. 北京：教育科学出版社，2002：263.

我国教师继续教育。20 世纪 90 年代以前，整个教育工作重心侧重于数量补充。此时，我国中学教师职后教育处于在职培训时期。其主要表现在两个方面：一是对大批学历不合格的教师进行学历提高培训；二是对知识与技能欠缺的教师进行针对性补偿教育，使其能胜任基本的教学工作。进入 20 世纪 90 年代，我国在职教师的职后教育工作重心开始向质量提高转移，由在职培训逐渐转向继续教育。这同我国在 1986 年颁布的《中华人民共和国义务教育法》有关，该法规定，三类地区根据情况分三步走普及九年制义务教育，其中要求发达地区要在 1990 年率先完成。教师数量满足是教师在职教育工作转型的基本条件，但是我国整个教师在职教育重心的转型并不是以数量全部满足为基础的，它还受制于新的教师教育理念，如终身教育思想在世界上被普遍接受以后，也影响着我国的教师在职教育①。1979 年，我国政府派代表参加了在墨西哥召开的"第一届世纪继续教育工程大会"。之后，中共中央办公厅、国务院办公厅于 1981 年下发了《科学技术干部管理工作试行条例》，对科技干部的再培训、再教育问题做了一系列规定。此后，有关部门也设立了相应的继续教育机构。1984 年，"中国继续教育工程协会"成立。在终身教育理念和相关政策的引导、制约、带领下，我国教师继续教育全面开展起来。1993 年，中共中央、国务院印发《中国教育改革和发展纲要》，指出"成人教育是传统学校教育向终身教育发展的一种新型教育制度"；1995 年颁布的《中华人民共和国教育法》也规定："国家适应社会主义市场经济发展和社会进步的需要，推进教育改革，促进各级各类教育协调发展，建立和完善终身教育体系"，"国家鼓励发展多种形式的成人教育，使公民接受适当形式的政治、经济、文化、科学、技术、业务教育和终身教育。"为进一步深化教师改革，中共中央、国务院于 1999 年在第三次全国教育工作会议上作出《关于深化教育改革全面推进素质教育的决定》，提出"大力发展现代远程教育、职业资格证书教育和其他继续教育。完善自学考试制度，形成社会化、开放式的教育网络，为适应多层次、多形式的教育需求开辟更广阔的途径，逐渐完善终身学习体系"。1999 年 9 月，教育部在上海召开了"全国中小学教师继续教育和校长培训工作会议"，会议落实了教育部制定的《中小学教师继续教育规定》。

知识的更新、课程的改革、教育环境的改变，以及信息技术手段的先

---

① 时伟. 专业化视野下教师继续教育的理论与实践：高师院校的职能定位与应答［D］. 上海：华东师范大学，2003.

进化，都要求教师不断地适应和学习，这是一个持续的过程，教师教育政策更应该时刻感受到这种时代的进步，依据我国实际情况制定出切实可行的政策法规，保障教师专业化的顺利进行。但是，我国的教师专业化教育在一些方面也流露出流于形式的窘态。

（2）教师专业化理念在我国发展的需要

教师专业化是现代教育发展的要求和必然趋势，不断提高我国教师专业化水平是实施科教兴国战略、实现中华民族伟大复兴事业的现实需要。如何适应新形势进一步提高教学质量，提高教师专业化水平是当前的紧迫任务①。20世纪80年代后期，教师专业化理念在我国开始大面积传播。教师专业化理念中又能看到终身教育思想的影子。在这一理念的指引下，我国教育界乃至整个社会开始认识到教师是专业人员，应该具有独特的专业思想和专业技能，就如同医生、律师一样。教师的培养模式及培养、培训内容应该体现其专业化；教师的培养和培训机构应该体现其专门性；教师的认定和选拔形式、过程也应显现其专门性；并且按照教师专业化的要求，教师的培养、培训应该体现一体化。1994年我国开始实施的《中华人民共和国教师法》规定"教师是履行教育教学职责的专业人员"，第一次从法律角度确认了教师的专业地位。1995年国务院颁布《教师资格条例》，2000年教育部颁布《〈教师资格条例〉实施办法》，教师资格制度在全国开始全面实施，更加明确地彰显了教师专业化理念对我国教师教育政策乃至教育界改革与发展的决心。1999年，我国出版的第一部对职业进行科学分类的权威性文件《中华人民共和国职业分类大典》，首次将我国职业归并为八大类，教师属于"专业技术人员"一类。2001年国务院发布《关于基础教育改革与发展的决定》，第一次在政府文件中以"教师教育"替代了长期使用的"师范教育"概念，提出"完善以现有师范院校为主体、其他高等学校共同参与、培养培训相衔接的开放的教师教育体系"。教师教育概念的替代，既表明了我国教育界理念的更新，也预示着我国教师培养制度的变革。

2. 专业化背景下，我国教师教育政策合理存在的现实要求

（1）我国社会发展的必然结果

---

① 教育部师范司. 教师专业化的理论与实践 [M]. 北京：人民教育出版社，2001：4.

这与我国悠久的传统不可分割。随着社会的进步、人类文明的前行，社会的法治化也越来越高。1978 年以后是我国社会转型、经济转型、万象更新的时期；同时也是教师专业化理念传入我国的开始。随着国门的打开，我国也渴求与国际接轨，在国际上获得属于自己的一席之地；国内经济迅速发展，急需建设社会主义的高级人才，这些都要求我们重视教育，提高教师地位，大力发展教师教育事业。因此，我国政府也就自然通过立法引导教育事业迅速发展，保证教师教育事业顺利前行。

（2）人才国际化的需要

随着改革开放的前行，我们开发了许多新领域，引进了许多新概念、新技术，这些都需要高级专门人才来驾驭。高级人才的输送有赖于教育机构的培养，教育机构的灵魂人物是教师，而且是素质和专业化都非常高的教师。教师是否国际化，完全取决于教师教育单位的培养和培训，所以教师教育紧跟时代步伐是一个国家在国际上具有竞争力的前提条件。我国从教师的培养到教师的认定再到教师的培训，都遵照终身教育思想和教师专业化理念制定法律规范，严格执行法律规定。这也给我国教师教育政策的制定指明了方向，必须根据具体需要制定符合我国国情的政策。

（3）封闭式师范教育亟待变革的要求

我国教师由在劳动中自然形成到师范院校培养，再到教师的多元化培养，教师教育从封闭的师范教育走向了开放。20 世纪 80 年代以来，我国教育改革不断深入。1999 年中共中央、国务院作出《关于深化教育改革全面推进素质教育的决定》，明确提出建立一个开放的教师教育体系，我国的教师教育体制逐步出现了职前、入职、在职教育一体化的趋势。教育理论深深地影响着我国教师教育走向开放：随着知识经济时代的到来，全民面临终身学习的任务，终身教育成为社会发展的必然趋势。长时间以来，我国的师范教育仅限于职前培养，一次性接受的教育足以满足未来的工作需要，足以应对未来的任何挑战。但是终身学习思想传递给我们的是：教师不可能在学校将所需知识、技能、专业思想学尽，而是要随着社会的发展不断补充、完善学习内容，不断提高自身专业素养和专业技能。这是开放的教师教育体系的特点之一，也是终身教育思想、教师专业化理念的表现形式。开放的教师教育体系的另一个特点就是普通大学和师范院校共同承担起培养教师的责任，并且教师教育不应仅停留于专业教育，综合大学与师范院校还应该与中小学形成有机的整体，让准教师们学以致用，并且为在职教师提供培训的机会和场所。应制定清晰的法律条款，指导封闭师范教育向开放的教师教育体系转型，使我国教师教育体系高效地运转起来。

（4）教师自我发展的需要

中共中央、国务院发布的《关于深化教育改革全面推进素质教育的决定》中，针对教师队伍整体素质和教师队伍建设提出："教师要热爱党，热爱社会主义祖国，忠诚于人民的教育事业；要树立正确的教育观、素质观、人才观，增强实施素质教育的自觉性；要不断提高思想政治素质和业务素质，教书育人，为人师表，敬业爱生；要有宽广厚实的业务知识和终身学习的自觉性，掌握必要的现代技术手段；要遵循教育规律，积极参与教学科研，在工作中勇于探索创新；要与学生平等相处，尊重学生人格，因材施教，保护学生的合法权益。"教师自我发展不仅仅受外界环境的影响，也是自我提升的内在需要。知识经济时代的来临给我国社会带来了许多挑战，这就要求教师不但要具有深厚的专业底蕴，还要具备与时俱进的学习能力——能够掌握具有时代特征的教育技术和教育思想。我国根据时代的要求不断出台、补充新的政策法规，帮助教师紧跟时代需求，要求教师不断提升自我，为培养合格的社会主义人才做准备。国家为满足教师自我提升的内在需要，要给其以提升的机会；为其自我提升提供条件；对教师晋升提出严格的要求并确定严格的晋升考核机制。这也是我国制定教师教育政策的初衷。理论基础指明教师教育发展的方向，也为教师教育政策制定找到了理论依据；现实要求是教师教育政策制定和执行的目的。在理论基础和现实要求的相互作用下，我国教师教育政策的制定、执行才能正确、积极、行之有效，我国教师教育政策才能紧跟时代潮流，为教师教育体系的完善作出贡献。

三、我国教师教育政策的问题与反思

新中国成立以来，在整个计划经济体制时期，由于对教师的认识存在一定的偏差，因而未能在比较统一的理论指导下建构我国的教师政策内容。直到 20 世纪 80 年代初，随着全球对教师专业化理念的关注，我国对教师属性的科学定位，以及对教师队伍建设认识的提高，这种情况才有所改观。尤其是随着指导我国教育改革和发展的纲领性文件《中国教育改革和发展纲要》的出台，我国教师政策的制定进入了崭新时期。

（一）对我国教师教育政策内容体系的整体反思

1. 某些教师教育政策的制定缺乏足够的现实观照

纵览 1999 年颁布的《中小学教师继续教育工程方案（1999—2002年）》，可发现部分政策目标超出现实。方案提到的"中小学教师继续教育工程"（以下简称"工程"）提出了教师教育的 8 点目标，其中有些目标是切合实际的，比如对当时的 1 000 万名中小学教师实施轮训，全体中小学教师接受计算机知识培训，等等，这些目标的实施极大地提高了中小学教师的综合素质。文件还提出到"工程"结束时，各级各类中小学要形成教师需要的、较为完备的课程教材体系，各地基本形成较完整的中小学教师继续教育政策法规和理论体系，等等。但从后来的实施情况来看，整个"工程"在 3 年的时间里尚未全部实现事先设计的目标，尤其是课程教材体系目标。诚然，从当时的社会实际和教育状况来判断，中国也不太具备在短短 3 年的时间内建立中小学教师继续教育课程和教材体系、制定政策法规等现实条件。

2. 部分教师教育政策的颁布具有重复性与滞后性

改革开放初期出台的教师教育政策，在内容上存在着交叉、重复的问题，缺乏理论创新。比如 1980 年 8 月 22 日、1983 年 1 月 20 日，教育部发布了两个类似的政策文件——《关于进一步加强中小学在职教师培训工作的意见》《关于加强小学在职教师进修工作的意见》，笔者对这两个政策文本的部分内容做了一番考察和对比，发现两个文件在对中小学教师的在职培训目标、培训方式、培训机构的表述上相差无几，内容上具有极高的相似度，说明教师教育政策的颁布有一定的重复性。

从公共政策学的角度来看，一项政策的出台，其目的必定在于对某一重大问题的解决，从制定到颁布，到具体实施，再到发生功效，这是一个比较漫长的过程，且过程之中的各个环节和阶段都不能缺少和跳跃。这也造成了政策的颁布具有一定的滞后性，教师教育政策自然也不例外。

3. 部分教师教育政策的表述具有模糊性和泛化性

有些教师教育政策存在着表述的模糊性、不确定性和泛化性，即只用极度凝练、概括性的话语，缺乏清晰明确的规定，这会致使政策在实施中遭遇理解偏差或者实施真空的尴尬局面。比如 1999 年，教育部出台了《中小学教师继续教育规定》，其中提出中小学教师继续教育的目标及实施方式主要有学历教育与非学历教育两种，并没有区分新进教师、骨干教师等不同岗位教师的培训方式，以及如何选择培训内容、如何组织实施等这些关键性的问题，缺少明确、具体的规范，导致了各地执行机构在执行政策时存在理解上的偏差及实践上的不可操作性。在表述上有些模糊和泛化的政策文本，不仅使各级地方教育行政部门无法确立清晰的培训目标，还使得中央在对中小学教师继续教育培训工作成效考核时缺乏明确的参照标准和依据。

4. 整体教师教育政策内容具有不均衡性和倾斜性

笔者在对改革开放以来出台的教师教育政策进行认真整理分类后发现，在数量上，有关教师在职培训、继续教育方面的政策文本最多，占政策文本近 2/3；有关教师职前培养方面的政策也较多；有关教师入职教育、岗前培训的政策严重不足。考察已有的教师教育政策文本的名称，笔者没有发现以"教师入职培训"或"教师入职教育"等为标题或者核心关键词的政策文本，仅能在其他政策文本中找到散落在其中的关于教师"岗前培训"的零星字眼，且大多是一带而过，并没有具体的培训计划或实施细则。这与当前教育行政部门大力提倡的"努力构建职前职后教育相互沟通、促进教师专业发展和终身学习的现代教师教育体系"的目标是不吻合的。教师入职教育或入职培训方面政策的缺失与匮乏，造成教师教育政策体系本该完整的链条的断裂，使得教师入职培训工作的进展失去了依托，更使得教师本该享有的入职培训权利得不到有效保障。

(二) 对我国教师教育政策内容体系各部分的反思

我国有关教师教育的政策要想达到理想的效果，首先教师教育各个阶段的相关政策要做到相互配套、相互支持。例如，准教师的培养标准、入门阶段教师所应达到的标准及职后教师继续教育所应到达的程度之间应该相互承接、相互支撑、相互影响。这些都离不开政策内容之间的相互联系。由于政策之间有机联系不紧密，教师较难完成各个阶段不同的"学习任务"，影响教师继续专业化的进程，进而影响教师参加在职进修的积极性。

1. 我国教师培养政策存在的问题

第一，政策内容对专业知识内容的规定不够具体。从新中国成立初期到改革开放，我国各级各类教育都把马克思主义政治教育放在重要位置，于教师的培养必须重视其社会主义信仰的教育，但政治素质的培养不能替代教师专业能力、专业素养的培养。可以这样讲，新中国成立后的一段时期，我国教师培养的要求不够全面，忽视教师专业素质的培养，突出的表现就是忽视对教育课程的设置。《面向 21 世纪教育振兴行动计划》规定

"中小学专任教师及师范学校在校生都要接受计算机基础知识培训"，但是计算机培训的内容对于提高教师自身专业素养是否有帮助，各个地区学习的内容是否应该一致，学校是否应该为教师提供计算机培训场所、固定的时间乃至随时实践的机会，在该计划中未进行详细的阐述。中共中央、国务院颁布的《关于深化教育改革全面推进素质教育的决定》中明确规定，"把提高教师实施素质教育的能力和水平作为师资培养、培训的重点"。但其并没有详细地规定具备怎样的能力和水平才是实施素质教育的能力和水平，对具体标准的阐述不够明确。

第二，把对于教师学历的规定当作教师专业化程度的体现，缺乏专业化标准的制定。

《面向 21 世纪教育振兴行动计划》规定 "2010 年前后，具备条件的地区力争使小学和初中阶段专任教师的学历分别提升到专科和本科层次，经济发达地区高中阶段教育的专任教师和校长中获得硕士学位者应达到一定比例"。"达到一定比例"具体是多少，是 100%还是 50%、40%、30%……这也会造成各个地区、各级学校为了达到国家规定的标准而向数字看齐，从而忽略教师质量、教学质量。同时，对学历的片面追求也会造成人才的流失：个别有经验、专业化技能水平高的教师人才可能会因为没有达标的学历背景而流失。（针对这样的情况，我们可以通过教师职后培训来提升教师学历。可以看出，教师教育一体化对于教师资源的保护也具有不容忽视的作用。）当然，各地区、各级学校对教师学历的硬性规定是我国教师整体水平提高的表现，也是我国教师队伍向专业化过渡的标志。但是存在的问题也不容忽视：师范院校在校生、教师只看结果不注重过程的现象会使其对专业学习、专业培训不认真对待；对学到了哪些专业知识和技能漠不关心；对如何将所学到的专业知识运用到今后的教学实践中不予理睬。大家只关心是否获得了相应学历、能否为工作打下基础从而成为考试机器。这些问题是在政策法规不断实践中出现的。在制定政策法规时，由于我国在这方面经验不足，许多内容借鉴发达国家经验，因此在考虑我国国情的基础上，内容还不够完善，这些都有待于政策的研究者和制定者对其不断完善和补充。《关于深化教育改革全面推进素质教育的决定》规定："2010 年前后，具备条件的地区力争使小学和初中阶段教育的专任教师的学历分别提升到专科和本科层次，经济发达地区高中阶段教育的专任教师和校长中获得硕士学位者应达到一定比例。提高高等学校教师中具有博士学位教师的比例。"此项规定与《面向 21 世纪教育振兴行动计划》有着异曲同工之处,只是《关于深化教育改革全面推进素质教育的决定》更加详尽,并且把学历规定延伸到博士层次。但是弊端也是同样存在的。教师一味追求学历,认为有了学历就有了"敲门砖",忽略了专业技能的学习,但是他们有可能丢失了教师的立足之本。同时,一味追求教师的学历背景,对于加剧整个教师培训系统的不平衡起到了催化作用。

第三,注重教师教育机构的调整的同时,忽略了教师教育内容的调整。

1999 年 3 月教育部印发的《关于师范院校布局结构调整的几点意见》(以下简称"《意见》"),同样把重点放到教师培养模式上:"从城市向农村,从沿海向内地逐步推进,由三级师范(高师本科、高师专科、中等师范)向二级师范(高师本科、高师专科)过渡。"三级师范向二级师范过渡的目的是提高教师专业化水平。但是培养机构的转型是否也意味着教育内容的改变,转型后应该增设哪些培养内容呢?这在我国教师教育政策中是缺失的。我国教师培养正由传统的师范教育向开放的教师教育过渡,这无疑是教师专业化的引导与体现。我国教师在提高学历背景的同时可以进一步提高专业素养,从而整体提高我国教师的专业素养。但是,政策制定者忽略了一个重要问题——在三级师范向二级本科过渡的同时,中等师范院校将何去何从?是不是"新补充的教师基本达到本、专科水平"就意味着教师学历达到本、专科水平,教师自身真正的能力也达到了本、专科水平呢?答案自然是否定的。《意见》在制定的同时应该建议中等师范院校积极转型:要么提升自身层次,要么转变自身职能。把中等师范合并到上级师范院校,并将其作为高师本、专科教师继续教育的机构是一项很好的举措。但是《意见》中并没有给出相关的建议,各地方政府和大学也只能依据自我需要进行变革。即使后续出台的其他教育政策中对该问题做了补充,政策与政策之间、政策体系内部(教师教育政策之间)之间也缺乏联系,不能成为一个有机联系的整体。综上所述,我国在教师培养政策的制定上,许多政策只是对教师应该达到的学历层次和培养机构等方面做出了规定,对于师范学校教学内容、教学标准,以及师范学校毕业生应具备的专业素养并没有进行细致的规定。

2. 教师认定制度存在的问题

我国素有"有学问就能成为一个好教师"的传统思想。1953 年 9 月综合大学会议就曾提出："能做科学研究工作的人，也会成为优良的师资。"①
这种思想对我国教师培养政策的制定具有主要影响，更加影响我国教师专
业化的发展（教师专业化不仅要求教师掌握足够的专业知识，还包括专业
素养、专业道德、专业自主等方面的培养）。我国对于教师的认定在制度上
存在认定标准不明确、认定标准不够细致、教师资格不能体现终身教育的
理念（一旦取得教师资格证就获得了终身的教学资格）、教师资格的认定内
容不够灵活等问题。

　　第一，教师资格证制度在一定程度上限制教师的选拔范围。《教师资格
条例》和《〈教师资格条例〉实施办法》（以下简称"《实施办法》"）第
2条分别规定，"中国公民在各级各类学校和其他教育机构中专门从事教育
教学工作，应当依法取得教师资格"，"符合《教师法》规定学历的中国公
民申请认定教师资格，适用本办法"。这两条看似对教师的选拔做出了严格
规定，但同时也严重控制了优秀教师的选拔群体。就如同数学中"充分必
要条件"所规定的一样：优秀的教师一定是具有教师资格的，而具有教师
资格的不一定是优秀的具有教育教学专业技能的教师（可能仅仅是对取得
教师资格的考试内容比较了解）。当然，为了提高我国教师的整体水平，任
教教师必须具有教师资格是无可厚非的，但是在相关法律法规中应有对专
业化程度高的优秀教师进行破格授予教师资格的规定。并且应对其标准进
行具体规定，这样才能严格地选拔、任用、晋升高素质教师。《教师资格条
例》的第5条提出"取得教师资格的公民，可以在本级及其以下等级的各
类学校和其他教育机构担任教师；但是，取得中等职业学校实习指导教师
资格的公民只能在中等专业学校、技工学校、职业高级中学或者初级职业
学校担任实习指导教师"，明确规定教师取得一类教师资格只能在一类学校
中从事教学活动，对于已取得一类教师资格的教师是否能够通过一段时间
的学习积累取得更高层次的教师教学资格的情况并没有进行界定。举个例
子，一位教师获得了小学教师资格证书并且从教多年，通过平时进修学习
和生活中的积累完全有把握获得职业高中的教师资格，那么她是否可以取
得另外一种教师资格证书？原来的小学教师资格证是注销还是继续保留？
这都是此规定中应该涉及的内容。

　　第二，教师资格证制度缺乏灵活性。我国地大物博，人口众多，地区

---

　　① 《中国教育年鉴》编辑部. 中国教育年鉴（1949—1981）[M]. 北京：中国大百科全书出
版社，1984：251.

差异巨大，如地域文化、普通话普及率。教师的社会流动也是教师资格认定制度应该考虑在内的。《〈教师资格条例〉实施办法》第8条规定："申请认定教师资格者的教育教学能力应当符合下列要求：（一）具备承担教育教学工作所必须的基本素质和能力。具体测试办法和标准由省级教育行政部门制定。（二）普通话水平应当达到国家语言文字工作委员会颁布的《普通话水平测试等级标准》二级乙等以上标准。少数方言复杂地区的普通话水平应当达到三级甲等以上标准；使用汉语和当地民族语言教学的少数民族自治地区的普通话水平，由省级人民政府教育行政部门规定标准。""具备承担教育教学工作所必须的基本素质和能力。具体测试办法和标准由省级教育行政部门制定。"各个地区对教师的要求标准略有不同，测试办法也因具体测试部门主管的倾向性而有所不同。这就存在一个问题：在一个地区获得的一类教师资格的教师可否到另一地区（尤其是民族地区）进行教育教学活动。这就要求条例在制定具体实施办法时一定要考虑到人员流动这一社会问题，在具体规定中应该加入不同地区的具体测试内容倾向和标准，为专业化程度高的教师的培养和培养高素质的人才提供法律保障；在规定中还应该针对教师社会流动的问题提出不同的处理办法（例如，各个地区应该增设外来任教教师资格考察和培训内容，与本地区的教师资格标准培训相联系。）

第三，教师资格制度规定的内容不够具体。《实施办法》第4条规定："国务院教育行政部门负责全国教师资格制度的组织实施和协调监督工作；县级以上（包括县级，下同）地方人民政府教育行政部门根据《教师资格条例》规定权限负责本地教师资格认定和管理的组织、指导、监督和实施工作。""组织、指导、监督和实施工作"具体应该监督到什么程度，监督的标准是什么，实施的步骤又是什么，这些内容都应该在"办法"中得到具体体现，否则不同地区就会存在差异，不仅会使教师专业化发展程度降低，还可能造成教师选拔的不公平。《实施办法》第16条规定"各级各类学校师范教育类专业毕业生可以持毕业证书，向任教学校所在地或户籍所在地教师资格认定机构申请直接认定相应的教师资格"；第17条规定"申请认定教师资格者应当按照国家规定缴纳费用。但各级各类学校师范教育类专业毕业生不缴纳认定费用"。师范毕业生不必缴纳教师资格认定费用无疑是师范生优待政策的体现，但是一名师范生获得了学位证、毕业证就不必参加教师资格认定考试，可以直接获得教师资格这一规定是否合适？师范院校的学生在准教师培养过程中通过考试，各科成绩及格，获得了师范院校毕业证，但是这并不意味着他们一定能够通过教师资格认定考试获得教师资格。我国教师认定制度之所以还存在种种不足，与我国社会快速发展、教育需求日新月异是分不开的，制定政策的国家相关部门应与时俱进对已有政策法规做出及时的补充与调整。随着社会主义事业的发展，我国的经济、文化、教育都要做出符合现实国情的调整。我国的教师资格条例及其具体实施颁发都应该随着社会具体情况的变化做出相应的调整：增设教师资格受理部门，增加教师资格认定频率，并且增强对已获得教师资格的教师的专业化考察。

3. 教师继续教育制度存在的问题

由于我国教师继续教育的起步较晚，对其重要性认识不足，因此我国教师教育政策中在教师继续教育所应达到的标准、继续教育的内容、继续教育的监督机制等方面存在明显的弊端，并且继续教育与教师管理制度联系不够紧密（教师继续教育考核结果与教师晋升制度完全没有或联系不紧密）。

第一，教师继续教育政策要持续加强思想政治教育力度。随着社会发展的日新月异，在日常的教学工作中教师所面对的问题也层出不穷，教师的思想政治水平，对价值观、人生观的构建水平会很大限度地渗透其工作生活中，对其自身，以及学生都产生着不可小觑的影响。因此，树立良好正确的工作态度，保持思想上的进步性，才能打造出一支高素质、高水平、德才兼备的教育队伍。党的十八大以来，以习近平同志为核心的党中央坚持把教师队伍建设作为基础工作，高度重视教师思想政治和师德师风建设。在全国高校思想政治工作会上，习近平总书记强调要加强师德师风建设，坚持教书和育人相统一，坚持言传和身教相统一，坚持潜心问道和关注社会相统一，坚持学术自由和学术规范相统一，引导广大教师以德立身、以德立学、以德施教。2018年1月，中共中央、国务院印发《全面深化新时代教师队伍建设改革的意见》，把"提升思想政治素质，全面加强师德师风建设"列为首要任务，作出全面系统部署。2020年12月，教育部等六部门印发《关于加强新时代高校教师队伍建设改革的指导意见》，把"提升教师思想政治素质和师德素养"列为首要目标举措。

教育部门加强了教师日常教育引导，推进建设师德全员养成体系，不断健全师德教育宣传、考核监督、奖励惩处工作长效机制。突出以德育德，充分发挥典型引领示范和辐射带动作用，连续开展教师中的"时代楷模"及全国教书育人楷模、最美教师、模范教师、优秀教师的评选表彰，涌现出于漪、高铭暄、卫兴华三位"人民教育家"和"七一勋章"获得者张桂梅，以及李保国、黄大年、钟扬、曲建武、卢永根、刘永坦等一大批师者典范。同时，严肃师德违规问题惩处通报，在教育部官网公开曝光违反教师职业行为十项准则的典型问题，形成长效震慑。督促各地各校对违反师德的问题进行严肃查处，进行分级公开通报，发现一起、查处一起、通报一起。

随着国家整体经济形势的迅猛发展，意识形态也在发生变化，处在这个时代的人们的精神和思想也在受到各种影响。在当前的信息时代，各种各样的思潮奔涌而出，价值体系、经济体系互相影响，处于教育战线的前沿者所面对的思想体系的挑战也呈现出前所未有的多方位化、复杂化，这些或剧烈或潜藏的变化也会为教师带来新的挑战和机遇。在这样一个复杂多变的时代，加强思想政治教育从没有像现在这样迫切，我们需要通过提升思想政治水平，学习相关的文件，将理论融会贯通到实际工作学习中。

从教师自身入手，提高教师的思想政治素养，构建集崇高理想和踏实肯干的工作态度于一体的思想境界，把教育工作作为奉献社会和体现自身价值的途径，真正地实现自己的价值，做到严于律己、锐意进取、爱岗敬业，用端正的态度来解决日常工作生活中遇到的各种问题。只有这样才能更好更有效地提升教师队伍整体的教育水平和道德水平，使教师可以当之无愧于"灵魂的工程师"这一称号。因此，教师继续教育要持续加强思想政治引领，健全工作体制机制，培育弘扬高尚师德，推进教师职业行为十项准则贯彻落实，深化教师评价改革，完善教师发展支持服务体系，着力提升教师专业素质能力，加快构建思想政治建设、师德师风建设、业务能力建设相互促进的教师队伍建设新格局，努力引导广大教师争做党和人民满意的"四有"好老师。

第二，教师继续教育政策缺少必要的考核标准和监督机制。《面向21世纪教育振兴行动计划》规定"中小学专任教师及师范学校在校生都要接受计算机基础知识培训"。与在校师范生不同的是，在职教师在接受培训后没有一个规范统一的考核标准和管理制度来制约教师计算机培训、考查培训结果；接受培训后教师们将所学应用到教育教学实践中提升自身专业化水平的程度如何考查更是任重而道远。1999年9月发布的《中小学教师继续教育规定》中把教师继续教育分为 2 种类型 4 种类别：非学历教育——新任教师培训、教师岗位培训、骨干教师培训；学历教育——对具备合格学历的教师进行的提高学历层次的培训，并在第 12 条中规定"各级教师进修院校和普通师范院校在主管教育行政部门领导下，具体实施中小学教师继续教育的教育教学工作。中小学校应有计划地安排教师参加继续教育，并组织开展校内多种形式的培训。综合性高等学校、非师范类高等学校和其他教育机构，经教育行政部门批准，可参与中小学教师继续教育工作。经主管教育行政部门批准，社会力量可以举办中小学教师继续教育机构，但要符合国家规定的办学标准，保证中小学教师继续教育质量"。教师继续教育多长时间进行一次合适？继续教育达到什么样的标准才算合格？通过怎样的考核才算是达到了标准？考核应由谁来负责监督？考核成绩如何与教师自身挂钩？这些内容能否在教师继续教育中得到完整的诠释，都依靠政策制定过程中对相关内容的详尽、全面的涵盖。《中小学教师继续教育规定》第 18 条："地方各级人民政府教育行政部门要建立中小学教师继续教育考核和成绩登记制度。考核成绩作为教师职务聘任、晋级的依据之一。"第 19 条："各级人民政府教育行政部门要对中小学教师继续教育工作成绩优异的单位和个人，予以表彰和奖励。"这两条内容对我国教师继续教育的考核制度草草带过，既没有阐释考核标准，也没有明确教师继续教育的监督、管理和考核审查具体由谁负责，负责哪些具体工作，负责到什么程度。将教师在职培训进修的成绩记录下来是教师继续教育成果的具体表现，但是教师考核成绩到什么程度算是培训合格？教师继续教育的考核、成绩记录由谁负责、监管由谁来主持都应立法或者以政策法规的形式向教师公布，这样也可以彰显教师继续教育的重要性和政策法规制定、执行部门的威严。

第三，教师继续教育政策具体实施计划和内容不明确。例如，《中小学教师继续教育规定》第 12 条："经主管教育行政部门批准，社会力量可以举办中小学教师继续教育机构，但要符合国家规定的办学标准，保证中小学教师继续教育质量。"中小学教师进行继续教育、校内培训的计划是什么？在规定中没有进行完全的阐释。教师继续教育多长时间进行一次合适，继续教育达到什么样的标准才算合格？继续教育的目的与国家政策、具体国情能不能紧密相连，教师继续教育的内容应该随着教育技术的进步而改进，而不是固定的内容。第 23 条："各省、自治区、直辖市可根据本地区的实际情况，制定具体实施办法。"各级地方政府根据自身实际情况制定相关政策具体细节，是对我国地区差异、城乡差异的充分考虑，但是在考虑差异的基础上，应该出台提纲挈领式的统一的标准、统一的执行准则等。

第四，继续教育政策时效性差。高校教师的继续教育同样需要法规的制约。高校教师是庞大教师队伍中的一员，所不同的是高校教师面对的是培养高级专门人才的任务，高校教师专业技能和专业素质的保障和提升更为重要，关系到社会主义经济建设的稳步、快速发展。《中小学教师继续教育规定》附则第 22 条："本规定所称中小学教师，是指幼儿园，特殊教育机构，普通中小学，成人初等、中等教育机构，职业中学以及其他教育机构的教师。"应该把高校教师纳入其中，由于高校教师的特殊性将其继续教育另立成章或另立成文也是毋庸置疑的。由此可以看出，我国政策法规的时效性较差，不能与时俱进地增改政策内容或者增加立法，并且政策与政策之间的相关性小，有机联系差，不能做到把所有政策看作有机联系的整体。

综上所述，我国政策法规既有其合理存在的根源，又不能忽视其存在的不足之处。我国教师教育政策存在的不足与我国文化传统等多方面的因素是分不开的。我国对教师队伍从数量需求到质量需求的变化、教育规模的庞大、教师质量的提高都需要由点及面的长时间的努力；我国的传统教育思想使人们对教师职业的认识存在偏差，对教师专业化的定位不科学，对于教师专业化重要性的认识不足。长期以来，我国教育法制建设都没有被提上议事日程，因而对教师职业的要求这个重大问题没有被提升到法规的高度进行规范。终身教育思想和教师专业化理念呼唤我国应该紧跟时代步伐制定政策来呼应实践需要；社会的发展进步、人才的急需与国际接轨、教师自身发展的需要和教师教育系统变革的需要同样要求政策法规积极、及时地呼应。但是我国政府在积极、及时呼应的同时，也会由于经验不足等问题留下遗憾。

（三）完善我国教师教育政策内容体系建设的建议

1. 完善教师教育政策的调研系统

首先，在调查方面，必须坚守实事求是的原则，去发现教师教育政策在实施过程中存在的问题和不足，对其出现的原因加以思考和判断，探求解决问题的有效方法与途径，最终形成科学的调查报告，为后期教师教育政策的调整与完善提供现实依据。其次，在研究方面，要真正使得教育研究成果成为教师教育政策制定的基础，真正发挥教育研究应有的全部功能，教育研究必须得到高度重视和大力加强。要切实保障教师教育科研人员的学术自由权，用富有创造性、建设性的研究成果去更好地回应具体的教师教育现实，使得研究结果能够全面、真实、客观地反映教师教育的现状，用科学、严谨的研究成果为教师教育政策的制定者提供有益的参考和借鉴。最后，还要在教师教育的调查和研究之间建立有效的沟通和连接，促使教师教育政策在充分观照现实的基础上出台，从而能够得以有效实施，发挥应有的指导、调节作用。

2. 优化教师教育政策的决策进程

首先，完善教师教育政策的决策机构。要提高教师教育政策的制定水平，关键问题是优化决策组织，应该根据所要制定的教师教育政策的性质来设置对应的决策机构。这些机构的设置要与教师教育政策的时效性保持一致，对于发挥作用期限长的教师教育政策，应建立常设性的机构，目的在于保证教师教育在不同发展阶段都能够有连续性的政策予以支持。其次，促进组织程序制度化。教育部门、行政机构等在进行教师教育决策时，应严格遵守组织程序和规则，从而避免在超越程序的情况下造成教师教育政策的随意性、重复性、盲目性等，以达到保障并提高教师教育政策决策进程的效率的目的。

3. 明晰教师教育政策的执行标准

一方面，明确提出执行教师教育政策目标的标准，并加以细化和精确。不能模棱两可，不能似是而非，不能含糊其词，不能高度笼统以致使政策实施目标失去实践的衡量标准，必须保证其具有较强的可操作性和针对性。另一方面，清楚表述保障教师教育政策的全面贯彻及有效实施的执行办法。明确教师教育政策的执行主体，进而落实每一项教师教育政策的执行主体的责任。确保教师教育政策执行主体掌握有效的政策执行方案和措施。

新时期我国教师教育政策的展望

前述各章分析了我国新时期教师教育政策变革的历史背景及现实原因，阐释了教师教育政策转型的理念与目标，并就教师教育政策的 3 个主题和实践进行了深入具体的分析。本章将在历史考察与现状分析的基础上，对我国教师教育政策的进一步完善提出意见和建议。

第一节　教师教育政策体现对教师生命的关怀

教师教育政策的制定要有清晰明确的目的、准确科学的定位。这需要深入的研究和科学的研判。通过对教师标准发展历史的梳理、与发达国家的比较，以及对教师工作实际的调研分析可发现，我国现行的教师教育政策能够在较为充分地体现时代要求的基础上进行教师队伍的培养和建设。然而，对教师做出职业上的基本要求只是制定教师教育政策的目标之一，教师教育政策还应能在引领教师发展职业素质、能力的同时，促进教师不断自我完善、幸福生活，使教师在职业生活中获得生命的满足感。

深刻理解教师的"职业性"与"存在性"，彰显教师生命价值。在教师专业化进程中，围绕教师"职业性"这一特性展开了大量细致的研究，研究涉及教师作为一种职业的诸多方面，从职业理念、职业道德到职业所要求的基本知识与技能。这些研究成果不断丰富和完善着教师教育政策。然而，对于教师"职业性"之外的其他特性的研究则显得不足，要使教师能够幸福地从事工作，还需要对教师的"存在性"进一步研究和思考，从而制定出能体现出对教师生命给予关怀的教师教育政策。

深刻理解教师的"存在性"需从"教师观"的理解展开。关于教师观的研究成果比较丰富，观点众多，当代影响力较大的有存在主义教师观、关怀学派的教师观、批判教育学教师观、后现代教师观和关系本体论教师观。奈特认为我们的行为植根于我们的哲学，怎样的观念就会产生怎样的行为，对教师的认识直接影响教师的发展与学生的培养。依据各主要流派的教师观可以发现，对于教师的理解不应单一定位于职业，而是要关注教师作为"人"的真实存在。这里所讲的"人"不应是单纯作为完成工作的"工具"的人。那么，作为"人"的教师是一种怎样的情况？当我们开始关注作为"人"的教师时，就需要首先把视线转到对人的基本认识上。存在主义注重人的存在，注重关注人生，并以此作为研究的出发点。

在深入了解各个流派的教师观后，我们必然要回到对教师的最简单和直接的回答中来。动态地考察对教师的基本理解将使我们重新找回教师的本质。

一、作为"人"的教师，存在于人的生活之中

作为"人"的教师是作为"教师"的人的前提和基础。存在主义的思想中无处不透露着对人生活的世界的关注。存在主义强调人一定是存在于其生活的世界之中的人。以存在主义视角来看，教师所生活的世界不仅是其从事的职业的世界，还包括其职业世界之外的世界。教师职业之外的世界究竟有多广阔很难确定，是未知的，也是动态变化的，是因人的世界而决定的。正因如此，职业之外的世界给教师提供了更为丰富的为"人"的可能性，是其生活丰富性的体现。剥离了教师的身份，教师成为更为纯粹的人。这个"人"在其生活的世界中会形成具有个性的思想、独立的人格，会拥有自主的行为方式，并在生活中享有独特的体验，产生丰富的情感……正是这些多彩的元素构建了一个存在中的人。也正是因为这些元素才使得人更为多彩。这些闪着"人"之光辉的元素是值得我们尊重和珍视的。

作为教师的人，是从剥离了教师身份的"人"走来的，先天就带有教师职业之外的世界和生活中的人的特性。教师的职业身份和由此构建的职业的世界本就是作为"人"的教师全部生活和世界的一部分。教师职业的世界塑造了教师职业的身份和与之相匹配的职业特质。这些特质使得"人"成为教师。显而易见，这些职业上的特质是区别于生活中的人的特质的。然而，生活中的人的人格、思想、情感等不应在职业中被隐藏，相反应该在职业中展现，这恰恰是一个教师应具备的素质特质之一。在教育教学中

展现自己的人格魅力，表达自己真切的思想、情感，才是作为"教师"的人与作为"人"的教师的统一。"教师是什么样的人，也就意味着他是什么样的教师，作为人的教师和作为教师的人是合而为一的。"①

二、选择做教师就是对一种生活的认同和创造

教师首先是以"人"的身份出场，以人的身份选择教师作为职业，成为作为"教师"的人。从事教师职业必须遵循职业规范要求，增强教育教学能力，完善自我品德修养，从而树立一个符合这一职业标准要求的教师形象。职业的思维与习惯、职业的情感与价值观使得职业所塑造的特质融入"人"的特质之中，使得原本的"人"具备了更为丰富的人格特征。教师的职业生活也丰富了作为人的原本的生活。职业的选择是人自为的行为，是由人的主观意志决定的。可以这样说，选择了教师作为职业即选择了一种生活。同时，人在作为教师的职业中会不断前行，会不断更新知识，提高认知能力，主动探索教育教学规律，创设教育教学情境，灵活运用方法……这些积极的主动活动都使得人的生活因职业而变得更为丰富多彩。从事职业活动过程中人也创造了自我的生活。

三、教师教育政策应完善教师的生活

作为"人"的教师与作为"教师"的人所诠释的师生关系是不同的。仅把教师作为职业，极易产生工具化思想，将职业和学生工具化，简单粗暴地认为教学和学生是个人谋生的手段，也极易将学生视为客体，并因此产生只重视对学生知识的传授和教学效果的主客对立的师生关系。当教师以"人"的身份出现，并与学生共同构建一个以教育和教学为载体的共同的世界时，教师和学生就不再是主客对立的关系。在这个师生共同存在的世界中，师生同是世界的主体，并在主体间的交互活动中展现"人"的光辉。师生关系是真诚、信任的情感关系，平等、尊重的交流关系，支持、促进的成长关系。

深刻理解了教师的本质，将教师视为"人"，才能筑建起人性的教师教育政策。未来的教师的形象及与学生的关系将更多地体现主体间性，在教师教育政策中也应形成这种导向。我们所完善的教师教育政策，应该是一

---

① 郭兴举. 论存在主义的教师观［J］. 教育学报，2006（3）：77.

种透射着人性光辉的标准，能够使教师体会到获得感、幸福感和成就感的教师教育政策。

第二节　建立分级的教师专业标准

现行的教师专业标准是在吸取我国历史经验和借鉴国外成功做法的基础上建立起来的。其基本的框架结构稳定而合理，但仍有以下 3 方面需要关注和完善。从内容上看，教师专业标准应在基本框架的基础上动态更新与丰富。

一、完善教师专业知识结构框架

教师专业标准结构应该与教师专业结构高度一致。我国现阶段教师专业标准对教师专业结构的认识多为 3 个维度：职业道德+专业知识（学科知识）+教育学相关知识，见图 8-1。

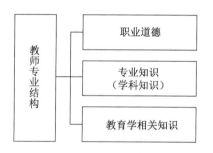

图 8-1　我国现阶段教师专业标准对教师专业结构认识

这里所说的专业知识通常是指学科知识，教育学相关知识往往指的是普通的教育教学知识和技能。专业化进程难以深入就在于这样的理解：把教师的专业化理解成对学科的专业化广度和深度的推进。事实上学科的广度和深度的推进在学科领域本身就可以进行，而不更多地体现教师专业化。这样的结构无法真正体现教师专业化特性。

为此我们重新划分维度并增加层次：职业道德+专业知识+教育学相关知识（通识知识）。其中，专业知识分为学科知识和学科教育教学专业知识。这样，教师专业知识结构就在以下几处发生了转变：

一是教育学相关知识，主要表现为教育教学的通识性知识。也可以称为一般性教育教学知识（general pedagogical knowledge），是指在各个学科中能普遍使用的一般教学原则与策略，超越各具体学科并在其之上的一种知识，如制定教学进度表、测验方式、讨论课形式等。①

二是学科知识，教师在课程教学中传递给学生的系统性知识。

三是学科教学的知识技能加入教师专业结构之中，而不再作为通识性知识。见图 8-2。

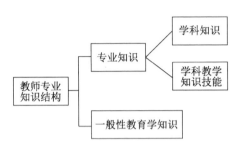

图 8-2 对教师专业结构的分析

这样，专业化的路径、目标就更为清晰。要成为专业的教师一是要有关于教育教学的通识性知识，二是要对所在学科的知识深刻掌握，三是要对学科教育教学领域有深刻的把握。前两点在内容上与此前较为一致，第三点是教师专业化的真正体现。对于专业化而言，其知识的传递必须具备一定的标准和程序。在某一学科领域中，教师不但要有学科相关的知识，更要有将这一学科知识技能传递给学生的特有的专业标准、程序和方式方法。这就需要从哲学上的理解到理论上的认识再到具体的方法选择，都要有不断深入的专业研究和探索。从微观层面看，对于一节课、一个知识点，甚至一个概念的传授都不应该是随意而任性的，而应是遵循认知规律的专业化的。此外，帮助学生学习，促进学生成长，都不是仅拥有学科知识就能解决的，都是要依靠专业化才能完成的。

教师专业结构的改变要求教师专业标准与之相适应，要求我们在确定教师专业标准基本结构时应充分依据教师专业结构。这里我们特别强调指出，学科教学知识与技能是教师专业化的一个重要体现，在制定教师专业标准时应被充分重视。

---

① Lee S. Shulman. Knowledge and Teaching: Foundations of the New Reform [J]. Harvard Educational Review, 1987（1）: 1-22.

二、建立分级教师专业标准

现行教师专业标准和教师资格考试标准只是合格教师的基本专业要求①。其标准侧重于职前培养阶段和资格考试。而我国目前对在职教师的要求和评价还没完全纳入以标准为基础的体系框架之中。2013 年开始的教师资格国家统一考试制度规定了教师合格的标准，但这只是对教师入职的基本要求。从教师的专业发展角度来看，单一的资格认证考试只是对职前教师培养效果的一个考查。虽然我国有教师职称评定制度，但这一制度不能反映出对教师的要求。要进一步实现教师专业化发展，还应以教师专业发展理论为基础建立不同层次的教师标准。

（一）层次划分的理论依据

教师专业标准应该与教师专业发展相一致，建立在职业生命周期阶段论的研究成果之上。早期对教师职业发展阶段进行研究的美国学者福勒（Fuller），依据教师发展不同时期的不同需求和关注建立了教师专业成长的 3 阶段理论：关注情景、关注自身生存和关注学生。而后费斯勒（Fessler）建立了教师职业发展的循环模型，提出教师发展的 8 个阶段。纽曼（Newman）建立了 10 年一段的 3 阶段理论，特纳（Tuner）建立了 4 阶段理论：职前、初任、安全、成熟。斯笛菲（Steffy）建立了 5 阶段的发展模型。胡博曼（Huberman）、加藤（Guyton）、麦克唐纳（Mc Donald）等也分别提出教师职业或专业发展的划分理论②。国内学者吴康宁按专业社会化将教师发展分为预期阶段和继续阶段。唐玉光提出职前准备、入职辅导、在职提高的三位一体化的阶段理论。刘捷提出师范生—入门教师—合格教师—优秀教师的发展阶段理论。申继亮将职后阶段分为适应、成长、称职和成熟阶段。叶澜等学者提出教师专业化发展的 5 个阶段：非关注阶段、虚拟关注阶段、生存关注阶段、任务关注阶段、自我更新关注③。国内外的研究充分表明了教师发展具有明显的阶段性，各个发展阶段的教师的关注点受到能力、经验、环境等多因素的影响而呈现出较大差异。对不同阶段教师发展的支持

①　李高峰. 中国与 IBSTPI "教师标准" 的比较：评析我国三个教师专业标准（试行）[J]. 教师教育研究，2012，24（3）：31-35.

②　彭小虎. 社会变迁中的小学教师生涯发展 [D]. 上海：华东师范大学，2005：30-40.

③　蒙诗茜. 以自身为资源的外语教师专业发展研究 [D]. 上海：上海外国语大学，2014：34-35.

和考核标准应以不同阶段教师的特点为依据。教师专业标准应与教师发展阶段性相符合，因此在建设教师专业标准结构时，应构建职前职后一体化的标准体系。目前，我国职后教师专业标准亟待建设和完善。

（二）专业标准中概念的厘清

目前我国的《教师资格考试标准》是对职前教育的考查，指向清晰，《教师教育课程标准》《教师专业标准》在实践中也更多地是在职前阶段发挥作用。对于职后阶段的教师的要求则不明确。从对教师的评价来看，最为基础的是以教师职称划分，同时又有荣誉称谓，如优秀教师、卓越教师、特级教师、骨干教师等。这些称谓错杂，界定不清晰，在日常使用中，用以表达教师较高水平或达到较高标准。但就优秀教师、特级教师、骨干教师的评价而言，标准过于模糊，难以操作。比如，很难有一个相对客观的标准来评定"忠诚""高尚""精湛"和"显著"。我国的骨干教师、特级教师和名师的评比标准内容，除了重视教学和教师自身的素质外，更多地强调结果，比如教师的教学效果、学生成绩、社会影响等。而学者眼中的优秀教师的标准更多集中在教师的教学行为上。对于"卓越教师"，社会上的理解较为混乱，即使在学术界也是见仁见智，各有不同。

从"卓越"一词的视角分析，"卓越教师"可以包含两层意思：其一是与其他教师相对而言，表现出突出的能力，出类拔萃；其二是在自身的成长中不断追求进步，不断自我超越，能够充分发挥自身的优势与潜能。有学者认为，"卓越教师"的能力水平等应高于"优秀教师"，"卓越教师"在教育理念、信仰、教育意志品格、教育探索精神上更为坚定，在教育教学实践中具有个性化风格，对教育具有深刻的感悟，人格上也更具魅力[①]。也有许多学者借鉴国外对"卓越教师"的界定认为：卓越教师，热衷于学习、教学，睿智、博学；具有极强的参与性及激励精神；具有极强的沟通能力，关心学生[②]。称谓的不规范、理解的不统一使得这些教师称谓下的专业发展方向不明，对教师的考核评价随意性较大，难以真正促进教师专业发展。

（三）层次划分的建议性设想

依据前文所述的专业发展阶段理论，观察国际教师专业发展的较为成熟的经验，结合我国教师专业发展历史和现状，本书提出了建议性想法，

---

① 王家骏. 卓越小学教师的培养路径研究［D］. 徐州：江苏师范大学，2018：5-6.
② 刘铁军. 德国卓越教师教育计划：目标和路径［D］. 黄石：湖北师范大学，2017：4-5.

在职后将教师发展分为 4 个阶段：新手教师、成熟教师、卓越教师、专家教师。至于如何严格界定这 4 个概念并不在本书研究范围内，我们可以理解的是这是一组逐步提升的概念。建议性地提出这组概念是为了能够消解此前概念内涵相互交融而导致的理解误区，是为教师专业化的推进和教师专业标准的制定提供清晰的结构框架。职后教师 4 个发展阶段如果被确立，各阶段的教师专业标准也必然成为研究的主题而被高度重视。建立各阶段的教师专业标准，让教师专业标准与教师专业发展的各个阶段相匹配才是教师专业发展的有效路径。

这里要特别指出的是对"卓越教师"的解释。我国近年对卓越教师培养高度重视，教育部出台了《关于实施卓越教师培养计划的意见》《关于实施卓越教师培养计划 2.0 的意见》，不断推进教师专业发展。但文件中并未对卓越教师做出严格界定，使得在推进工作中许多培养教师的高校将其设定为培养目标，将其植入职前培养阶段使用。但本书使用的"卓越教师"与此并不完全等同，本书提出的教师专业发展 4 个阶段中的"卓越教师"特指职后阶段。因为审视其内涵，"卓越教师"永远只能交给职后来完成①。因为卓越教师要放在教育实践中才能得到检验，其发展虽然包含职前，但入职后在实践中运用知识，深化理念，积累情感，取得效果才更能体现其卓越特质。

缺少专业标准是教师专业发展的理论障碍，目前我国已经建立起合格的教师专业标准。从理论和实践的逻辑上看，建立职后教师专业标准是顺理成章的事情。确立职后教师专业发展的专业标准有利于进一步推进教师教育职前、职后一体化建设。它是对职前教师专业标准的一个提升。职前教师专业标准是一种合格标准，职后教师专业标准则是在此基础上的"高级标准"。合格的教师专业标准主要包括基础知识和基本技能。职后教师专业标准涉及更多的情感态度价值观，这些方面的考查很难通过书面测试进行，更多的是通过多样的间接或者成果的方式进行考查。建立职后教师专业标准是建立完整的教师专业标准体系的重要举措。

关于完善教师专业标准结构，本研究的第二项建议是建立"卓越教师"标准。基于我国现实的教师专业发展体系和结构，本研究提出教师职后发展应为 4 个阶段。但就我国目前的教师专业化发展现状，以及我国现行的职

---

① 薛晓阳. 卓越教师的意图改写及反思：教师教育体系、教师资格制度的价值、功能与关联 [J]. 教育研究与实验，2018（3）：1-8.

称评定制度，本研究建议应逐步确立新手教师、熟练教师和专家教师的基本要求，首要的任务是在职后确立"卓越教师"的规范和标准，这是依据国家卓越教师培养计划并结合国内外经验而提出的。卓越教师培养 2.0 计划的目标为"培养教育情怀深厚，专业基础扎实，勇于创新教学，善于综合育人，培育终身学习能力的高素质专业化教师"，这一要求高于新手教师和熟练教师，但尚未达到专家标准，很显然"卓越教师"一词含义与本研究建议使用的职后 4 阶段中的第三发展阶段高度相符。

设立"卓越教师"作为职后教师专业发展的初建目标，逐步依此目标制定相应的教师专业标准，可以使职后教师的评价体系更为完善，使评价有"标"可依。目前，我国仍然没有职后教师资格认定制度，对教师的考核评价主要依赖于职称评定系统，以此单一的模式为动力系统推进教师专业发展，显然动力不足。本研究建议依据卓越教师专业标准逐步开展资格认定，在教师专业标准不断完善的同时带动资格认定。建设"卓越教师"专业标准，让卓越教师发挥引领作用，激发成熟教师向卓越教师发展的积极性，让卓越教师发挥基础储备作用，为专家教师提供来源保证，从而逐步建立起完备的职后教师专业发展的体系和路径。最终实现职前教师专业标准与职后教师发展专业标准成为教师专业标准体系中的不同阶段的标准，从而实现职前、职后教师培养的一体化。

三、动态更新教师专业标准内容

通过对《教师专业标准》《教师教育课程标准》和《教师资格考试标准》的整理分析，可以得到职业理念、基本素养、教育知识与能力、教学知识与能力 4 个维度的教师基本标准。这些标准构成了当前我国教师专业要求的较为完备的框架。教师的培养、课程的设置、教师的专业发展等都以此为基本依据。但我们也看到社会发展的高速度使得这些基本要求不能很好地满足当前和未来对教师的要求。教师标准仍需做时代性的调整和完善。

三项标准的制定与颁发都是在 2012 年，其作为专业标准的作用得到了较为充分的发挥。然而，任何一项制度在制定之初都是基于特定的历史条件的，其功能的发挥也是基于历史条件的。近几年世界教师教育发展迅速，特别是我国在这几年中社会发展迅猛，时代特性不断变化，技术水平、制度水平大幅度提升。新时代对教师专业化素质能力的结构要求也产生了很多变化，为了适应时代的要求，教师专业标准作为一项制度需要动态、持续地更新。

通过历史和国际的比较研究可以看出，我国现行的教师专业标准内容需要在以下几个方面更新：

一是将核心素养要求纳入标准体系内容之中。核心素养虽然是针对学生而提出的，但教师也应具有相应的素质和能力。在文化基础方面，应进一步强调人文关怀。在科学精神方面，应强调批判质疑思维和勇于探究精神。在自主发展方面，应更多强调教师自身的乐学精神和自主学习能力，应强调具有较好的信息意识和健全的人格等。在社会参与方面，应注重国际理解，具有一定的全球意识和开放的学习心态。实践创新上，应具有学习新技术的兴趣和应用新技术的能力。

二是将师范类专业认证标准的相关要求纳入教师专业标准内容体系中。在师德规范中应纳入对中国特色社会主义思想、政治和情感的认同。注重立德树人，将"四有"教师标准和"四个引路人"要求融入标准内容之中。注重从教意愿和教育情怀。注重思维培养，特别是思维方法的理解和掌握、创新意识、批判思维等。在教学方面应掌握学科核心素养内涵和核心素养学习指导方法策略；运用新技术转变学生学习方式。应具有学科育人、全程育人、立体育人的综合育人意识。注重全球意识和开放心态养成，了解国外教育发展趋势的前沿动态。

三是将最新教师专业发展的其他标准要求纳入其中。技术方面，教师应积极参与人工智能等新技术革新。研究制定师范院校建设标准和师范类专业办学标准，重点建设一批师范教育基地，整体提升师范院校和师范专业办学水平①。

四是充分借鉴国外经验。国外教育发达国家提出了具有鲜明时代特征的教师专业标准，如法国要求教师致力于培养学生的全球责任感。我们的教师也应促进国际的教育交流与合作，促进不同文化的相互尊重与理解；了解行业背景，能够观察和分析专业和教学情况，有研究能力；能解决冲突。为了更好地适应时代的变化，教师专业标准不应该是一份文件，而应该是一套动态变化的系统。

这个系统应由几个部分组成：一是教师专业标准的基本框架，这个框架已经构成，就是以《教师专业标准》为核心，以《教师教育课程标准》

---

① 中共中央、国务院. 关于全面深化新时代教师队伍建设改革的意见［EB/OL］.（2018-01-31）［2022-10-12］. http://www. gov. cn/zhengce/2018-01/31/content_ 5262659. html.

和《教师资格考试标准》为支撑的标准系统。二是专业的人员对该系统管理和完善。这组人员的构成将在学科建设部分详细讨论。这组人员需要持续关注国内和国外最新教师专业标准及教师专业化的发展动态，及时提供信息并深入研究其理论，探索实践可行性，为教师专业标准内容的更新提供理论、实践和信息支撑。三是由专家小组对各类信息做出甄别以确定哪些标准可以取消，哪些标准需要修改调整，哪些标准应该增补，并对所有条目有所记录。这样的标准的修正要面向教师教育的全体，让所有教师教育工作者都能清晰地明了专业标准的内容，以及其内在的科学性与时代性，能够更为有力地推动教师专业发展。

第三节 继往开来，确保教师教育政策的先进性

完善的教师教育需要相应的政策具有先进性，它必须是引领时代、面向未来的。因为我们所培养的教师是面向未来的，教师所培养的学生则面向更远的未来。但面向未来不意味着否定传统。充分继承传统、与时俱进是教师教育政策的发展之路。

一、制定具有国际先进水平的教师教育政策

从历史发展的角度看教师教育政策，各国都经历了不同的变革，内容形式不尽相同，但从宏观上看又有着相似的发展经历。从共时的角度看，各国教师教育经历不同变革后展现出越来越多的共性特征。这种共性特征是由两个方面决定的：一是教师标准发展的内在逻辑，这在前面阐述的各国教师标准发展过程中可见一斑；二是教师教育政策的国际化发展趋势。

（一）理解教师教育政策的国际化

教育国际化、教师教育国际化、教师教育政策国际化等一系列概念，都是在世界发展的全球化背景下产生的。全球化概念于20世纪80年代在经济领域提出后迅速深入人心，并拓展到政治、文化、教育等各个领域。"全球化"指的是随着人类社会不断发展，全球联系加强，各国的政治、经济、文化、科技、教育等领域逐步向世界范围扩张，形成的趋于全球一体的发展过程。国际化是与本土化相对应的概念，在认识与行为上是指具有国际的视野和国际范围的活动，具体表现为国际意识、国际认同、国际态度、国际定位、国际参与等。

国际化趋势对教师教育提出两个方面的新要求：一是培养具有国际视野和素养的人才；二是为后续人才的培养奠定国际化师资基础和国际化教学理念，使得培养的人才能以开放视野融入全球化社会。人才培养的目标定位于国际化，就需要一系列与之相匹配的人才培养的内容、方法、形式的国际化，这些因国际化而产生的变化最终落在教师身上，因此对教师教育也必然提出国际化的要求——教师教育政策的国际化。

（二）推进教师教育政策国际化

教师教育政策国际化是指对教师教育有两方面的基本要求：一是教师的认识和行为的国际化；二是教师的素质能力达到国际公认的教师标准，具有国际先进水平。教师应具有国际观念，这是推动教师教育国际化发展的前提。教师的国际观念指教师应能立足世界最新的变化需求来看待人才培养；能够充分利用国际资源开发课程，参照国际人才培养共性要求设置课程、选择教学模式、评价学生学业等。教师的国际观念背后隐藏的是国际的理解、认同和包容，以及开放的心态。各国有自己的条件背景，有自己的历史文化，教师观念的国际化转变要求教师增强国际理解力，能够正确理解世界多元化的差异性，认同其存在发展的合理性、先进性，包容其缺陷和不足。这也是立足国际社会应有的态度。

教师教育应参与国际活动。国际化的进程中更多地强调的是教育的开放性、交流性和互动性，包括：教师参与国际交流与合作，在进行课堂教学、教师培训、学术研讨等过程中密切联系国际教育同行，能平等地与国际同行交流，以及进行国际化带来的教育人员的国际流动、科研成果和教学资源的共享等；教师的能力素质要符合国际教师的共同规范，符合国际伦理要求；教师要具有国际素养，在知识、能力、情感、态度等方面能够吸收借鉴国际先进的教师能力标准，完善自身的知识能力结构，到达世界先进水平；能够自主学习、自主探索，在教师专业发展过程中能够借鉴世界先进的方法模式，科学有效地自我提升；在教师能力培养方面能共享国际优质教师教育课程，培养高水平教师；同时也要遵循本国特征，让本国文化面向世界开放，成为他国所承认的世界文化的一部分，让我国的教师的素质能力在世界展现。

我们这里研究的教师教育政策的国际化，在于说明这些特性背后的对教师要求的国际共性。每个国家在其历史的发展中都形成了较为个性化的对教师的评价标准和要求，在国际化背后却逐步形成了对教师的具有世界共性的标准。这些共性的标准当然是指高水平的共性特征。

美国印第安纳大学海外实习项目对候选教师的期望和要求有：在学生发展、教学评估、教育研究、领导技术等方面有出色的表现；有思想、有反思、有爱心，能够创建和培养一个积极的学习环境；了解学生的能力水平、兴趣和学习风格，并知道如何开展教学；参与学习共同体，建立和发展在学校、企业和团队之间的关系；反思自己的教育教学经验，并从社会、学校及个人方面确定改善的途径；形成包括终身知识、个人和专业的成长等方面的教和学的理念。这些要求的背后是 6 个维度的教师标准：知识、有意义的经验、个性化学习、团队、批判性反思、成长[①]。

上海师范大学在推进教师教育国际化方面走得较快。在师范生海外实践活动中，学生可以参与文化互动、听课见习、授课等活动。作为准教师，学生们展现了教师在国际教育中的素质和能力，能够得到国外的认可。这背后是教师国际标准的基本要求。上海师范大学在总结、凝练了 60 多年教师教育办学积淀的基础上，设计开发了卓越教师培养的核心能力素养 SCIL 九要素模型，构建了与之衔接的培养体系和运行机制。卓越教师核心能力素养指向未来教师，旨在培养能够适应终身发展和基础教育改革发展需要的最根本的、最重要的关键能力和必备品格。SCIL 核心能力素养包含九大要素[②]。

2S：Self-learning、Self development，目标导向的自主学习和自主发展能力。以培养具有理想信念、文化自信、高尚师德的践行者为目标的自主学习、自主发展能力，是未来卓越教师专业发展的动力之源。

4C：Critical Thinking、Creative Solution、Effective Communication、Team Collaboration，独立思考与批判性思维能力、创造性地解决问题的能力、沟通交流能力及团队合作能力，是未来卓越教师的岗位之基。

2I：International Cultivation、Information Literacy，国际素养、信息素养，是未来卓越教师发展的时代之需。

1L：Leadership，领导力素养，体现为未来卓越教师的自我造就、对学

---

① Indiana University Bloomington Indiana University. Six Principles for Teacher Education ［EB/OL］. （2017-09-20）［2020-10-23］. https：//education. indiana. edu/programs/undergraduate/six-principles. html.

② 柯勤飞，张益. 基于 SCIL 核心能力素养的教师教育模式改革探索——以上海师范大学为例［J］. 教育发展研究，2017（20）：61-67.

生对他人的影响力,是卓越发展之要。

卓越教师核心能力素养模型所培养的能力素养具有国际化特征,面向未来并适应国际化的发展趋势,是教师教育改革的前沿;拓宽了培养教师服务的空间限制,克服了传统的相对狭隘和表面技能化的训练,发展了跨学科建构能力;抓住了综合、核心的创新能力、研究能力,为卓越的国际化标准的教师培养提供了全新的视角和理论回答。

印第安纳大学的"教师教育的六项原则"和上海师范大学的 SCIL 九要素模型均体现了教师教育的国际化。好的教师教育政策,尽管各国的文化背景有所不同,但其共性特性依然存在。培养高质量的教师必须面向未来,面向国际,其内在的核心标准也必然逐渐符合国际的共性特点。

二、制定中国化的教师教育政策

在教育规模上,我国是世界教育大国,教师队伍的质量也在不断提升,教师的学历标准普遍提高,研究生学历教师在初中、小学任教十分常见。教师质量和教育水平一同促进中国从教育大国走向教育强国。2018 年习近平总书记在全国教育大会上进行了建设教育强国的重大部署。建设现代化教育强国是实现中华民族伟大复兴的重要基础。国家给教育指明了发展方向,教育工作者应依据方向大胆努力前行。从教育大国走向教育强国的重要标志之一就是制定中国化的教师教育政策。

教师教育政策体现出自身独特的思想认识和方式方法。经济领域,我国在高铁、电力、生物、中医药、高端装备制造等多方面已经建立起自己的标准,并逐步被世界所认可。这些成绩为教育提供了思考和借鉴:在充分吸收国外先进经验后,不应止步于模仿,应具有强烈的时代精神,大胆开拓建立起适合自己和引领世界的标准体系。在历史经验分析和国外经验吸收的基础上,我国的教师教育政策体系不断完善,无论研究的数量和质量、国家新政策的出台速度,还是教育教学实践的效果,都在迅速提升。教育者应该抓住发展的契机建立中国化的教师教育政策。这样的教师教育政策符合我国教师教育发展的传统文化和国情,也能引领世界教师教育的发展。建立中国化的教师教育政策是文化自信的体现,是我国教师教育水平不断提升的要求,是我国文明体现的内在需求,也是进一步促进教师教育发展的方法。

通过探究我国教师教育的历史与现实,可探求我国教师教育政策思想与国外的不同。

1. 创新传统文化，彰显中国特色

我国很早就出现了教师职业，并由此产生和丰富了相应的师道思想。我国师范教育初创时期，学校的章程中对教师的培养提出了具体明确的要求，这些要求传承与发扬了我国古代对教师的标准，凝聚了我国传统文化的理念。这些教师教育章程和学校章程除了对教师的专业知识做出要求外，也对教师的能力、品行等方面做出规约。比如，《南洋公学章程》对教师做出 5 个层级的要求，《奏定初级师范学堂章程》对教师做出 7 个方面的要求。而民国时期的《修正师范学校规程》对教师提出的标准中既有传统文化特色，也有时代指向。

2. 顺应发展变化，体现时代要求

科技上的突破与发展是我国实现民族伟大复兴的基石，随着综合国力的不断增强，国家对科技的要求越来越高，从满足社会基本建设需要到依靠创新走向强国之路。近年来我国科研人员不负众望，在多个领域实现了技术突破，基础、前沿研究和高技术研究均呈现丰富的成果，特别是在铁基超导、量子通信研究中有重大突破，在太空探测、深海探测方面取得重大进展。科技的背后是人才的凝聚，是文化、教育的支撑。教师队伍的建设是实现教育强国和中国梦的基础工程[①]。我国现行的教师教育政策的制定充分吸收和借鉴了世界的先进经验。但随着科技文化的发展，我国逐渐在各个方面赶上了世界先进水平，并不断超越，这就展现出发展前期的后发优势，可借鉴和学习的越来越少，需要自主探索和创新的越来越多。在教师教育政策的制定上也会遇到同样的问题。由于我国所需人才素质和规模与他国的差异逐渐变大，也由于我国特定的国情使对教师的要求越来越显现出先进性和个性化特征，因此就需要我们有勇气和信心去研究开发适合我国教育发展要求的教师教育政策。这份勇气来自我国基于文化积淀的自信，也应该来自对世界发展的责任和使命，中国的教师教育政策应为世界提供参考和服务，带动世界教师水平的提升。

教师教育应该培养什么样的教师？2016 年习近平总书记在考察北京八一学校时对教师提出"四个引路人"的要求，指出教师应成为学生"锤炼品格的引路人、学习知识的引路人、创新思维的引路人、奉献祖国的引路

---

① 朱国仁. 筑牢民族复兴的基础工程：学习习近平总书记关于建设教育强国的重要论述[J]. 人民论坛，2019（06）.

人"，而后"四个引路人"被列入教师教育振兴行动计划、卓越教师培养计划 2.0 等多项文件。"四个引路人"是在教师具备了"四有"基本素养之后，对教师提出的具体工作目标，要求教师能够引领学生的前进方向和正确道路。

无论是从我国早期的教师教育实践来看，还是从新时代对教师的"四有"和"引路人"，以及十项准则的要求来看，始终有一条突出的师德主线。教育的根本目的是立德树人，对教师的要求是师德为先，这些都体现着师德的中心地位。德是我国传统师道文化和现代文明对教师的共性要求，是教师职业道德水平和思想政治素养的重要体现。"德"是教师的立身之本，教师只有立身才能立学，才能施教，教师在立学、施教的过程中也始终贯穿"德"这一主线，最终实现"以德育德"①。

三、提升教师教育政策的时代先进性

随着电子技术的迅猛发展，计算机的存储能力和运算能力飞速提升。海量的存储和高速的运算能力使得数据引发了新一轮的技术革命——基于大数据的科技革命。大数据本身就是一种革命，它改变了传统的思维和方法。20 世纪 90 年代之前科学研究的范式主要有实证式、理论推演式、计算式。实证式是对所观察和研究的对象做描述性归纳和系统分类研究。理论推演式是通过逻辑推演来提出假设，分析证明假设。计算式即计算机模拟式，通过计算机模拟获取数据。而大数据产生后改变了这些分析模式，对数据的统计不再偏重依据逻辑思维和取样后的数理统计，而是直接将海量的数据作为数据源统计分析，这样的研究更能排除人类思维的主观推断，也能够剔除取样统计分析的误差和难以把握特殊性的弊端，使得结论更真实有效，更能有效反映事物的本来样貌。然而大数据所引起的变革不仅仅是这些，它以其高速海量的信息及运算为科技的发展提供了基石，使得人们原本只能在思想、理论上的设想得以在技术上实现，突破了科学研究在数据有限性上的限制，从而让新的科技迅猛发展。比如虚拟现实技术在 20 世纪 50 年代在理论上就已经成熟，但由于复杂的场景变换和视角转换需要大量的数据和高速的运算才能克服使用者眩晕等不适，而当时速度与数据量都无法支持，因此发展缓慢。人工智能技术也面临了近乎相同的问题，

---

① 中共中央、国务院. 关于全面深化新时代教师队伍建设改革的意见 [EB/OL]. (2018-01-31) [2022-10-12]. http://www. gov. cn/zhengce/2018-01/31/content_ 5262659. html.

其在 20 世纪 50 年代就在理论上形成了在各个领域中均有研究的态势,当时就有人兴奋地预言在未来 20 年左右人工智能就会替代人类做大量的工作。然而 20 年后其发展却陷入了低谷,这主要是因为计算机计算能力不足导致更多程序无法实现运行,遇到复杂问题需要上升至维度运算时机器就无法运行了。此外,数据的不充分也使得机器无法被"喂饱",因此也就无法深度学习和分析。随着大数据技术的不断发展,当前许多依托于大数据的技术迅速发展起来,推动了社会众多领域的发展。大数据及其带动的虚拟现实、人工智能等新技术浪潮引起了教育领域的巨大变革。

2016 年 3 月发布的国家"十三五"规划纲要指出,大力推进虚拟现实、人工智能等新兴前沿领域创新和产业化。2016 年 8 月国家发改委发布《关于请组织申报"互联网+"领域创新能力建设专项的通知》(发改办高技〔2016〕1919 号),提出建设虚拟现实/增强现实技术及应用创新平台,实现人工智能、数据挖掘、虚拟现实等技术在各领域的应用,支撑虚拟课堂、系统化教育治理等技术的研发和工程化①。2016 年 5 月国家发展改革委等四部门联合印发《"互联网+"人工智能三年行动实施方案》,指出社会智能化是为未来 3 年工作的着力点,在人工智能的关键技术上重点突破②。2016 年 9 月 3 日,国家主席习近平在二十国集团工商峰会开幕式上发表《中国发展新起点 全球增长新蓝图》的演讲,指出人工智能、虚拟现实等新技术将给人们的生产生活方式带来革命性变化③。2017 年 7 月,国务院印发《新一代人工智能发展规划的通知》,明确我国人工智能产业发展的战略目标和重点任务,提出了到 2030 年的三步走的战略目标和布局"构建一个体系、把握双重属性、坚持三位一体、强化四大支撑",为人工智能持续健康发展设计了战略路径④。2018 年 4 月教育部关于印发《教育信息化 2.0 行动计划》的通知指出要充分利用云计算、大数据、人工智能等新技术助力教育

---

① 中华人民共和国国家发展和改革委员会. 国家发展改革委办公厅关于请组织申报"互联网+"领域创新能力建设专项的通知〔EB/OL〕.(2016-08-26)〔2020-11-18〕. http://www. ndrc. gov. cn/zcfb/zcfbtz/201608/t20160830_ 816376. html.

② 中华人民共和国国家发展和改革委员会. 关于印发《"互联网+"人工智能三年行动实施方案》的通知〔EB/OL〕.(2016-05-18)〔2020-11-18〕. http://www. ndrc. gov. cn/zcfb/zcfbtz/ 201605/t20160523_ 804293. html.

③ 人民网. 习近平出席 G20 工商峰会开幕式并发表主旨演讲〔EB/OL〕.(2016-09-06)〔2020-11-18〕. http://politics. people. com. cn/n1/2016/0904/c1024-28689341. html.

④ 国务院. 新一代人工智能发展规划〔EB/OL〕.(2017-07-20)〔2020-11-20〕. http:// www. gov. cn/zhengce/content/2017-07/20/content_ 5211996. html.

改革发展①。2019 年 2 月，中共中央办公厅、国务院办公厅印发的《加快推进教育现代化实施方案（2018—2022 年）》指出要大力推进教育信息化，促进信息技术与教育教学深度融合，开展大数据支撑下的教育治理能力优化行动；同时对于教师教育方面专门指出，要实施人工智能助推教师队伍建设②。同年 2 月，中共中央、国务院印发《中国教育现代化 2035》，指出加快信息化时代教育变革。建设智能化校园③。同年 2 月 27 日，教育部办公厅关于印发《2019 年教育信息化和网络安全工作要点》的通知指出要启动"互联网+教师教育创新行动"，研制《师范生信息技术应用能力标准》来提高师生信息素养和信息化教学能力，做好人工智能助推教师队伍建设行动，推动在中小学开设人工智能类课程，逐步推广编程教育④。

国家诸多政策文件的颁布体现出对于现代技术及其带动教育变革的高度重视，其中重点指向教师教育素质能力培养，为教师教育发展提供了政策优势和时代契机。教师教育能够利用好以大数据为基础的技术平台，创新技术发展模式，与技术深度融合，推动教师教育发展，提高效率和质量。教师教育工作者需要在以下 3 方面做出深入思考和努力，才能突破传统模式与思维限制，发挥技术的真正优势。第一，找准技术与教师教育的结合点，激发师生对技术的应用信心，发挥技术特殊优势，使得技术应用优势效果真实可见。第二，树立正确的技术观念，避免由于认识误区造成人为发展障碍，及时发现教师教育过程中应用新技术所产生的问题。第三，探寻教师教育与技术深度融合推动策略，加快教师教育发展与技术融合的前进步伐。

（一）充分理解新技术优势

从目前实际情况来看，教育领域对新技术的应用丰富且多样，技术引

---

① 教育部. 关于印发《教育信息化 2.0 行动计划》的通知［EB/OL］.（2018-04-18）［2020-11-20］. http：//www. moe. gov. cn/srcsite/A16/s3342/201804/t20180425_ 334188. html.

② 中华人民共和国中央人民政府. 中共中央办公厅、国务院办公厅印发《加快推进教育现代化实施方案（2018-2022 年）》［EB/OL］.（2019-02-23）［2020-11-20］. http：//www. gov. cn/zhengce/2019-02/23/content_ 5367988. htm.

③ 中华人民共和国中央人民政府. 中共中央、国务院印发《中国教育现代化 2035》［EB/OL］.（2019-02-23）［2020-11-20］. http：//www. gov. cn/zhengce/2019-02/23/content_ 5367987. htm.

④ 教育部. 教育部办公厅关于印发《2019 年教育信息化和网络安全工作要点》的通知［EB/OL］（2019-03-01）［2019-06-18］. http：//www. moe. gov. cn/srcsite/A16/s3342/201903/t20190312_ 373147. html.

领教育变革已成大势所趋。但是，多数成果还只是处于探索阶段，未来发展效果还未可知。因此，要在国家重视虚拟现实技术和人工智能技术的趋势之下，大力发展技术以带动教育变革，必须找到两者的合理切入点。目前来看，教师教育应从其已经取得的成绩出发，发挥其拓展作用。

1. 消解教师机械劳动

教师职业有其特殊性，任务量大，工作时间长，导致职业倦怠、抑郁、疲惫现象有相当比例的存在。相关中小学教师的研究表明，从教师工作时间的长短可以预测其是否有抑郁倾向或抑郁程度①。中小学教师日均批改作业时间约为 2.5 小时，占了教研工作一半以上的时间。教师常规工作中批改试卷和作业的工作机械乏味，耗费大量时间和精力，造成教师工作时间过长，从而可能降低教学效果，影响教学质量，并挤占了教师与学生互动交流的大量的有效时间②。

深度学习算法、语音识别、图像识别等技术水平随着人工智能技术发展有了相当大的提升。这些技术使试卷及作业批改系统软件应运而生并日益完善。最初软件只能够处理答案较为机械的客观题，但伴随语义识别、手写答案辨识率的升高，软件逐步能够在主观题上大显身手，甚至能够完成作文、外语等作业的批改。有人推测人工智能软件最终将淘汰传统测试。人工智能技术虽然起步不久，但它已经在教育领域展现出强大的能力，我们能够推测出未来教育智能化是必然趋势，也是教师去机械任务的必要手段。

2. 彰显个性

人工智能技术在支持个性化学习过程中具有独特的优势。人工智能系统是在大数据基础上发展的，通过大数据掌握学习者的原有知识信息、学习进度与速度、学习兴趣及学习等信息等，并通过对上述基础信息的把握向学习者智能推送学习资源，为学习者设计科学方法，建立反馈以适应学习者的个性化学习。智能推送的学习资源相对于传统资源而言更为及时和优质。人工智能系统在学习策略的提供上则更为丰富，即时性强，总是能在动态变化中适应个人的最新需求，因此也就更能展现学习者的中心地位，能够充分调动学习者的自主性。人工智能技术显示出辅助学生个性化学习

---

① 白冰. 中学教师工作时间、抑郁与主观幸福感的关系 [D]. 长春：东北师范大学，2013：20.

② 秦玉友，赵忠平，曾文婧. 义务教育教师教学工作时间结构研究：基于全国 10 省 20 市（县）的数据 [J]. 教师教育研究，2017（4）：39-45.

的优势，虚拟现实技术则能够更精确地展示教师的个性。从赫尔巴特教师、教材、课堂三中心的教学模式，发展到杜威实用主义哲学指导下学生、经验、活动三中心的教学模式，学生应受到更多的关注。多数教师已经接受这种思想观念，但在具体的教育教学活动中，教师常常会陷入单纯传授教材知识的教学方式之中，教师的功能只是对知识的储存和搬运，教师的自我特性与发展则未能得到体现。教师的"自我"不复存在，更遑论教师的教学个性了①。利用虚拟现实技术教学会产生不同的效果。教师需要主动设计、建构教学情境，设计情境时教师需要依据自身的特点来考量，包括思想、情感、意志、行为等。这些因素化作隐性环境进入所设计的情境之中。教师利用虚拟环境授课是对自我能力的一种展示，同时在虚拟的环境中，教师也从讲台上走到学生之中，走下"神坛"成为"人"的教师才会在教学中注入生命的体验，才会在教学过程中体现出更强的生成性和创造性②。在这样的情境中教学，教师超越了课本和固定空间的限制，在生动而"真实"的环境中与学生一起面对复杂问题，一起探寻解决问题的策略。教师以一个更为真实的人的形象出现在学生面前，无论在情境的设计上，还是在问题的解决上都更多地展示了教师的丰富个性。

3. 改善教学条件

教学环境制约教师培养水平。教学环境不仅仅是指地理上的环境，它还涉及和包括教室等相关硬件设备，以及教学内容、教学方式等相关软件资源。这些资源限制着教学的多样性和整体水平，也限制了培养的规模和质量。我国地理环境差异较大，经济水平发展也相对不平衡，这使得教育在区域上差异明显，东部一些发达地区，经济水平较高，有较好的师资条件，学生能接受到较好的教育，教师能够接受较好的培训，而在欠发达地区，物理环境不足以满足和适应时代发展对教育的要求。虚拟现实等新技术可以改变这种状况。虚拟现实其实并不"虚"，虚拟空间的资源都可以通过数字转换的形式被搬运到各处、从而可以解决资金投入、教学方式、空间局限等方面的问题。虚拟现实技术的一大特点是临场性。它可以跨越空间的限制，通过远程控制共享教育教学资源，使欠发达地区与发达地区处于"同一"时空之中一同学习；也可以充分利用已有的优质资源提升水平而不必自己开发研究，即本地化。这在一定程度上解决了教育起点公平问题。

① 袁丹、靳玉乐. 教师角色嬗变与教学个性展现［J］. 中国教育学刊, 2016（6）：78-81, 86.
② 袁丹、靳玉乐. 教师角色嬗变与教学个性展现［J］. 中国教育学刊, 2016（6）：78-81, 86.

4. 增强主体体验，丰富认知方式

虚拟现实的沉浸性特点能够改变教学中师生的认知方式。我们在课堂中传递和接受信息主要是通过语言和文本。依据教材等文本，教师通过讲授，学生通过聆听来传递信息，在这个过程中，我们所利用的主要是视觉和听觉，然后在大脑中对这些信息进行加工，通过想象构成图像或形成抽象的概念进入储存系统，形成对知识的掌握。这样的教学方式缺乏生动性，极易引起疲劳，从而使学生丧失学习兴趣，特别是发展期的学生；信息输入与输出的渠道过于单一和狭窄，使得信息传输的速度受到限制，教学效率不高。

随着"读图时代"的到来，人们发现"图"较之文本更为直观，信息容量也更大，教学中使用"图"传递信息，信息容量扩大了25%，教学进度快了30%①，这大大提升了教学效率。而后出现的多媒体教学，将图片与视频、音频结合在一起使用，更进一步提升了信息传递的速度和容量。但多媒体在教学中虽然增强了视听效果，但仍然没有改变通过视觉和听觉渠道传递信息的方式，属于原有方式上的增强和提高，并未产生本质上的改变，师生的多种感官仍然没有被充分调动，处于休眠之中。虚拟现实技术在这一方面有所突破，它的沉浸性特点体现出了极大的不同。它开启了多条信息通道，增加了"带宽"，并通过穿戴设备，如耳机、眼镜、头盔等，将师生带入生动的3D世界，隔绝了自然环境中的外界干扰，使学生沉浸在特定的学习情境之中，除了视觉、听觉获取信息之外也能让触觉、平衡觉、机体觉等共同参与活动感受自身及环境。信息通道的拓宽会更为充分地刺激大脑皮层的各个区域，全面增强学习者的感觉与直觉，特别是增强了学习者的无意识认知，形成内隐学习。内隐学习无意识中所存贮的知识远超意识中所存储的知识。此外，依据具身认知理论，这样的学习有利于丰富学习者的体验和情感，也利于学习者理解抽象概念。因为具体经验和抽象概念之间总是存在稳定的联系②。当前这一教学优势已经体现在运动和技能训练上，比如在舞蹈、体操训练等方面；在教学上训练操作技能也有较好的效果，如物理、化学实验等。此外，虚拟现实技术也改变了师生交流的方式，从而转变了师生角色；加强了教师的示范性与实践性，教师与学生

---

① 李培林，赵春华. 读图时代与教育创新研究［J］. 江苏高教，2002（4）：130-131.

② 张恩涛，方杰，林文毅，等. 抽象概念表征的具身认知观［J］. 心理科学进展，2013（3）：429-436.

共同成为共同活动中的参与者。教师更多表现为示范者与帮助者，学生则成为学习的主动者。

人工智能技术也同样给教学带来巨大改变，师生在使用人工智能教学手段的同时也能了解掌握一些机器语言和运算方式，从而丰富自身的认知视角，发展训练了思维能力。

（二）理性认识新技术难题

新技术进入教师教育领域的同时，研究者面临 3 类重要问题：对技术的认识性问题、教育技术应用的效果问题、技术手段的易用性问题。

1. 认识问题——对技术的批判

人类文明因为科技发展有了巨大的变化。但是人们，尤其是法兰克福学派对技术的批判在教育领域产生了深刻影响，教育在与技术相结合过程中，教育者应该对技术持有更为审慎的态度。教育学界对技术应用的担心，一方面在于技术的异化对人的影响；另一方面在于新技术在实验性的推广过程中，可能对学生造成不可逆转的伤害。当前新技术的发展看似繁花似锦，实则难以预测。人工智能发展对于教育界的影响让教育学者及教育实践者措手不及，难于接受。

但人类大脑和肢体的进化是与技术的发展相适应的，技术融入人体发展，进一步影响人的大脑思维及人类社会生活的每个领域。从这个角度看，将技术视为剥离于人类生活经验之外的认知本身就是错误的。人类的进化从未停止，技术影响也在推进。我们如何在新技术的影响下对待生活，是教育者们必须关注的问题。教育担负向未来输送人才的功能，必然要用向前的视角来看待世界。人类应该有信心直面技术带来的变革，更要了解技术带来的弊端。从人类历史发展进程来看，新技术融入社会领域、融入人类生活、融入教师教育人才培养，是人类进化和发展的必然趋势。

2. "非显著性差异" 问题——对教育技术应用效果的拷问

目前，在教育领域应用新技术，要面对社会各界对应用效果的拷问。其中，最具代表性的是"非显著性差异"的质疑与乔布斯之问。虚拟现实、人工智能等现代技术在与教学融合的过程中，也要首先回答这样的问题。"非显著性差异"是罗塞尔（Russel）在研究教育技术的效果时提出的，他的结论是"无论技术手段是如何设计的，如何传输的，是否支持师生互动，是高科技的还是低科技的，学生的学习结果都是一样的"①。1983 年理查德·克拉克（Clakr）提出让人们"放弃那些认为采用新技术媒体就能提高学习效果的狂热想法"②。乔布斯则认为计算机引起了社会各个领域的改变，只有对学校的影响小得让人吃惊。这些质疑事实上是切中要害的。教育信息化的高投入、低产出现象确实普遍存在，很多学校在设备投入上花费了不少，却未能取得相应的教学效果。那么问题究竟出在哪里，新技术真的无法深度影响教育？

罗塞尔的经验的实证数据所分析出的结果并没有让人们对技术完全失望，因为直觉告诉我们技术一定会给教育教学带来可预期的效果。为此，人们研究中进一步理性思考这一问题，在逻辑推证的过程中发现了更多的影响因素，也发现了罗塞尔的实证机械而简单。更多的研究显示"人"的因素在此前的分析中未被关注，尤其是教师这一因素。对于乔布斯的疑问，也同样可以由此做出解释。教育领域有其自身的发展规律，表现为师生同为主体、教育效果具有延时性，以及教育对环境稳定性要求更高、对技术的成熟性要求更高等特点。这些都使得教育在接受新技术时表现为行动缓慢。其中最主要的因素之一是教师。教师对新技术的理解和接纳程度、使用新技术的水平和熟练程度，以及其在使用中的创造性发挥都决定了技术与教育融合的深度。要破解"非显著性差异"与乔布斯之问就必须首先解决教师面临的问题。

3."上手性问题"——技术手段的使用困难

人们通常这样理解技术：一是它是"合目的的工具"；二是它是"人的行为"。然而海德格尔更强调技术的"上手"性。他说明了认识技术就像认识锤子，对锤子这物越少瞠目凝视，用它用得越起劲，与它的关系也就变得越来越原始，它也就越发昭然若揭地作为它所是的东西来照面，作为用具来照面。锤本身揭示了锤子特有的"称手"，我们称用具的这种存在方式为上手状态③。就目前我国教育领域大力推动的虚拟现实技术和人工智能技术来看，其都还处于起步阶段，无论是技术本身还是与教育的衔接都还存

① Russel. T. L. The no significant difference phenomenon: a comparative research annotated bibliography on Technology for distance education: as reported in 355 research reports, summaries and papers [M]. North Carolina State University, 1999: 14.

② Clakr, R. Reconsidering research on learning from media [J]. Review of Education Researeh, 1983 (4): 445-459.

③ 海德格尔. 存在与时间 [M]. 陈嘉映，王庆节，译，北京：三联书店，2006：82-83.

在众多技术困难。比如虚拟现实中的"眩晕问题"、人工智能技术上的情绪识别不准确等问题都没能得到很好的解决。从技术的使用上看，用新技术备课时间过长也是最为普遍的问题，教师要完成一节 VR 课，需要在课前做好设备、技术等方面的准备，情境的设计要依据技术条件，又要考虑课堂实际应用中的障碍，还要熟悉设备的使用技术。这样从准备到上课可能要比上一节常规课花费的时间精力多出很多。人工智能在个性化教学中也同样需要教师首先介入参与，待到技术成熟和习惯养成时，教师才可以把教学逐步交给机器，而此前的大量工作加重了教师的工作负担。从海德格尔的上手性视角看，新技术只有在师生达到了"上手"的状态才能与教学融为一体。这就是国家软件应用指标中的"易用性"，包括吸引性、易理解性、易学性、易操作性。因此，使用新技术时要充分在设计上体现出对学生的吸引，呈现的教学内容要易于理解和接受，这就需要教师掌握的技术简单便利、易学易会。使用新技术教学不是要给教师带来更多技术的挑战和工作任务，而是要让技术作为一种工具更为得心应手，将教师从烦琐无效的工作中解放出来，专注于个性化地、有创造性地培养人。虽然目前的技术水平距离这一目标还有差距，但当今科技发展的速度已经能够支撑这一要求逐步完善，并已经开始取得效果。

（三）完善信息技术应用能力标准提高教师教育技术素养

技术变革的大潮催动教育变革，这是不可阻挡的趋势。充分地认识了技术在教育及教师教育中的优势及对教师的深刻影响，理性地认识了教育与技术结合的难题后，就会深刻体会到提高教师的专业水平、促进教师专业发展需要重视教育信息化建设。从国际视野来看，教育信息化已经成为各国促进教育高速发展的前瞻性战略选择。我国的教师虽然参与信息技术的培训，但信息技术在教学领域的应用仍需提高。特别是近年来大数据、人工智能、虚拟现实等技术的高速发展，使人们更期待教师的教育技术素养有更高的水平。此前的引进新技术成本过高、操作复杂等难题逐渐被破解，技术的上手性、易用性特点逐渐凸显，技术更易于被教师所把握。但这些变化比较快、比较新，教师尚缺乏足够的信心，在把控新技术、使用新技术教学上探索性仍显不足。在推进教师教育技术素养提高的过程中，各国逐渐探索出以能力标准为引领和规范的路径。美国使用国家教师教育技术标准来引导教师在数字化时代提升指导学生有效学习的能力。联合国教科文组织也通过建立教育信息能力标准来提高教师利用技术帮助学生发展创造力的能力。学习了国际的信息能力标准，我国教育部也于 2014 年发布了《中小学教师信息技术应用能力标准（试行）》（以下简称《能力标准》)①，这也是我国现行的中小学教育信息技术能力标准。《能力标准》旨在规范与引领中小学教师提高信息技术应用能力。这一标准是在国家中小学教师信息技术应用能力提升工程的平台上建立的，时间范围是 2013 年到 2017 年。但标准的功用可以随时代而变化，不止于工程的完成。

《能力标准》分成纵、横两个大的维度。横向维度指向不同程度的信息技术发展水平。由于我国地理条件差异较大，经济发展水平不平衡，教育水平也存在较大差异，信息技术的条件水平不均衡，不利于使用同一的标准规范，因此，需要设立应用技术的优化课堂教学维度和转变学习方式维度。优化课堂教学维度是对教师信息技术应用能力提出的基本要求，具体包括教师应用技术的讲解能力、应用技术的启发能力、应用技术的示范能力、应用技术的指导能力、应用技术的评价能力。转变学习方式维度是在学生具备了网络学习环境或是具备了相应的信息技术设备的条件下，对教师信息技术应用能力提出的较高的发展性要求，包括为学生提供丰富的学习机会，以及帮助学生自主学习、探究学习、个性化学习、促进学生合作交流等方面的能力。

纵向维度设置了 5 个维度。第一项是技术素养：下设 5 点要求，对应在优化课堂教学方面，要求理解信息技术的作用、了解媒体教学环境、了解相关软件、能够获取资源、具备信息道德与安全意识。在转变学习方式维度上要求养成利用信息技术探索合作、自主学习方式和良好的习惯。第二项是计划与准备：下设 6 点要求，在优化课堂教学维度中包括选择教学方法、设计教学过程、使用技术资源、加工数字资源、确保设备正常使用、预见可能出现问题。对应的转变学习方式维度上强调利用信息技术自主合作探究、交流、反思和个性化学习。第三项是组织与管理：下设 5 个要点要求，在优化课堂教学方面包括利用技术有效教学、激发学生兴趣、收集课堂反馈、灵活处置技术因素引起的意外、提升学生技术素养。在转变学习方式纬度上强调创造性开展活动、集体探讨和小组交流学习等。第四项是评估与诊断：下设 4 点要求，对应在优化课堂教学方面包括教学评价、利用

---

① 教育部. 教育部办公厅关于印发《中小学教师信息技术应用能力标准（试行）》的通知 [EB/OL].（2014-05-28）[2020-12-20]. http：//www. moe. gov. cn/srcsite/A10/s6991/201405/t20140528_170123. html.

技术收集信息、开展测验、建立学习档案。在转变学习方式维度上，要求能选择评价工具、促进个性学习、引导自评互评、综合评价等。第五项是学习与发展：在优化课堂教学和转变学习方式上共有5点要求，包括理解技术对专业发展的作用促进反思、养成网络学习习惯、与同行专家保持业务联系、提升自主学习能力、校本研修。能力标准的纵向维度中的计划与准备、组织与管理、评估与诊断3个维度，与教师的教学流程即课前准备、课堂教学、教学评价保持高度一致，便于教师对标准的把握与实践应用。

整体来看，我国2014版的《能力标准》能够借鉴国际先进的理论框架，能够配合教师教育政策，专注于特定一项标准；能够顾及教师的理解、重视实践应用；能够关注到地区差异，制定得科学而合理。但就标准的水平而言，相对于发达国家还有一定差距。以美国《教师信息能力认证标准》（AECT）来看，其标准水平较高，覆盖内容更全面，横向指标有5项，涉及专业知识技能、学科、教法、环境和研究；纵向维度有11项，涵盖了道德规范、理论基础、实践反思、方法、合作、学习者多样性、使用、创造、管理、评价、领导力。从横向维度比较，我国是2项，是从政策方向入手划分的，而美国是从具体内容入手划分。从纵向维度看，美国更为丰富，我国纵向维度主要依据教学流程设计，虽然其中涵盖了许多美国横向维度中的内容，但美国纵向维度更为具体，每一项指标下都有更为具体的要求。虽然我国的标准较为符合我国的国情，但长远来看，美国的标准仍然是值得借鉴的。2014版的《能力标准》虽然至今年限不算很长，但由于时代发展速度较快，近年来我国出台了一系列关于新技术推动教师发展的政策，如2019年教育部发布的《关于实施全国中小学教师信息技术应用能力提升工程2.0的意见》[①] 等，根据大数据、人工智能等新技术对教师信息素养提出新的要求，提出了信息化培养新模式。这些新的理念、意识及要求应该被纳入教师能力标准之中。

根据以上比较与分析，可形成3点建议：一是进一步完善我国现行的《教师信息技术应用能力标准》，充分借鉴国外的标准框架将纵横维度的标准进一步细化。二是充分研究《关于实施全国中小学教师信息技术应用能力提升工程2.0的意见》，将最新技术标准要求融入现有《能力标准》之

---

① 教育部. 教育部关于实施全国中小学教师信息技术应用能力提升工程2.0的意见 [EB/OL]. （2019-03-21）[2022-11-18]. http：//www. gov. cn/zhengceku/2019-10/23/content_5443970. html.

中。三是依据《能力标准》充实完善教师教育政策，丰富教师教育政策中关于新技术的要求，并使教师教育政策与能力标准构成教师专业标准体系，让《能力标准》作为专项标准，共同提高教师专业化水平，促进教师专业发展，提升教师素质。

第四节　学科支撑、有效监控，为教师专业标准应用提供保障

教师教育政策的制定需要有强大的保障，要有理论与实证研究以保证其制定的科学性与专业性，要有研究团队以确保研究成果的丰富性和价值性，要有监控制度以保证专业标准制定程序的合理性和作用的发挥。

一、推动学科建设为教师教育政策制定提供基础条件

教师专业化发展是教师教育政策的重要支撑。目前，教师专业化已成共识，但教师专业化究竟如何实现仍然仁者见仁，智者见智，没有一个明确的路线。为此，我们应深入探究专业化和专业标准之所依。

（一）教师教育学的形成是教师教育政策专业化的基础条件

教师教育学的形成是教师教育发展和教师教育政策制定的内生需求。教师教育政策的制定是教师队伍培养和建设的内在要求，也是社会对教师能力水平提升要求的全面反映。这些对教师教育的要求必然需要学理上和实践上的研究来支撑，而能够承担这一基础性支撑任务的必然是学科研究和建设，为此，教师教育学就必然要走向学科发展的前台。《教师教育振兴行动计划（2018—2022 年）》中明确提出要鼓励和支持高校设置"教师教育学"①。从教师专业化结构的角度分析，教师的道德品质、教育类知识、学科知识、教师教育教学知识技能是全面提升教师的素质与能力的重要维度。而建设和发展好每一个维度要面临解释和解决众多的问题，包括认识（理论）上的问题和实践上的问题。其中 3 类基本问题是：面向未来我们需要什么样的教师；如何培养优质教师；如何评价教师。其中每一类问题又有诸多子问题需要回答。面向未来，我们需要的教师方面涉及教师的本质、

① 教育部. 教育部等五部门关于印发《教师教育振兴行动计划（2018—2022 年）》的通知［EB/OL］.（2018-03-23）［2022-10-12］. http：//www. moe. gov. cn/srcsite/A10/s7034/201803/t20180323_ 331063. html.

教师的地位作用、教师观、教师的培养目标、教师的标准等。如何培养优质师资方面涉及教师教育制度设计、机构建立、课程体系、教师教育模式等。如何评价教师方面涉及教师教育政策评估、教师教育社会批判、培养效果的检验等。这些问题下面仍有更为细致而基础的问题要回答。而现实中面临的最大的问题是由谁来回答，谁有权来回答。

某一个领域中存在的问题应由专门从事该领域活动的人回答。通常是这一领域的理论研究人员或实践工作人员，抑或两者的结合。那么，教师专业化所面临的问题就应该由教育领域的理论或实践工作者（教师），抑或两者的结合来回答。教师在实践教育教学中面对的更多的是教学的内容与方法，对上述问题能够回答和解释的往往只是实践经验上的散点，很难全面整体理解。理论研究者则多为教育学领域的研究者。在学科划分中，教育学往往被作为学科分类或一级学科看待，研究的内容较为广泛，涉及高等教育学、成人教育学、职业技术教育学、特殊教育学等二级学科。而这些学科对于教师专业化问题并没有专门的或是统一的研究，也无从回答和解释上面三大类问题和诸多子问题。这一点在现实的从事教师教育的教师归属中也呈现出突出的矛盾。这种矛盾表现在两个层面：一是教育学科领域的教师；二是学科教学领域的教师。一类是从事教育学科的教师，他们往往会认同自己是教师教育者，因为他们所从事的研究是教师所需要的，但他们并不一定会全身心地投入教师教育活动中，因为他们把教育学科活动作为自己的专业活动，而不是把培养一般师范生的教师教育活动作为专业活动。他们可能要为一般的师范生开设课程，但是这些课程是"公共"课程而非他们的专业课程①。同时，他们有自己的专业领地，即有自己的专业，如小学教育专业、教育技术专业、学前教育专业等。显然，他们并不能将教师教育作为他们全部的专业活动。

另一类是依托于学科的课程教学论方向的教师。教师教育活动与学科教学在师范教育初期是融合在一起的，随着教师教育的发展，其越来越呈现出相对的独立性。这样，学科课程与教学论方向的教师在身份归属上就出现了尴尬。他们清楚地知道自己是从事教师教育活动的教师，但同时他们的教育活动又要依托于学科。许多高校成立教师教育部门的时候，需要一批专门的教师。而学科课程与教学论的教师就面临着两难的选择，显然

① 李学农. 教师专业化实践的困境与教师教育学科理论的生长 [J]. 教育理论与实践，2007（4）：33-36.

他们对自己的归属心存疑虑。这就更难以以专业的身份来回答教师教育所面临的众多问题了。

一方面，教师的专业化需要有专业人士来支持；另一方面，现实中缺少专业的人员归属。很显然这其中缺少一个专门的领域来提供平台，而且这个平台首先应该能够让专业人员找到归属。这个专门的领域应该有自己特定的研究对象，有自己不断建设和发展的知识体系，有自己的实践应用。能够满足上述条件，拥有自己的专业人员、特定的研究对象、知识体系和实践的领域，才能真正回答和解决教师教育发展中的问题。而我们也看到，满足了上述条件也就基本满足了学科形成的条件。由此可见，教师的专业化在努力回答和解决自己面对问题的同时就呼唤了学科的建立。在对教师教育学的呼唤中，专家在逻辑上也得出了相同的结论：教师专业化缺少什么？教师专业化缺少教师教育的专业化。要实现教师的专业化，实现教师教育的专业化，建设教师教育学科就是最急迫的任务。①

无论从知识的分类情况看，还是从专业人员的需求看，教师教育学科化都是推进教师专业化的必然之路。目前，北京师范大学、首都师范大学、上海师范大学、东北师范大学、华中师范大学、云南师范大学、广西师范大学、南京师范大学、四川师范大学等高校已经在硕士生研究方向上设立了教师教育方向，学科化进程已经开始。相关的学术专著与教材也在逐渐丰富，有陈永明的《教师教育学》《教师教育学科群导论》、杨跃的《教师教育学》等。但学科化进程中仍然有不可回避的困难亟待解决。

（1）教师教育研究尚未形成自身的话语体系

话语概念不够清晰，学科体系中的概念应该是科学的、学术性的。而在目前的发展状态中，教师教育学的概念中掺杂了大量的日常生活用语；概念在使用中随意性、经验性、描述性、主观性强。此外，由于教师教育的研究一直依靠相关研究领域的支撑，许多概念和表述是引借其他领域的，比如教育学、心理学、管理学、社会学及其他学科科学，因而在使用时出现了交叉和混乱，这也成为教师教育学独立的阻碍。

（2）学科研究方法欠缺

教师教育学的研究方法如同其概念体系，同样存在着含混不清的问题。缺乏一套相对独立的方法，无法行之有效地促进本学科的发展，难以提升

---

① 李学农. 教师专业化实践的困境与教师教育学科理论的生长 [J]. 教育理论与实践，2007（4）：33-36.

学科的研究层次，也不利于学科独立地位的确立和巩固。目前，教师教育研究中所使用的研究方法的最大的特点是"移植"。一是移植其他学科领域的方法，比如移植普通教育学、职业教育学、教育管理学和各学科教育教学方法等。二是国际移植，移植国外的研究方法。方法的移植和借鉴当然是发展的必经之路，但如果只是移植就会因"水土"的差异而出现种种问题，一门学科的生命力可能就会萎缩，学科的独立性就难以确立，发展下去就会模糊了领域的边界，失去了自身的价值所在。

（3）教师教育学缺少独立的视角

目前教师教育的研究多是基于教育心理学、教育管理学、教育经济学、课程与教学论等视角，这样的教师教育研究并不一定都能聚焦到教师专业化上来，而教师专业化是教师教育研究的逻辑起点和发展目标。教师教育的视角也必然是教师的专业化。相关学科领域的研究虽然也涉及教师的专业成长和发展，但其研究的起点和关注的重点并不一定是教师的专业化。形成独立的研究视角是学科形成的有力支撑。

（4）教师教育研究理论与实践缺乏统一

目前关于教师教育的研究大都是应用性研究。应用性研究以服务性功能为主，为宏观决策和教育改革实践服务。实证性研究为决策提供实证的数据支撑，或是将政策方针转化为可操作的具体实施办法为改革实践提供具体指导。这样的研究偏重于以问题为中心。教师教育确实是注重实践的活动，但这并不说明教师教育研究就应该停留在实践层面。叶澜教授认为"以问题为中心的研究不是一个学科的事"。偏重于问题中心、停留在实践层面上的研究，往往更多的是凭借经验常识来改善教育现状，从而缺乏深刻的理性思考，缺少感性到理性的提升，这便可能导致对教师教育客观规律认识的不足，导致教师教育研究在低水平的层面上重复。发展教师教育要在重视实践的同时对教育领域中的基本理论问题和重大应用问题进行深层的理性思考，让教师教育的规律发挥作用，这样才能从根本上解决教师教育研究缺乏系统性、专业化不足和理论滞后等基本问题。理论创新是学科发展的生命源泉和重要内涵，学术建设是积累创新成果的体制化形式和主要渠道，没有理论创新就谈不上学科发展，没有学术建设则不能巩固理论创新的成果，而这两个方面恰恰是我国教师教育学科发展的薄弱环节。这就是要求我们在教师教育活动中，不仅要做"求用"的问题性研究，还要做"求真"的教师教育学的理论研究。这种既有理论又有实践的研究才是我们所说的"教师教育学"研究。教师教育学科建设主体以学科的形式揭示教师教育的基本矛盾和规律，对教师教育发展做出规范。

教师教育学成为独立的学科，应该清晰自己的研究领域；教师教育学成为教育学之下的二级学科，也必须明晰自身的研究对象，建构独立的知识体系。

从问题解决的视角看，要通过学科的建立发展教师教育，提升教师专业化水平。教师教育学要回答和解释我们前面所提及的三类基本问题：面向未来我们需要什么样的教师，如何培养优质教师，如何评价教师。

一是面向未来我们需要什么样的教师。这类问题涉及教师的本质、教师的地位和作用、教师观、教师的培养目标、教师的标准等诸多具体问题，是对教师的本源性思考。对教师的存在的意义的探寻衍生出对教师教育的基本目的、功能、价值的研究。

二是如何培养优质教师。亦即教师教育专业领域的研究。这类问题主要涉及和包含教师教育课程研究、教师教育教学研究、教师教育技术研究三大类。课程研究主要针对教师培养需要的课程的内容和结构问题，在于通过研究使得教师教育类课程更为系统、科学、合理。教学研究主要针对教学的组织、教学对象的特性、教学的模式、教学的方法原则、教学资源等问题，在于通过研究使得教学理论更为坚实，能够应用于教学实践活动之中并取得效果。技术研究主要针对如何利用现代化技术促进教学，提高教学效率，主要包括教师教育技术能力标准研究、信息化教育资源和工具的应用、信息时代的教学设计和课程设计等。

三是如何评价教师。这是对我们所培养的教师的素质、能力等做出评估，以保证我们的教师培养的质量，并由此衍生出对培养条件和过程的评价，如对教师教育所涉及的教师、学生，以及教材、课程、培养机构、教学效果等进行全面评估，以对教师教育改进有所反馈。

此外，学科制度建设这个核心问题我们也必须面对。这类问题主要涉及国家宏观教育政策、教师教育政策法规、教师资格认证制度、教师教育课程标准及教师教育财政保障等方面。

（二）研究队伍建设是教师教育政策科学性的重要保障

不论怎样设计（搭建）学科建设框架，最终我们研究的内容和指向的方向都是一致的，即教师教育学的逻辑起点——教师教育专业化。而无论是教师专业化的这个逻辑起点，还是学科搭建的基本框架，其中都依靠一条共同的主线——教师教育研究。这条主线就如同学科框架中的钢筋、教师专业化的脊梁。坚持"研究"这一钢筋脊梁要做好两个方面。一是坚持理论与实践研究并重。学科建设以知识为本体，其发展依靠知识的创新与增长，但教师教育有其独有的特征，很多学者认为它具有很强的实践特性，更专注于探索教师培养与成长实践。因此，在教师教育研究过程中，既要从理论上解释教师发展的规律，又要在实践上解决发展中的难题。二是要建设教师教育研究团队。

学科研究团队是指从事学科发展的研究人员的集体，也可以称为学科共同体，他们拥有共同的学科知识，遵守共同的学科规范，在研究过程中形成自己团队的学科文化等。

学科建设既是一个实践过程，也是一个理论过程。学科的成熟需要研究人员对学科的知识、方法、内容及其发展规律进行专门、细致的研究。就现状来看，我国教师教育学科高级研究人才十分匮乏，尚缺乏一支足够支撑起这门学科发展的专业化队伍。我国拥有上千万的教师，这在世界上是个壮举。但数以千万的教师多数仍停留在匠人的水平，仍然只是知识的搬运工。广大从事基础教育的教师或是由于教学压力没有时间和精力搞研究，或是自身就没有研究意识。作为实践领域的第一实践人，没有研究意识，不去搞研究，专业领域的实践人才不为专业领域的学术发展提供支持，学科建设和发展就会失去巨大的人力资源支撑，也会失去生命力。在高校，教师教育研究队伍主要有从事教育学研究和从事学科教学研究的人员，但这两类人员站在各自的视角和立场，没能真正融合在一起，正如我们前面所提及的教师归属问题一样。因此，国家应加大研究和推进力度，促进教师教育学科发展，搭建起归属的平台，整合学科研究的现有资源，让研究者找到自己的学术立足点，从而丰富和优化教学研究团队；提供制度、财政等支持，培养和造就教师教育的学术领军人物；同时，也要注重引进和吸收其他学科领域的专家学者及研究人员，比如哲学、社会学、心理学、管理学、经济学、信息技术学等学科的人才，来建立多元学科背景的研究队伍，多学科角度、全方位研究教师教育学，完成教师教育学的学科建设，推进教师教育的实践。建立一支拥有教育学、学科教学，其他相关学科及广大基础教育教师参与的队伍才是丰富理论、创新实践、发展教师教育的基石。

二、建立专业标准的监控制度

缺乏监控的教师教育政策是无力的。应完善职前教师培养监控，并建立教师职后标准监控制度以支持教师专业发展。

（一）完善职前教师标准监控制度

长期以来，我国教师教育中师范生无需参加教师资格考试即可获得教师资格证书。随着社会的发展和教师专业化水平的不断提高，人们逐渐认识到师范生质量良莠不齐，师范生培养质量被社会质疑。为提高师范生培养质量，确保高校教师培养质量，国家于 2013 年开始了教师资格国家统一考试。然而"国考"未能完全解决师范生培养的质量问题，且带来大量的相关"应试"问题。为进一步建设高素质教师队伍，提高师范类专业人才培养质量，我国首批师范专业认证试点工作于 2014 年在河南、江苏、广西三省区开展。2017 年《普通高等学校师范类专业认证实施办法（暂行）》[1]发布，其中附有中学、小学、学前专业认证标准。在中学教育专业认证标准中，二级认证设一级指标 8 项、二级指标 38 项；三级认证设一级指标 8 项、二级指标 42 项。

师范类专业认证标准与教师教育政策、教师教育课程标准的核心要求高度一致。但师范类专业认证的意义并不限于对标准的完善，而是依据标准完成 3 项主要功能：监测、机构资质认定、引导自评与整改。监测是通过对高校基本数据信息的掌握，来观察和衡量学校办学的基础条件是否符合办学要求，以及其所能达到的水平。机构资质认定是在监测数据信息的基础上审核材料，材料合格，专家进入现场考查，并给出审核意见。引导自我评估与整改是指提交审核材料要有专业的自我评估，经过专业审核材料和现场考察后针对发现的问题自我整改。认证本身是不同于评估的，认证是达到某一标准而获得某一资质，评估是对运行质量做出判断。但在师范类专业认证的程序中却包含了自我评估这一过程，这使得认证的功能更为丰富，其作为监督制度也更为合理。

可见，专业认证的功能体现为通过监测、认证、评估来保证标准的法定性，而保证标准的实施是保证专业标准实施的有力监控制度。有提法说

---

[1] 教育部. 关于印发《普通高等学校师范类专业认证实施办法（暂行）》的通知［EB/OL］.（2017－10－26）［2023－02－18］. http：//www.moe.gov.cn/srcsite/A10/s7011/201711/t20171106_318535.html.

认证＝标准＋证据＋认可，以此来看其证据与认可多是基于标准而提出的，因此认证可以视为对标准的保障。

从师范类专业认证的具体要求中可以看出，这项制度的特点之一是制度要求清晰明了。首先是中心明确，以学生为中心，即培养工作的核心任务是师范学生的发展和提高，一切的资源配置都要以学生发展为目标，一切教育教学活动的开展都要以学生为中心，一切管理都要以学生及其发展为目的。其次是目标明晰，即产出目标，确定师范生毕业应具备的素质能力，并以此为导向考查专业教学效果。再其次是持续提升，对师范专业培养进行全过程、全方位监控和评价，并及时反馈以保证教学质量的持续提升。这3个方面就是师范类专业认证的核心理念：学生中心、产出导向、持续改进。

认证制度的特点之二是其具有严谨的逻辑关系和整体性。产出导向指向了专业标准，要求依据专业标准和现实需求确定师范生毕业时达到的基本要求，并根据这一要求设计培养计划作为培养的起点和基本要求。基本要求既要与认证标准高度契合，又要始终不离出口方向。出口目标与培养计划形成了一条看得见的培养主线，专业培养的全过程始终不离这条主线。起点是培养目标，终点是毕业生素质能力，过程是全方位培养，同每一环节的及时反馈形成了持续改进的一体化的监控模式。

通过师范专业认证系统可以监控到七大主要方面。

一是监控专业定位与建设规划，包括：专业定位与国家政策、学校发展规划及办学定位的符合程度；专业办学理念理论与实践符合师范本专业的发展和区域建设需求；培养方案的科学性及系统性与毕业要求的符合度，与基础教育、教师教育发展趋势的符合度；专业建设规划的可行性、科学性和前瞻性；专业的定位和理念被师生、学校和社会用人单位的认可程度。

二是监控课程与教学，包括：课程设置的科学性，与专业发展的符合程度，课程中理论与实践的比例关系和结合程度；教学大纲的完整性和规范性；课程内容的基础性，体现前沿知识和改革动态的程度；教学方式的多样性，自主学习、研究学习、合作学习、反思学习的体现，信息素养和新技术应用能力；教学班额是否符合教学规律；教学评价的科学性、多元性，以及与发展目标的符合程度。

三是监控合作与实践，包括：与地方教育部门协同培养机制；实习、实践基地的数量和质量；教育实践的系统性、组织性和有效性；教育实践时间保证在 18 周以内；校内外指导教师的数量、质量和指导效果；教育实践评价的全面性、客观性。

四是监控教师队伍，包括：教师拥有良好的师德师风，遵守职业规范，为人师表；教师数量能够满足教学和发展的需要，符合各级认证标准；教师在学历、学科、职称、年龄等方面符合各级认证标准要求；承担教师教育类课程的教师要有符合标准要求的相应的基础教育工作经历；教师具有较好的教学改革和教育研究的能力与成果，以及指导学生学科竞赛的成果；教师拥有一定数量的科研论文、著作、项目；教师队伍建设规划，教师队伍建设的制度、措施和效果，专业、负责的能力水平及团队建设的成效；学生对专兼职教师的满意程度。

五是监控办学基本设施条件，包括：专业建设经费来源的稳定性、经费使用的恰当性、经费管理的制度化；办学的基本条件符合国家规定，网络设施符合专业发展需要，专业发展的设备充足；图书馆藏资源能满足专业教学需求，利用率高，师范生使用的学科配套教材数量充足。

六是监控质量保障（制度），包括：质量保障体系的完备性；生源的规模和质量；常规教师、学生、教学管理的严格性；质量评价的可操作性、及时性，准确性，客观性，常态数据的采集、分析和反馈。

七是监控学生发展，包括：毕业生达到教师教育政策水平；毕业论文符合学术规范，毕业生具备基本学术能力；获取教师资格证书的毕业生人数达到一定比例；就业率；从教率；来自用人单位的社会声誉。

师范类专业认证从上述的七大方面入手，可以全面审视专业建设的方向、过程和成效，并努力以量化的指标呈现建设的结果。教师教育政策的具体要求通过专业认证的方式渗透到专业培养之中，并且以专业认证的形式保证了教师教育政策的规范和依据作用的发挥。师范类专业认证实质上是一套教师教育政策的监控制度，为职前教师培养质量提供了保障。目前，该项制度尚未在全国铺开，其效果及不足也未能充分体现，但就整体制度设计来看，其与教师教育政策和教师资格考试制度相呼应，是比较完善的。当然专业认证也存在问题，仍需要不断完善，应密切关注和研究专业认证中出现的弊端，依据具体问题及时做出反应，只有克服其运行过程中的困难，才能更有力地保障教师教育政策作用的发挥。

（二）建设职后教师教育政策监控制度

长期以来我国教师职后的评价采用的是教师职称制度，使用的是 1986 年版的《中学教师职务试行条例》，这一条例的基本要求是：中学教师应拥护中国共产党的领导，爱国，学习马克思主义和党的路线、方针、政策，师德良好，遵守法纪，品德言行为人师表，关爱学生，教书育人，促进学生全面发展，做好本职工作，能够进修提高，同时具有教师资格和能力，身心健康。条例对具体级别的职称有不同的要求。如中学一级教师：获得中学二级职称后教学 4 年以上，或取得硕士学位，学科基本理论和专业知识较为扎实，能够正确传授知识和技能，发展学生能力，掌握大纲、教材、教学原则方法，能够开展课外活动，教学效果好，能够开展品德修养和思想政治教育，教育效果好，并能够开展教学研究。中学高级教师条件是：一级教师任教 5 年以上，或取得博士学位者，掌握学科基础理论和专业知识系统，教学经验比较丰富，教学效果显著。在班主任工作和思想政治教育方面，要求经验丰富，专长突出，成绩显著。从事科研的教师要有一定水平的研究成果，或在培养教师方面贡献显著。

为适应新时代的要求，深化教师教育改革，提高教师队伍质量，2015年教育部修订了《中小学教师职称制度改革意见》[①]，将原来中学、小学各自独立的职称制度统一为中小学教师职称制度，并颁布了《中小学教师水平评价基本标准条件》。它较 1986 版的标准主要变化在几个方面：一是增加了对专业技能的要求；二是增加了对低级别教师指导的要求；三是增加了创新实践的要求；此外，提高了学历要求、工作经验标准等。新的职称制度改变了评定过程中过度看重学历和论文的倾向，关注了教师的实践经验等，但仍然存在一定的问题。其中较为突出的是标准比较笼统。比如对于高级教师的要求中有 5 条，其中第 5 条是学历要求，表述清晰。其他 5 条表述中均有不易量化和模糊的表述。第 1 条中"比较出色地完成……工作"，"比较出色"一词就很难把握尺度。"成果比较突出"的"比较"是相对于谁而比较突出，突出是什么程度，尺度都比较难以把握。第 2 条中的"教学业绩显著"、第 3 条中的"显著的成果""较为突出的成绩"等作为标准中的表述都显得过于粗犷。各省、市的评定细则中也存在师德评价指标不够明确、详细，实际操作性差难以实施，教师情感付出、教师责任感、教师对学生关怀等方面难以量化考查等方面的不足。

---

① 人力资源社会保障部，教育部. 关于印发《关于深化中小学教师职称制度改革的指导意见》的通知（2015-08-28）[EB/OL]. http：//www.moe.gov.cn/jyb_ xxgk/moe_ 1777/moe_ 1779/201509/t20150902_ 205165.html.

　　国际上对教师职后能力水平监控采用的方法有教师资格的注册、更新和升级。目前世界上对教师资格采用一次注册且没有规定年限的国家有德国、南非、巴西、英国、法国、新加坡等；采用更新注册且有年限的国家主要有日本、美国、澳大利亚、新西兰等。在采用有年限更新注册的国家中，日本的注册没有层级，规定注册的有效期为 10 年，在期满更新前要参加 30 个小时的培训。① 美国、澳大利亚、新西兰等国家多采用分级的更新注册制度。比如美国的教师资格注册更新可分为"初始教师""标准教师""专家教师或熟练教师"三级。但美国各州的情况也不尽相同，在注册层级和年限上也各不相同。注册更新又分为同级更新和升级更新。比如艾奥瓦州的初级教师资格证书（Initial Teaching License）有 2 年的有效期，可以更新两次，第二次更新期限截止前必须升级为中级教师资格证书（Standard License）。中级教师升级到高级教师，需在晋升中级后工作满 5 年，且完成专业发展要求和预防虐待妇女儿童的强制培训，获得研究生学位，经考核合格后方可以获得高级教师资格证书（Master Educators Teaching License）。教师资格证书系统层级越多，其更新周期划分就愈加精细。美国各州实施的层级证书系统反映了教师专业发展的阶段性，基于此设定教师资格更新周期不仅便于教师资格管理，还有利于促进教师专业化发展②。

　　我国在实践中借鉴了国外的经验，2013 年印发了《中小学教师资格定期注册暂行办法》，规定中小学教师资格实行 5 年一周期的定期注册。更新注册时，需要在 5 年内要接受 360 学时的培训，并提供师德表现证明、5 年考核合格证明等材料。这项改革为教师职后发展提供了学习提高的机会和平台，是教师资格制度完善的重要一步，也是促进教师专业发展的重要保障。然而注册制度的要求中对于师德、年度考核等方面并没有提出具体的标准要求，对 360 学时的培训也缺乏具体的模式及内容要求。显然，注册办法具有宏观的指导意义，但缺乏具体的指导也容易造成注册执行不严格或流于形式。到 2017 年年底，我国有小学、初中、普通高中专任教师1126.76 万人③。如此庞大的教师队伍的注册任务十分繁重，需要花费大量

---

① 朱旭东，袁丽，等. 教师资格注册与考试制度国际比较研究［M］. 北京：北京师范大学出版社，2017：51.

② 马永双，蔡敏. 美国中小学教师资格证书更新制度及启示［J］. 教学与管理，2018（4）：80−82.

③ 教育部. 2017 年全国教育事业发展统计公报［EB/OL］.　（2018 − 07 − 19）http：//www. moe. gov. cn/jyb_ sjzl/sjzl_ fztjgb/201807/t20180719_ 343508. html.

人力和时间，如果缺乏明确的规则要求而未能完成预期的效果将是巨大的浪费。

结合我国现行的教师职称制度和教师资格注册制度，我们提出以下建议。一是完善现有注册制度细则。进一步深入研究师德考核的方式，尝试将教师日常教育教学工作中的德行维度通过外在行为表现记录下来，通过各方反馈综合测量。在年度考核设计中相应细化指标，同时给学校留有一定的自主权，但要在指标范围之内执行。对于360学时的培训，既要有国家统一标准又要结合教师继续教育，将在职教师继续教育统一到注册制度体系之中。适当灵活认可培训学分的获得方式，比如参加高级别的课程建设，有高级别的教学改革项目且有一定成果，所指导的教师取得较高水平的教学成果，有高质量的学术成果，等等。二是逐步建立分级注册制度，按照教师专业发展的规律，逐步建立起新手教师、成熟教师、卓越教师、专家教师4个层级。在建立之初要充分考虑现行的教师职称制度，让两者在结构上密切联系，并逐渐并轨。三是对于分层的教师的考核要制定相应的教师教育政策，依据标准考核，让教师职后的成长符合教师专业发展的阶段性规律，符合每一层级的专业标准，从而保证教师的专业化。教师教育政策是教师职后评价和考核教师的标准，分级的评定考查及逐步升级的制度也是教师教育政策在教师职后培养阶段的重要制度保障。

参考文献

专著

［1］雅斯贝尔斯. 什么是教育［M］. 邹进，译. 北京：生活·读书·新知三联书店，1991.

［2］麦克布莱德. 教师教育政策：来自研究和实践的反思［M］. 洪成文等，译. 北京：北京师范大学出版社，2009.

［3］陈永明. 国际师范教育改革比较研究［M］. 北京：人民教育出版社，1998.

［4］陈永明. 教师教育学科群导论［M］. 北京：北京大学出版社，2013.

［5］陈永明. 教师教育研究［M］. 上海：华东师范大学出版社，2003.

［6］陈振明. 政策科学［M］. 北京：中国人民大学出版社，2001.

［7］杜晓利. 教师政策［M］. 上海：上海教育出版社，2012.

［8］范国睿，等. 教育政策的理论与实践［M］. 上海：上海教育出版社，2011.

［9］付卫东，等. 农村义务教育教师补充政策研究［M］. 北京：科学出版社，2020.

［10］顾明远，檀传宝. 2004：中国教育发展报告——变革中的教师与教师教育［M］. 北京：北京师范大学出版社，2004.

［11］郭芳. 教师哲学思想研究［M］. 北京：北京师范大学出版社，2017.

［12］黄明东. 教育政策与法律［M］. 武汉：武汉大学出版社，2007.

［13］孙光. 现代政策科学［M］. 杭州：浙江教育出版社，1998.

［14］孔令帅. 国际组织教师教育政策研究［M］. 上海：上海教育出版社，2015.

［15］李其龙，陈永明. 教师教育课程的国际比较［M］北京：教育科学出版社，2002.

［16］李艳红，张力. 西部乡村教师专业发展政策研究［M］. 成都：西南

交通大学出版社，2020.

［17］刘复兴. 教育政策的价值分析［M］. 北京：教育科学出版社，2003.

［18］刘问岫. 当代中国师范教育［M］. 北京：教育科学出版社，1993.

［19］宋洪鹏. 义务教育学校教师绩效工资政策评估研究：以一个东部区县为例［M］. 北京：知识产权出版社，2019.

［20］孙绵涛. 教育政策论：具有中国特色的社会主义教育政策研究［M］. 武汉：华中师范大学出版社，2002.

［21］孙绵涛. 教育政策学［M］. 武汉：武汉工业大学出版社，1997.

［22］孙绵涛，等. 教育政策论：具有中国特色的社会主义教育政策研究［M］. 武汉：华中师范大学出版社，2002.

［23］吴志宏，等. 教育政策与教育法规［M］. 上海：华东师范大学出版社，2003.

［24］肖甦. 比较教师教育［M］. 南京：江苏教育出版社，2010.

［25］熊建辉. 教师专业标准的国际经验［M］. 北京：北京师范大学出版社，2014.

［26］袁振国. 教育政策学［M］. 南京：江苏教育出版社，1996.

［27］张乐天，教育政策法规的理论与实践［M］. 上海：华东师范大学出版社，2002.

［28］祝怀新. 封闭与开放：教师教育政策研究［M］. 杭州：浙江教育出版社，2007.

期刊

［1］艾述华. 基于标准导向的我国教师教育政策兴起缘由、困境与对策［J］. 福建师范大学学报（哲学社会科学版），2013（4）：134-140.

［2］邓涛，于伟. 基于一体化的教师继续教育改革：国际经验及启示［J］. 东北师大学报（哲学社会科学版），2009（3）：8-14.

［3］管培俊. 改革创新　加快转折　实现教师教育的跨越式发展［J］. 中国高等教育，2003（24）：12-14.

［4］何泳忠. 改革教师培训模式促进教师专业化发展［J］. 教育研究，2014（1）：150-153.

［5］胡伶. 义务教育均衡发展背景下农村教师政策的问题与改进［J］. 教育发展研究，2009（22）：4-8，29.

［6］蒋平. 国家教师资格统一考试政策的价值审视：影响师范生培养的利弊分析［J］. 教师教育研究，2018（3）：19-26.

［7］解书，陈旭远. 全科型卓越小学教师培养的理论与实践探析［J］. 东北师大学报（哲学社会科学版），2018（4）：212-216.

［8］李瑾瑜. 我国教师政策发展的新亮点及其实践意义［J］. 西北师大学报（社会科学版），2018（5）：87-95.

［9］李新翠. 我国中小学教师配置标准政策变迁的制度逻辑：基于历史制度主义的分析［J］. 教育研究，2015（10）：72-77.

［10］刘建银，黄露. 地方师范大学师范生对免费教育政策的态度及其影响因素：基于某地方师范大学的调查分析［J］. 教师教育研究，2011（2）：37-43.

［11］刘捷. 教师专业标准及其达成：以中国为例［J］. 课程·教材·教法，2011（2）：80-88.

［12］刘铁芳. 你就是你的教育学：教师的自我修炼［J］. 教育发展研究，2018（8）：3.

［13］刘湘溶. 综合与特色：关于师范院校改革与发展的思考［J］. 教师教育研究，2004（3）：17-21.

［14］罗红艳. 和谐社会视野下教师教育政策的伦理诉求［J］. 现代教育管理，2011（1）：54-57.

［15］秦继新. 改革开放以来我国教师教育政策的反思与改进［J］. 继续教育研究，2015（10）：66-67.

［16］曲铁华，姜涛. 高等师范教育改革70年：演进、成就与展望［J］. 教育研究，2019（8）：24-32.

［17］曲铁华. 近三十年来我国教师教育政策变迁的特点、问题与解决路径［J］. 四川师范大学学报（社会科学版），2016（2）：82-87.

［18］曲铁华，崔红洁. 我国教师教育政策的演进历程及特点分析：基于（1978—2013）政策文本的分析［J］. 国家教育行政学院学报，2014（12）：56-62.

［19］曲铁华，崔红洁. 我国教师教育政策价值取向变迁的路径与特点：基于1978—2013年政策文本的分析［J］. 现代大学教育，2014（3）：70-76，113.

［20］王军. 教师"专业化"了吗?：论美国专业主义教师教育思想及其影

响［J］. 比较教育研究，2016（11）：47-54.

［21］王强. 我国当前教师准入制度的问题成因与对策［J］. 教育发展研究，2016（22）：41-46.

［22］王晓莉. 教师专业发展的内涵与历史发展［J］. 教育发展研究，2011，33（18）：38-47.

［23］王智秋. 基于教师专业标准的小学教师职前培养［J］. 中国教育学刊，2012（12）：72-76.

［24］薛晓阳. 卓越教师的意图改写及反思：教师教育体系、教师资格制度的价值、功能与关联［J］. 教育研究与实验，2018（3）：1-8.

［25］荀渊. 当前我国教师专业制度与专业教育的冲突及其融合的策略［J］. 教师教育研究，2018（2）：1-7.

［26］杨洁. 能力本位：当代教师专业标准建设的基石［J］. 教育研究，2014（10）：79-85.

［27］杨跃. 论我国教师教育政策研究［J］. 南京师大学报（社会科学版），2018（1）：60-66.

［28］张旸. 中国百年教师教育政策的演变及特点［J］. 河北师范大学学报（教育科学版），2011（4）：16-21.

［29］张怡红，刘国艳. 专业认证视阈下的高校师范专业建设［J］. 高教探索，2018（8）：25-29.

［30］朱旭东. 论教师专业发展的理论模型建构［J］. 教育研究，2014（6）：81-90.